Coaching für Industrie 4.0

Britt A. Wrede
Karin Wiesenthal

Coaching für Industrie 4.0

Empowerment für Entwicklung und Transformation

 Springer Gabler

Britt A. Wrede
Düsseldorf, Deutschland

Karin Wiesenthal
Köln, Deutschland

ISBN 978-3-662-56393-9   ISBN 978-3-662-56394-6 (eBook)
https://doi.org/10.1007/978-3-662-56394-6

Die Deutsche Nationalbibliothek verzeichnet diese Publikation in der Deutschen Nationalbibliografie; detaillierte bibliografische Daten sind im Internet über http://dnb.d-nb.de abrufbar.

Springer Gabler

Gedruckt auf säurefreiem und chlorfrei gebleichtem Papier

Springer Gabler ist ein Imprint der eingetragenen Gesellschaft Springer-Verlag GmbH, DE und ist ein Teil von Springer Nature.
Die Anschrift der Gesellschaft ist: Heidelberger Platz 3, 14197 Berlin, Germany

Für
Maike und Charles,
Markus, Ute, Hans und Doris

Geleitwort

Angesichts der Globalisierung und der zukünftigen Herausforderungen durch die Digitalisierung, welche die bereits seit Langem wachsende Komplexität der Marktentwicklungen erhöhen und die Abfolge der Veränderungen zu beschleunigen scheinen, stellt sich die Frage, wie die Humanressourcen, also die Potenziale der Menschen im Unternehmen umfassender genutzt werden können. Wie kann es gelingen, die vollen Potenziale der Führungskräfte und Mitarbeiter zu wecken und zu fördern, damit der Betrieb auf allen Ebenen in umfassendem Sinn zu einem „lernenden Unternehmen" wird?

Das zunächst in der Theorie entwickelte Konzept des lernenden Unternehmens – ursprünglich eine Antwort der westlichen Industrie auf die als bedrohlich empfundene japanische Herausforderung – ist mittlerweile von einer zunehmenden Zahl von Firmen in individuellen Ausprägungen erfolgreich umgesetzt worden. Dieses Konzept, das sich durch ein „Denken in Humanressourcen" auszeichnet, verändert sich laufend selbst durch neue Einsichten und praktische Erfahrungen. In technologiegetriebenen Unternehmen hatte und hat seine Ausbreitung Schwierigkeiten, weil die Investitionen in Sachkapital naturgemäß im Vordergrund stehen und Bildungsinvestitionen, also das Lernen, meist Anpassungscharakter hat. Ob das generell der Struktur des Ingenieursstudiums zuzuschreiben ist, das sich naturgemäß auf die technischen Fragestellungen konzentriert, bleibe dahingestellt. Auf jeden Fall ist bei Unternehmensleitungen und Führungskräften die Kenntnis, wie man in Menschen investiert und ihre Potenziale fördert und nutzt, oft lückenhaft. In den Führungsgrundsätzen vieler Unternehmen heißt es dem Sinn nach, dass die Führungskraft die Mitarbeiter zu qualifizieren und zu entwickeln hat. Wie macht man so etwas – qualifizieren und entwickeln? Das ist nicht allein Aufgabe von Personalentwicklungsspezialisten, sondern jede Führungskraft sollte wissen, wie man „in Menschen investiert", das heißt, wie Menschen lernen. Und bei diesem Lernen geht es nicht nur um die Aneignung von Wissen und Können sowie deren ständige Aktualisierung, sondern auch um die Nutzung konkreter Ergebnisse aus Reflexions- und Erkenntnisprozessen, die Coaching zielgerichtet erschließt.

Wissenschaftliche und praktische Erfahrungen als Bildungsökonom, die ich in Forschung und Lehre an der Ruhr-Universität Bochum sammeln durfte, wo ich auch unter nationalen und regionalen Entwicklungsaspekten mit der Organisation des Wissenstransfers aus der universitären Forschung in die Praxis befasst war, haben mich früh in der Überzeugung bestärkt, dass die Humanressourcen, also Menschen und ihr Wissen, Wollen und Können, der wichtigste ökonomische Faktor sind. Dass ich darauf als Bildungsmanager, nämlich als Bereichsleiter Zentrales Bildungswesen der Volkswagen AG, dazu beitragen konnte, diese wissenschaftliche Überzeugung – auch mithilfe von staatlich geförderten Modellversuchen – im Unternehmen erfolgreich einzupflanzen, erfüllt mich mit Dankbarkeit. Mit dem von mir mitinitiierten Studiengang „Personalentwicklung im Betrieb" der TU Braunschweig wird Führungskräften und solchen, die es werden wollen, das Wissen vermittelt, „Mitarbeiter zu qualifizieren und zu entwickeln".

Dem Coaching bin ich zum ersten Mal in der betrieblichen Praxis begegnet. Damals schien mir Coaching noch ein deutlich defizitorientiertes Konzept zu sein, eine Art individuelle Förderung von Führungskräften mit erkennbaren Leistungs- und Performanceschwächen.

Ich mag mich da nicht viel von meinen Kollegen in anderen Unternehmen unterschieden haben. Aber seitdem ist der potenzialorientierte Einsatz von Coaching stärker ins öffentliche Bewusstsein getreten: Es geht um die Freisetzung von Potenzialen, um die Entdeckung neuer individueller Möglichkeiten, um Nutzung und Weckung von Kreativität. Darüber hinaus ist Coaching im modernen Verständnis ein bedeutsames Instrument zur Unternehmensentwicklung sowie bei allen Change- und Transformationsprozessen.

Hier liegt jener Beitrag des Coaching, dessen viele Unternehmen bedürfen, wenn sie auf die zukünftigen Herausforderungen schöpferische Antworten geben müssen.

Man muss sehen, dass das Potenzial, das im Unternehmen von den Führungskräften und Mitarbeitern eingebracht wird, durch die jeweils herrschende Aufgabenstruktur und Rollendefinition begrenzt wird. Wissen, Können und Wollen kommen nur teilweise zur Entfaltung. Dieses ungenutzte Potenzial erschließt sich im Coachingdialog, der zur Reflexion des unbewussten Wissens und damit verbundenen Könnens anregt. Dem Coachingnutzer wird kein Wissen „hinzugefügt", sondern es werden bereits in ihm angelegte Verhaltensoptionen und latente Einstellungen aktiviert. Dadurch unterscheidet sich das Coaching von anderen Dialogansätzen wie z. B. Training, Beratung und Mentoring. Für die Unternehmensentwicklung verfügt es über ein breites Instrumentarium, das den unterschiedlichen Bedürfnissen und Interessen angepasst werden kann.

Ich kann nur an die Unternehmensleitungen appellieren, sich über die vielfältigen Möglichkeiten des Coaching anhand dieses Buches zu orientieren. Das ist nicht zuletzt darum wünschenswert, weil ein Bekenntnis des Vorstands zum Coaching einen Entwicklungsschub bewirkt und den Prozess der Suche nach bisher unbewussten und darum ungenutzten Potenzialen der Menschen im Unternehmen ganz wesentlich fördert. Das Buch von Britt A. Wrede und Karin Wiesenthal ist eine umfassende und erfahrungsgesättigte Darstellung des modernen Coaching und was dieses für Unternehmen vermag. Es verdient eine breite Leserschaft.

Prof. Dr. Dr. h.c. Peter Meyer-Dohm

Vorwort

Die Gesellschaft verändert sich rasant. Der technische Fortschritt beschleunigt sich enorm. Alles geht hin zum Digitalen. Damit einher gehen starke Veränderungen der Wirtschaft und der Unternehmenswelten. Vielen Entscheidern ist mittlerweile klar, dass ein Handlungsbedarf besteht und eine Umwandlung und Umgestaltung erfolgt vielerorts – bis hin zu einer digitalen Transformation.

Was hat Coaching damit zu tun? Wandel und auch Digitalisierung basieren auf einer entsprechenden Geisteshaltung und jede Transformation bedeutet immer auch eine Transformation des Denkens und der Haltung aller Beteiligten. Ich kenne nichts, was so gut geeignet ist wie Coaching, um die innere, meist unbewusste Haltung zu reflektieren und ein für Veränderungsvorhaben zieldienliches Denken, Sprechen und Handeln zu aktivieren. Auf der Individualebene eingesetzt, bewirkt Coaching über eine Bewusstwerdung die Freisetzung bis dato ungenutzter Potenziale.

Was macht Coaching außerdem für die Transformation von Unternehmen interessant? Für jede Transformation braucht es die bewusste und breite Reflexion der Betroffenen und Beteiligten im Unternehmen. Eine solche Reflexion setzt innovatives Potenzial frei, zeigt auf, wo notwendige Innovation behindert wird und wo weitere Optionen für Veränderungen liegen. Unter Einsatz von Coaches, die ihre Leistung in den Kontext von transformatorischen Prozessen stellen, leistet Coaching für die Unternehmensveränderung große Dienste.

Aus eigener Erfahrung als Personalerin weiß ich, dass gerade auch die Personalarbeit in einem Unternehmen mit den digitalen Wandlungsprozessen Schritt halten muss und dieser eigene Transformationsprozess nur in guter Abstimmung mit der Unternehmensleitung zu leisten ist. Ich habe selber durchlebt, welche Haltungsänderung erforderlich ist, um moderne Personalangebote zu machen, die in eine auf Zukunft ausgerichtete Unternehmenswelt passen. Coaching war dabei für mich unverzichtbar.

Dieses Buch ist für alle Entscheider – inklusive Personaler –, die beim Coaching die „Spreu vom Weizen" trennen wollen und wirkungsvolles Coaching für die Nutzung des Einzelnen im Unternehmen wertsteigernd nutzen wollen und sich zudem als Treiber der Industrie 4.0 sehen und daher auch das volle transformatorische Potenzial von Coaching für das Unternehmen ausschöpfen wollen. Dieses Buch packt endlich einmal Coaching mit all seinem kraftvollen Potenzial – für den Einzelnen und für das Unternehmen als Ganzes – in einen klar handhabbaren Leitfaden, der den (Personal-)Entscheidern sofort anwendbare Hilfestellungen für den wirkungsvollen Praxiseinsatz gibt.

Ich selbst habe die Autorinnen in verschiedenen Rollen kennenlernen dürfen und kann jedem Leser empfehlen, an einem der zu diesem Buch angebotenen Lesekreis teilzunehmen, wenn sich die Gelegenheit dazu ergibt.

Angelika Kambeck
Head of Group HR, Klöckner & Co SE

Inhaltsverzeichnis

1 Einleitung 1
Britt A. Wrede, Karin Wiesenthal

I Teil I – Was Coaching leisten kann

2 Was ist Coaching? 9
Britt A. Wrede, Karin Wiesenthal
2.1 Definition von Coaching 10
2.2 Dramaturgie des Coachingprozesses 12
2.3 Fragen aus der Praxis 14
2.4 Checkliste Kap. 2: Klärung eines einheitlichen Coachingverständnisses
und der damit verfolgten Absicht 16

3 Coaching im Unterschied zu anderen hilfreichen Dialogen 17
Britt A. Wrede, Karin Wiesenthal
3.1 Coaching ist nicht Beratung 20
3.2 Coaching ist nicht Supervision 21
3.3 Coaching ist nicht Psychotherapie 21
3.4 Coaching ist nicht Training 22
3.5 Coaching ist nicht Mentoring 23
3.6 Coachinghybrid 24
3.7 Fragen aus der Praxis 25
3.8 Checkliste Kap. 3: Welcher Dialogansatz passt zu welchem Zweck? 27

4 Die unterschiedlichen Coachingformate 29
Britt A. Wrede, Karin Wiesenthal
4.1 Coaching im 1:1-Dialog 31
4.2 Kurzzeitcoaching und Hot Calls 33
4.3 Teamcoaching 34
4.4 Coachingprogramm 35
4.5 Webinare und andere digitale Angebote 37
4.6 Fragen aus der Praxis 38
4.7 Checkliste Kap. 4: Welche Coachingformate sollen angeboten werden? 40

5 Das Interessenkonglomerat bei Coaching im Unternehmen 43
Britt A. Wrede, Karin Wiesenthal
5.1 Die Interessen der Hauptprotagonisten Coach und Coachingnutzer 46
5.2 Die Interessen der Unternehmensleitung 46
5.3 Die Interessen des Betriebsrats 49
5.4 Die Interessen des Einkaufs 50
5.5 Die Interessen der Personalentwicklung 51
5.6 Die Interessen der betroffen Beteiligten 52

5.7   Fragen aus der Praxis...54
5.8   Checkliste Kap. 5: Interessenskonglomerat im Coachingmodell berücksichtigen 55

6   Der Nutzen von Coaching...57
Britt A. Wrede, Karin Wiesenthal
6.1   Wirkung und Nutzen aufseiten des Coachingnutzers.....................60
6.2   Wirkung und Nutzen zum Vorteil für das Unternehmen 62
6.3   Fragen aus der Praxis...65
6.4   Checkliste Kap. 6: Nutzen von Coaching ausschöpfen 66

II   Teil II – Förderliche Rahmenbedingungen

7   Ein gutes Coachingmodell...71
Britt A. Wrede, Karin Wiesenthal
7.1   Ein Konzept, in dem das reine Buchungsprozedere beschrieben ist, reicht nicht aus....72
7.2   Schirmherrschaft von ganz oben 74
7.3   Ein Coachingmodell im partizipativen Prozess entwickeln.............................75
7.4   Einen geeigneten Coachingleitsatz voranstellen 76
7.5   Ein passgenaues Buchungsprozedere formen 78
7.6   Coachingformate, die zum Modell passen 79
7.7   Die Anforderungen an einen Coach identifizieren 81
7.8   Selbst stricken oder externe Hilfe nutzen...82
7.9   Fragen aus der Praxis...83
7.10   Checkliste Kap. 7: Überprüfung der Qualität eines Coachingkonzepts 85

8   Eine Sogwirkung für gute Coaches erzeugen...87
Britt A. Wrede, Karin Wiesenthal
8.1   Respektvolle Kontaktaufnahme 89
8.2   Partnerschaftlicher Dialog auf Augenhöhe 90
8.3   Zeitnaher erster Einsatz als Coach...91
8.4   Transparentes, reibungsloses Verfahren...91
8.5   Wertschätzende Auflösung der Geschäftsbeziehung 92
8.6   Sich in der Öffentlichkeit mit Coaching zeigen...92
8.7   Fragen aus der Praxis...93
8.8   Checkliste Kap. 8: Sogwirkung erzeugen 94

III   Teil III – Coaching im Unternehmen gut organisieren

9   Die Kontaktanbahnung...97
Britt A. Wrede, Karin Wiesenthal
9.1   Die Personalentwicklung als professioneller Servicegeber bei der Kontaktanbahnung . 99
9.2   Freiheit in der Coachingvereinbarung 100
9.3   Fragen aus der Praxis...101
9.4   Checkliste Kap. 9 – Mitwirkungsinteresse des Personalbereiches vs. Interesse
       des Coachingnutzers nach größtmöglicher Vertraulichkeit 103

10 Eine gute Beziehung zum Coach pflegen 105
Britt A. Wrede, Karin Wiesenthal
10.1 Den Coach mit allen wichtigen Informationen versorgen 107
10.2 Den Kontakt ruhen lassen 108
10.3 Die Kontaktpunkte wertig und im Interesse des Coaches managen 109
10.4 Den Coach einladen und weiterempfehlen 110
10.5 Fragen aus der Praxis 111
10.6 Checkliste Kap. 10: Beziehungspflege Personalentwicklung – Coach 112

11 Reklamationen kompetent handhaben 115
Britt A. Wrede, Karin Wiesenthal
11.1 Ein niedrigschwelliges, seriöses Reklamationsverfahren 117
11.2 Regressansprüche gegenüber dem Coach 119
11.3 Vorbeugen ist besser als heilen 121
11.4 Fragen aus der Praxis 122
11.5 Checkliste Kap. 11: Reklamationen kompetent handhaben 123

12 Evaluation von Coaching 125
Britt A. Wrede, Karin Wiesenthal
12.1 Wirksamkeitsprüfung bei Coachingabschluss 127
12.2 Feedbackbögen liefern nur begrenzt valide Daten 128
12.3 Externe, anonymisierte Evaluationsverfahren 129
12.4 Die Wirkung von Coachingprogrammen erkennen 129
12.5 Fragen aus der Praxis 131
12.6 Checkliste Kap. 12: Die Wirksamkeit von Coachings evaluieren 131

IV Teil IV – Was Coaching auf den unterschiedlichen Hierarchieebenen für Unternehmensentwicklungs- und Transformationsprozesse leisten kann

13 Entwicklungs- und Transformationsprozesse in Unternehmen 137
Britt A. Wrede, Karin Wiesenthal
13.1 Die unterschiedlichen Veränderungsdynamiken von Entwicklungs- und
Transformationsprozessen 138
13.2 Die unterschiedlichen Anforderungen an ein Coaching in Entwicklungs-
und in Transformationsprozessen 141
13.3 Fragen aus der Praxis 144
13.4 Checkliste Kap. 13: Entwicklungs- und Transformationsprozesse in Unternehmen 146

14 Coaching in Veränderungsprozessen auf Topmanagementebene 147
Britt A. Wrede, Karin Wiesenthal
14.1 Spezielle Anforderungen an das Topmanagement in Veränderungsprozessen 148
14.2 Besonderheiten des Coachings auf Topmanagementebene 152
14.3 Fragen aus der Praxis 155
14.4 Checkliste Kap. 14: Coaching auf Topmanagementebene organisieren 157

15   Coaching in Veränderungsprozessen auf Bereichsleiterebene 159
Britt A. Wrede, Karin Wiesenthal
15.1   Spezielle Anforderungen für Bereichsleiter in Veränderungsprozessen 160
15.2   Besonderheiten des Coachings auf Bereichsleiterebene 161
15.3   Fragen aus der Praxis...166
15.4   Checkliste Kap. 15: Coaching auf Bereichsleiterebene organisieren...................168

16   Coaching auf Abteilungsleiterebene...171
Britt A. Wrede, Karin Wiesenthal
16.1   Einzelcoaching auf Abteilungsleiterebene...174
16.2   Coachingprogramme auf der Abteilungsleiterebene 175
16.3   Fragen aus der Praxis...177
16.4   Checkliste Kap. 16: Coaching auf Abteilungsleiterebene organisieren 178

17   Blitzlicht-Coaching und Hot Calls auf Mitarbeiterebene 181
Britt A. Wrede, Karin Wiesenthal
17.1   Blitzlicht-Coaching 183
17.2   Hot Calls für Coachingdialoge auf der Mitarbeiterebene.............................184
17.3   Fragen aus der Praxis...186
17.4   Checkliste Kap. 17: Coaching auf Mitarbeiterebene organisieren 187

18   Coaching im Personalbereich..189
Britt A. Wrede, Karin Wiesenthal
18.1   Spezielle Anforderungen an die Personalentwicklung in Veränderungsprozessen 190
18.2   Coachingprogramm als Transformationshilfe für das Rollenverständnis
        der Personalentwicklung...194
18.3   Fragen aus der Praxis...196
18.4   Checkliste Kap. 18: Selbstcheck zukunftsorientierte Personalentwicklung............198

Serviceteil 199
Nachwort 200
Weiterführende Literatur 203

Die Autorinnen

Britt A. Wrede

Topmanagement-Coach; als einer der Pioniere brachte Britt A. Wrede Anfang der 1990er-Jahre Coaching in die deutschen Unternehmen. Seit 10 Jahren ist sie im Topmanagement als Coach tätig und berät Vorstände in Veränderungsprozessen. Parallel zu ihrer Tätigkeit als Coach hat Britt A. Wrede immer wieder über Veröffentlichung von Fachartikeln und über ihre Mitwirkung in Coachingverbänden Einfluss auf die sich weiterentwickelnden Standards im Coaching genommen. Sie gilt als unbestechlich in Sachen Qualität und Ethik im Coaching. In Unternehmen wird sie als Coach mit Feingespür für Möglichkeiten gehandelt. Sie erkennt, was in einem Unternehmen mit einem guten Coachingmodell möglich werden könnte und engagiert sich in Kooperation mit allen Beteiligten gern dafür, diese Möglichkeiten zu realisieren. Als Aus- und Weiterbilderin nutzt sie gern das Format des Lesekreises.

Karin Wiesenthal

Coach & CoCreative Facilitator; aus ihrer langjährigen Erfahrung in Projektleitungs- und Führungsfunktionen auf internationalem Parkett ist Karin Wiesenthal mit Unternehmensstrukturen sehr vertraut. Sie kennt die Wachstumsanforderungen, denen man sich als Führungskraft in großen Transformationsprozessen gegenübersieht, aus eigenem Erleben und weiß, wie hilfreich reflektierende Gespräche mit professionellen Gesprächspartnern in so einer Herausforderungssituation sein können. Mit ihrer Struktur und Klarheit im Prozess und ihrer Achtsamkeit und Flexibilität gegenüber dem, was im jeweiligen Moment benötigt wird, ist sie nachgefragte Expertin für co-kreative Dialogprozesse zum Aufspüren von Lösungen in komplexen Fragestellungen. Von ihren Kunden wird Karin Wiesenthal geschätzt als ebenso analytische wie empathische Sparringspartnerin.

Einleitung

Britt A. Wrede, Karin Wiesenthal

B.A. Wrede, K. Wiesenthal, *Coaching für Industrie 4.0,* https://doi.org/10.1007/978-3-662-56394-6_1

In Unternehmen lässt sich derzeit eine allgegenwärtige Veränderungsdynamik beobachten, die sich als Begleiterscheinungen der beiden Megatrends Globalisierung und Digitalisierung ergibt. Alles scheint auf eine Perspektive von Industrie 4.0 hinauszulaufen. Die Perspektive, die am Horizont sichtbar ist, von der aber niemand sicher weiß, wie es dort in der Ferne aussehen wird. Und vor allem kann niemand sagen, wie es dahinter weitergehen wird. Nur eines ist gewiss, der Horizont ist nicht das Ende.

So beobachten wir parallel zu den Veränderungen, die eine Anpassung an eine aktuelle Umweltentwicklung darstellen, weitreichende transformatorische Veränderungen – Dynamiken, die auf eine Formveränderung der Unternehmen hinauslaufen und diese billigend in Kauf nehmen bis hin zur Kannibalisierung des Kerngeschäfts durch das Entstehen vollkommen neuer Geschäftsmodelle.

All das findet in einem schnelllebigen Markt, einem weltumspannenden Wettbewerb und mit Menschen statt, die zwar bereit sind, sich immer wieder auf die sich ändernden Leistungsanforderungen einzustellen, deren Bewusstsein aber nicht unbedingt in der Volatilität der Umweltanforderungen angekommen ist. Oft finden sich in Unternehmen auf der Ebene der Unternehmensleitung nur wenige Personen, die die Zeichen der Zeit zu deuten wissen. Wir beobachten, wie diese Einzelpersonen versuchen, ein innovatives Klima im Unternehmen zu erzeugen, in der Hoffnung, so eine zeitgemäße Veränderungsdynamik aus der Organisation heraus erwachsen zu lassen.

Die Erfahrung zeigt, dass tiefgreifenden Veränderungen auf der materiellen Ebene immer vergleichsweise mit tiefgreifenden Bewusstseins- und Haltungsänderungen verbunden sind. Haltungsänderungen, denen sich eine tragfähige Verhaltensänderung anschließt, die dann wiederum veränderte Wirkung erzeugt. Will man Menschen für eine aktive Mitgestaltung an tiefgreifenden Veränderungen gewinnen, muss man einen Weg finden, ihr Bewusstsein aufzuschließen.

Coaching ist aus unserer Sicht das wirkungsvollste Instrument, wenn es darum geht, das Bewusstsein und die innere Haltung eines Menschen schrittweise nachhaltig zu erweitern. In der Kette von „Denken steuert Sprechen steuert Handeln" wird im Coaching die notwendige Bewusstseins- und Haltungsbasis für neues Handeln gelegt.

Es gibt im Kontext der Change- und Innovationsansätze, die gerade vielerorts zum Einsatz kommen, einige neue Methoden, wie z. B. Design Thinking, Scrum, U-Prozess, agile Vorgehensmodelle etc., die alle bemüht sind, dem Nutzer eine positive Erfahrung von aktiver Beteiligung an Veränderung zu verschaffen. Letztlich sind diese Methoden aber alle noch nicht soweit ausgereift, dass sie in vergleichbar effektiver und unmittelbarer Weise auf der Bewusstseinsebene Transformation erzeugen können, wie es dem Coaching immanent ist, die es ermöglicht, im ergebnisoffenen Raum Innovationen aufzuspüren, die der Zukunftstauglichkeit der Organisation nützen. Wenn dies vereinzelt in der Praxis gelingt, dann war neben den Facilitatoren immer auch ein Coach dabei, der sein Handwerkszeug beherrscht.

Das Buch ist eine Einladung zu einer Lernreise, auf der sich im ersten Teil ein vollkommen neues Verständnis von Coaching finden lässt und welche im zweiten Teil ein Erkennen der Rahmenbedingungen bietet, die gegeben sein müssen, damit Coaching das in ihm angelegte Potenzial zum Nutzen für den Einzelnen und zum Nutzen für die Organisation entfalten kann. Im dritten Teil wird aufgezeigt, wie Coaching im Unternehmen, in Korrespondenz zum angestrebten Zweck, zu organisieren ist, um dann im vierten und letzten Teil zu zeigen, wie die Coachingformate auf den verschiedenen Hierarchieebenen konkret ausgestaltet werden sollen, damit dieses Instrument dem Unternehmen in seinen transformatorischen Prozessen von möglichst großem Nutzen sein kann.

Das Buch ist mit seinen vielen Praxisbespielen im Text und im Anschluss an jedes Kapitel, mit seinen Grafiken und seinen Checklisten für die Praxisübertragung so angelegt, dass es – wie auch in einem guten Coaching – verschiedene, den unterschiedlichen Lesertypen entsprechende Einstiegsmöglichkeiten in diese Lernreise anbietet.

Teil I – Was Coaching leisten kann

Kapitel 2   Was ist Coaching? – 9
              Britt A. Wrede, Karin Wiesenthal

Kapitel 3   Coaching im Unterschied zu anderen
              hilfreichen Dialogen – 17
              Britt A. Wrede, Karin Wiesenthal

Kapitel 4   Die unterschiedlichen Coachingformate – 29
              Britt A. Wrede, Karin Wiesenthal

Kapitel 5   Das Interessenkonglomerat bei
              Coaching im Unternehmen – 43
              Britt A. Wrede, Karin Wiesenthal

Kapitel 6   Der Nutzen von Coaching – 57
              Britt A. Wrede, Karin Wiesenthal

Coaching setzt ungenutztes
Potenzial frei

Wenn alles optimal läuft, dann setzt Coaching bis dato ungenutztes Potenzial beim Coachingnutzer frei und befähigt ihn dazu, aus eigener Kraft Ergebnisse zu erreichen, die ihm vor dem Coaching unerreichbar schienen. Und wenn das Unternehmen sich in Bezug auf Coaching so organisiert hat, dass es in der Lage ist, das freigewordene Potenzial des Coachingnutzers aktiv zu halten und immer wieder abzurufen, dann kann Coaching sich zu einem wichtigen Instrument bei der Unternehmensentwicklung entfalten. Zum besseren Verständnis von Coaching als direktes Mittel der Individualförderung und indirektes Mittel zur Unternehmensentwicklung sei an dieser Stelle darauf aufmerksam gemacht, dass dem Nutzer durch Coaching keine Kompetenzen und Fertigkeiten hinzufügt werden, sondern bereits in ihm angelegte Verhaltensoptionen aktiviert werden. Coaching hilft dem Coachingnutzer dabei, in ihm selbst als Möglichkeit angelegte Denk- und Verhaltensoptionen freizusetzen und zieldienlich zu nutzen. In der Fachsprache bezeichnet man diesen Vorgang verkürzt als Potenzialfreisetzung.

Mit simplem Denken, Sprechen,
Handeln ans Ziel

Die in diesem Zusammenhang immer wieder aufgebrachte Frage, ob jedes Verhalten als Möglichkeit im Menschen angelegt ist, kann an dieser Stelle mal als eine rein akademische Frage übergangen werden, denn eines ist gewiss: Das Gros der von Menschen ernsthaft angestrebten Ziele ist über die simplen Fähigkeiten Denken, Sprechen und Handeln zu verwirklichen. Meist bedarf es für die Zielerreichung selbst dann, wenn das Ziel weit außerhalb der aktuellen Komfortzone des Coachingnutzers angesiedelt ist, sogar nur einer durchschnittlich ausgeprägten Fähigkeit im Denken, Sprechen und Handeln. Und dieser Grad an Fähigkeit, zu denken, zu sprechen und zu handeln darf bei einem gesunden Erwachsenen in dem hier erörterten Zusammenhang einfach unterstellt werden. Kommt dazu dann noch eine Portion Intuition und Talent, läuft der Erkenntnis- und Umsetzungsprozess zwar etwas zügiger ab, was dem Zielerreichungsprozess dann eine gewisse Unbeschwertheit verschafft, was aber nicht Bedingung für erfolgreiches Coaching ist.

Coaching befähigt zum Denken in
Lösungen

Das im Coaching aktivierte und im Vorgehen des Coachingnutzers dann praktisch zur Entfaltung gebrachte Potenzial eröffnet eine Erweiterung von Einstellung, Haltung und Verhalten. Diese Erweiterung wirkt sich nicht nur vorteilhaft auf das Spielfeld aus, in dem sich die aktuelle Fragestellung ergeben hat. Vielmehr beeinflusst diese Erweiterung auch die Eingestelltheit gegenüber zukünftigen Herausforderungen in einer Weise, dass sie mehr auf Lösungsdenken ausgerichtet ist, als auf Problemdenken. Außerdem wächst mit dieser Erweiterungserfahrung die Bereitschaft des Coachingnutzers, sich selbst mehr als Gestalter der ihn umgebenden Umstände zu verstehen. Und zukünftigen Aufgabenstellungen begegnet er mit der offenen Frage, wie er und sein Team zu machbaren Lösungen finden können.

Zusammenfassend lässt sich sagen, dass Coaching die Eigenwirksamkeit des Nutzers steigert und sich in gewünschter Weise auf sein Umfeld ausdehnt.

Abb. I.1 Themenfelder, die für wirksames Coaching im Vorfeld zu reflektieren sind. (Mit freundlicher Genehmigung von © Britt A. Wrede, Karin Wiesenthal 2018. Alle Rechte vorbehalten)

Damit Coaching als direktes Mittel zur Individualförderung und als indirektes Mittel zur Unternehmensentwicklung wirksam werden kann, sind die in ◼ Abb. I.1 dargestellten Themenfelder im Vorfeld zu reflektieren.

Was ist Coaching?

Britt A. Wrede, Karin Wiesenthal

2.1   Definition von Coaching – 10

2.2   Dramaturgie des Coachingprozesses – 12

2.3   Fragen aus der Praxis – 14

2.4   Checkliste Kap. 2: Klärung eines einheitlichen
Coachingverständnisses und der damit
verfolgten Absicht – 16

© Springer-Verlag GmbH Deutschland, ein Teil von Springer Nature 2018
B.A. Wrede, K. Wiesenthal, *Coaching für Industrie 4.0*, https://doi.org/10.1007/978-3-662-56394-6_2

Zusammenfassung

Coaching ist ein spezifisches Dialogformat. Noch weit verbreitet ist die Annahme, dass der Zweck von Coaching die Behebung eines Leistungs- oder Performancedefizits sei. Insofern haftet Coaching immer noch der Mythos einer sehr persönlichen, sehr empathischen Dienstleistung an, die eher einer Psychotherapie ähnelt, als einem validen Instrument zur Führungskräfteentwicklung und Unternehmensveränderung. Tatsächlich ist es dem Coaching immanent, dass sowohl der Gesamtprozess, als auch jeder einzelne Dialog auf die Befähigung zur Erwirkung konkret messbarer Ziele ausgerichtet ist. Die Dramaturgie des Coachingprozesses als Ganzes und die der einzelnen Sitzungen ist so geformt, dass sie bisher nicht bewusstes Wissen ins Bewusstsein bringt und für die Arbeit am aktuellen Ziel nutzbar macht. Diesem Bewusstwerdungsprozess folgt ein verändertes Verhalten, was sich sowohl positiv auf den Coachingnutzer, als auch auf sein Umfeld auswirkt.

2.1   Definition von Coaching

Um zu verstehen, wie Coaching wirkt und welche Effekte sich daraus für den Einzelnen und für das Unternehmen ergeben (vgl. ◘ Abb. 2.1), ist es hilfreich, einmal kurz in die Merkmale von Coaching einzusteigen.

Als Coaching wird ein ganz spezifisches Dialogformat bezeichnet. Man könnte es sogar als eigenständige Methode bezeichnen, denn sowohl jeder einzelne Coachingdialog, als auch der Coachingprozess als Ganzes läuft nach einer beliebig wiederholbaren Systematik ab.

Coaching ist auf konkret messbare Ziele ausgerichtet, mit streng eingehaltener Rollen- und Aufgabenverteilung, und es folgt einer coachingeigenen Dramaturgie.

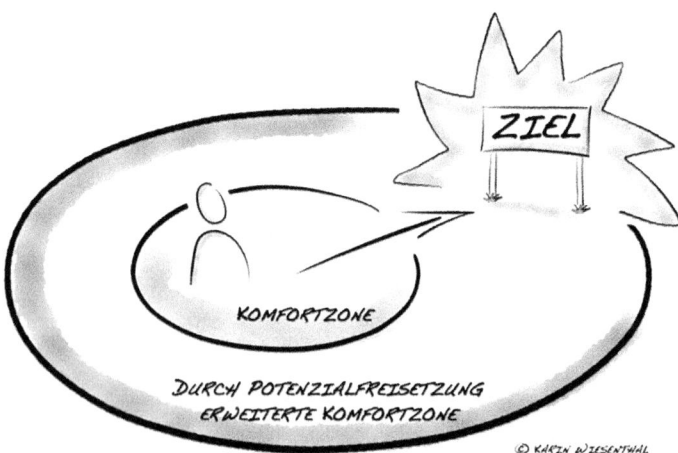

◘ **Abb. 2.1** Wirkung von Coaching. (Mit freundlicher Genehmigung von © Britt A. Wrede, Karin Wiesenthal 2018. Alle Rechte vorbehalten)

a. Spezifisches Dialogformat bedeutet, dass es sich die meiste Zeit um einen Frage- und Antwortdialog handelt, in dem keine Tipps gegeben und keine Handlungsanweisungen ausgesprochen werden. Die Fragen des Coaches sollen zum Denken und, wenn es geht, gar zum ganzheitlichen Reflektieren anregen. Es ergibt sich ein rhythmischer Dreiklang von Frage-Schweigen-Mitteilung/Frage-Schweigen-Mitteilung … bis eine neue, erweiternde Erkenntnis gefunden und formuliert ist.

Frage-/Antwortdialog ohne Tipps und ohne Handlungsanweisungen

b. Der Dialog ist auf konkret messbare Ziele ausgerichtet. Was bedeutet, dass zu Beginn der Zusammenarbeit die Ergebnisse, die mit dem Coaching angestrebt werden, präzise benannt werden. Es werden für jedes Vorhaben ganz konkrete Zielerreichungsindikatoren bestimmt, anhand derer der Coachingnutzer beim Coachingabschluss zweifelsfrei und ohne zusätzliche Interpretation den Erfolg seines Coachings selbst ablesen kann. Analog dazu wird zu Beginn einer jeden Zusammenkunft ebenfalls ein konkretes Ziel – das Sitzungsziel – vereinbart und zum Sitzungsabschluss wird resümiert, ob das eingangs vereinbarte Sitzungsziel erreicht wurde und wie sich dieses Ziel zum Gesamtziel des Coachingprozesses verhält.

Sowohl das Coachingziel, als auch die einzelnen Sitzungsziele, als auch die zu besprechenden Themen werden vom Coachingnutzer vorgegeben. Er allein ist der Themenhalter, während dem Coach die Aufgabe der Prozesssteuerung zufällt. Insofern begegnet der Coachingnutzer dem Coach von vornherein auf Augenhöhe.

Ergebnisse werden durch konkrete Zielerreichungsindikatoren messbar

c. Die Rollen- und Aufgabenverteilung ist im Coachingdialog eindeutig geregelt und von ihr wird zu keiner Zeit eines laufenden Coachingprozesses abgewichen.

Die am Dialog unmittelbar Beteiligten werden als Coach und Coachingnutzer bezeichnet. Im Markt verbreitet sind für Coachingnutzer noch die Synonyme Coachee, zu Coachender, Gecoachter, Klient und Kunde. Im hier vorliegenden Text wird dem Begriff des Coachingnutzers der Vorzug gegeben, u. a. weil er die für das Gelingen nötige Eigenaktivität anklingen lässt und weil man dem Begriff kein persönliches Fürwort zufügt. Verglichen damit klingt in anderen Bezeichnungen eine unterstellt passive Nutzung an, die in der Verbreitung der Begriffe Gecoachter oder zu Coachender ihren Höhepunkt findet. Das beauftragende Unternehmen als formaler Vertragspartner des Coaches, wird entweder als Kunde oder als Klient bezeichnet.

Die Aufgabenverteilung im Coachingprozess ist eindeutig geregelt. Der Coachingnutzer beauftragt den Coach, sein Können und Wollen zur Zielerreichung zu mobilisieren und dann im Umfeld turbulenten Lebens mobil zu halten. Er ist Taktgeber und Themenhalter sowohl was den Gesamtprozess betrifft, als auch die einzelnen Sitzungen. Aufgabe des Coaches ist es, eine erkenntnisfördernde Prozessstruktur und einzelne befähigende Dialoge bereitzustellen.

Coachingnutzer hat Themenhoheit Coach hat Prozesshoheit

Insofern kann man verkürzt sagen, dass dem Coachingnutzer die Themenhoheit und dem Coach die Prozesshoheit zufällt. Diese Rollenverteilung macht sie zu Partnern im Prozess.

Und weil Coaching erst richtig gut wird, wenn es zu einem Dialog im reinen Sinne des Wortes kommt, partizipiert natürlich auch der Coach davon. Er nimmt teil an dem Erkenntnisprozess des Coachingnutzers und erweitert über diesen Weg seine persönliche Sicht auf Gegebenheiten und Möglichkeiten im Leben, mit denen er sonst keinen Kontakt hätte. So erlebt der Coach über diese Partizipation selbst den einen oder anderen Paradigmenwechsel. Dieses mitlaufende Interesse, was ein Coach als Neugier in jeden Dialog mitbringt, ist dem Erweiterungsinteresse des Coachingnutzers vollkommen unterstellt und hat während des stattfindenden Dialogs eine nur marginal gegenwärtige Bedeutung.

d. Zum Zweck der Prozesssteuerung richtet der Coach seine Aufmerksamkeit einerseits auf den dramaturgischen Ablauf des Prozesses als Ganzes und parallel dazu auf den jeder einzelnen Coachingsitzung.

2.2   Dramaturgie des Coachingprozesses

Die Dramaturgie des Coachingprozesses (vgl. ◻ Abb. 2.2) setzt sich im Wesentlichen aus drei Phasen zusammen:

- Dem Coachingauftakt – die Phase im Coachingprozess, in der die Coachingvereinbarung getroffen wird und die ersten Interventionen erfolgen, um eine zweifelsfreie Erfolgserwartung im Coachingnutzer zu mobilisieren.
- Dem Coachingverlauf – die Phase, in der die Dialoge geführt werden, die beim Coachingnutzer neue Erkenntnisse befördern und eine Potenzialfreisetzung einleiten.
- Dem Coachingabschluss – die Phase, in der die Dialoge sich mit der Bilanz und der Auflösung der Arbeitsbeziehung befassen.

Spannungsbogen für Coachingprozess und -sitzung

In Analogie dazu ergeben sich auf der Ebene der Sitzungen ebenfalls drei Phasen

- Der Sitzungsauftakt – die Phase, in der das Sitzungsziel und die zu besprechenden Themen abgestimmt werden.
- Die Interventionsphase – der Abschnitt, in dem der Coach dem Nutzer Denkanregungen bietet und ihn zur Reflexion in den abgestimmten Themenfeldern anregt.
- Die Abschlussphase – die Phase, in der der Nutzer das Sitzungsergebnis bilanziert und beide die Sitzung als abgeschlossen beenden.

Diese Darstellung befasst sich mit den rein formalen, äußerlich sichtbaren Aspekten der Dramaturgie. Sie beschreibt, wann im Dialog welchem Thema Raum gegeben wird. Der Zweck dieser Dramaturgie stellt

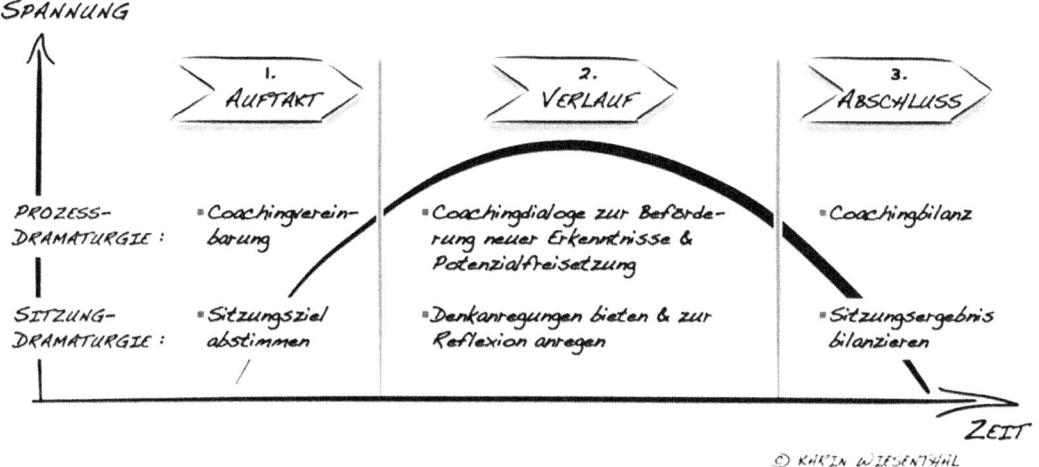

◘ Abb. 2.2 Prozess- und Sitzungsdramaturgie im Coaching. (Mit freundlicher Genehmigung von © Britt A. Wrede, Karin Wiesenthal 2018. Alle Rechte vorbehalten)

sich allerdings nur ein, wenn der Coach die dramaturgischen Punkte nicht einfach nur abarbeitet, sondern er sich dabei von den Erkenntnisschritten des Coachingnutzers inspirieren lässt.

Ein wirklich kompetenter, guter Coach, der sein Handwerkszeug im „Schlaf beherrscht", nutzt diesen dramaturgischen Ablauf, um den Dialog von der bewussten Entscheidung über das Sitzungsthema immer weiter in die tiefen Gefilde des bisher nicht bewussten Wissens des Coachingnutzers bis hin zu einer gewissen Selbstvergessenheit zu lenken. Er hilft dem Coachingnutzer über anregende Fragen, sich immer weiter in das Feld seines unbewussten Wissens hineinzubegeben. Bis zu einem Punkt, an dem der Coachingnutzer eine für seine Fragestellung hilfreiche, neue Erkenntnis findet. In dem Moment der Erkenntnis verweilen beide einen Augenblick, meist schweigend, bis der Coachingnutzer beginnt, die neue Erkenntnis mit seinen eigenen Worten zu beschreiben. Dieser Formulierungsschritt hilft ihm, seine neu gefundene Erkenntnis in vollem Umfang bewusst werden zu lassen und festzuhalten. Ist die Erkenntnis gehoben, steigen beide langsam wieder auf, indem der Coachingnutzer beginnt zu beschreiben, wie er die neue Erkenntnis auf die Arbeit an seinem Coachingziel übertragen kann. Zum Abschluss dieser Reise, die beide in die innere Tiefe des nicht bewussten Wissens und wieder zurück an die Oberfläche führt, regt der Coach an, zu entscheiden, ob/wie der Coachingnutzer die neuen Erkenntnisse im Zusammenhang mit der Arbeit an seinem Ziel nutzen wird. Dann gibt er ihm Gelegenheit, das Sitzungsergebnis kurz zu bilanzieren und beide erklären die Sitzung für abgeschlossen.

Fügt man diesen Prozess der Grafik in ◘ Abb. 2.2 hinzu, ergibt sich das in ◘ Abb. 2.3 aufgezeigte Bild.

Anhand dieser Beschreibung lässt sich bereits ausmachen, dass so ein Dialog bestimmte Rahmenbedingungen benötigt. Vertrauen auf-

Nichtbewusstes Wissen in der inneren Tiefe des Coachingnutzers finden

Vertrauen und ungetrübte Hinwendung als Vorschusslorbeeren

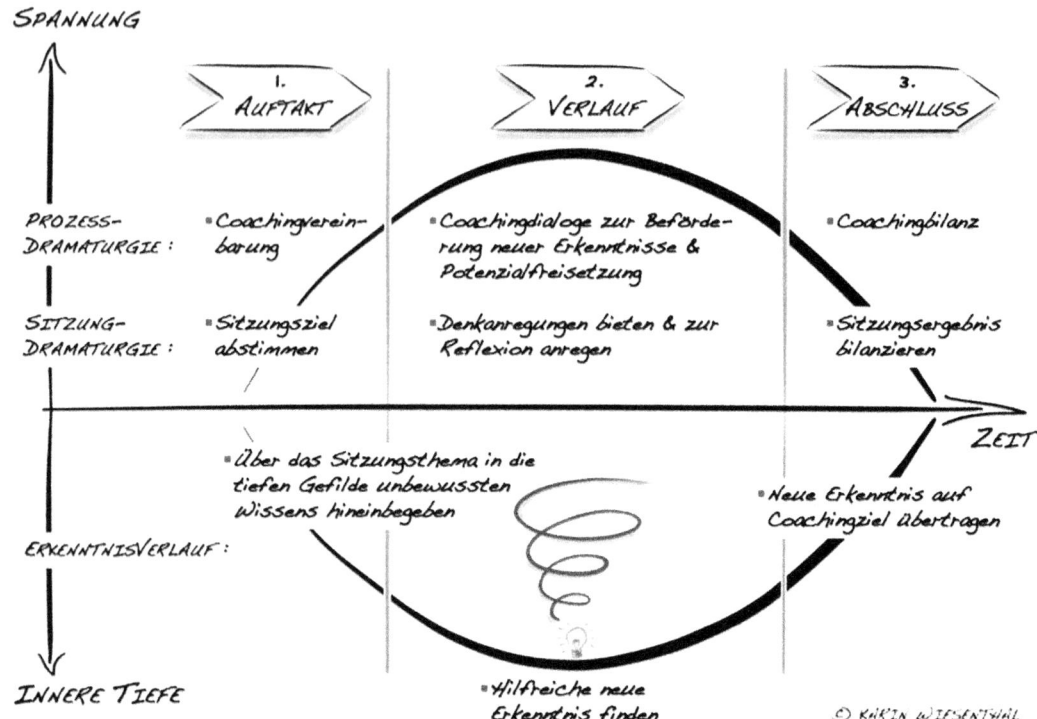

SPANNUNG

1. AUFTAKT **2. VERLAUF** **3. ABSCHLUSS**

PROZESS-DRAMATURGIE :
- Coachingverein-barung
- Coachingdialoge zur Beförde-rung neuer Erkenntnisse & Potenzialfreisetzung
- Coachingbilanz

SITZUNG-DRAMATURGIE :
- Sitzungsziel abstimmen
- Denkanregungen bieten & zur Reflexion anregen
- Sitzungsergebnis bilanzieren

ZEIT

- Über das Sitzungsthema in die tiefen Gefilde unbewussten Wissens hineinbegeben
- Neue Erkenntnis auf Coachingziel übertragen

ERKENNTNISVERLAUF :

INNERE TIEFE
- Hilfreiche neue Erkenntnis finden

© KARIN WIESENTHAL

❏ **Abb. 2.3** Erkenntnisverlauf im Coaching. (Mit freundlicher Genehmigung von © Britt A. Wrede, Karin Wiesenthal 2018. Alle Rechte vorbehalten)

seiten des Coachingnutzers und Empathie aufseiten des Coaches sind als Vorschuss in den Dialog einzubringen. Und die Rahmenbedingungen müssen so ausfallen, dass es beiden leicht fällt, diesen Vorschuss einzubringen.

2.3 Fragen aus der Praxis

Muss ich als Inhaberin eines Unternehmens Coaching wirklich verstanden haben, um es im Unternehmen einführen zu können?
Nein, das müssen Sie nicht. Sie sollten dem Coaching gegenüber aber so aufgeschlossen sein, dass Sie in der Lage sind, es glaubwürdig im Unternehmen zu „bewerben". Ich habe schon mit einem Vorstandsvorsitzenden gearbeitet, der im Unternehmen für seine kritische Haltung gegenüber Coaching bekannt war. Auch er konnte die Topführungskräfte seines Unternehmens dafür gewinnen, Coaching zu nutzen, indem er mithilfe einer Coachingberatung in seinem Unternehmen ein partizipatives Verfahren angeregt hat, bei dem diese Kräfte in die Entwicklung eines zum Unternehmen passenden Coachingmodells einbezogen waren. Während der Einführung von Coaching im Unternehmen entwickelte sich auch bei ihm ein Interesse für dieses Instrument.

Ich dachte immer, Coaching sei für die Mitarbeiterinnen und Mitarbeiter im Unternehmen, mit denen es nicht gut läuft und wo der Vorgesetzte es nicht richten kann?!?

Mit dieser Annahme befinden Sie sich in der großen Gesellschaft all derer, die Coaching als ein defizitorientiertes Mittel zur Behebung persönlicher Schwächen versteht. Richtig gut, sowohl für den einzelnen Nutzer, als auch für die Unternehmensentwicklung wird Coaching aber vor allem dann, wenn es auf engagierte Mitarbeiter mit herausfordernden Aufgaben und Zielen trifft. Mitarbeiter, die aus ihrer Komfortzone rauswollen, um mehr zu werden und mehr zu vollbringen. Ein wenig motivierter Mitarbeiter, dem ein Wirken außerhalb seiner Komfortzone nicht erstrebenswert erscheint, könnte ein gutes Coaching für sich nicht nutzen.

In dem von Ihnen angesprochenen Fall wäre es hilfreicher, wenn der Vorgesetzte, „der es nicht richten kann", ein Coaching nutzen würde, um seine eigene Führungskraft zu stärken. So käme „drive" auf die Leitung.

Für mich ist es vollkommen neu, daran zu denken, dass ich Coaching in meinem Unternehmen einführen sollte, was dann nicht zur Behebung von Defiziten genutzt werden soll. Warum sollte ich den Aufwand betreiben?

In unserer Führungsstudie, die wir 2014 durchgeführt haben, haben wir eine wichtige Erkenntnis gewonnen, die ich hier nun an Sie weitergeben möchte. Wir haben entdeckt, dass die Resultate von Unternehmen weit hinter dem zurückbleiben, was das in Unternehmen, bei Führungskräften und Mitarbeitern angelegte Wissen, Können und Wollen möglich machen könnte. Der Zugang zu diesem Potenzial erschließt sich im Dialog. Und zwar einem Dialog, der zur Reflexion des unbewussten Wissens und damit verbundenen Könnens anregt. Die dialogischen Fähigkeiten von Führungskräften zu schulen und Dialogräume zu schaffen, in denen Mitarbeiter ihr unbewusstes Wissen entdecken können, ist eine wesentliche Bedingung, die Unternehmen zukunftstauglich macht. Und Coaching schafft die Erfahrung einer solchen Dialogqualität. Wie es einer meiner Auftraggeber, in dessen Unternehmen wir Coaching einführen durften, gegenüber seinen Führungskräften ausdrückte: „Wir wissen nicht, was den Ausschlag dafür geben wird, dass wir als Konzern den Wettbewerbskampf überleben werden, aber eines weiß ich sicher, es braucht Sie und das, was in Ihnen schlummert. Bitte nutzen Sie das Coaching, um es zu erwecken."

Man hört ja immer wieder von merkwürdig anmutenden Maßnahmen, die im Coaching zur Anwendung kommen. Da geht es um Malen, Spielfiguren auf einem Brett hin- und herbewegen bis hin zum Bäume umarmen in der Toskana. Muss das wirklich sein?

Nein, natürlich nicht. Es kann sein, dass sich einige Anbieter zusätzlicher Werkzeuge/Methoden bedienen, um dem Coachingnutzer einen Zugang zu seinem unbewussten Wissen und Können zu verschaffen. Der Einsatz solcher Hilfsmittel ist immer dann angezeigt, wenn der Coach den Erkenntnisfindungsprozess des Coachingnutzers nicht selbst mit durchlaufen möchte (sich aus Gründen der Selbstsicherung lieber außen vorhält). Ein guter, erfahrener Coach benötigt solche Hilfsmittel nicht, wenngleich er aus Neugier sicher einige davon studiert und erprobt hat und sie manchmal auch einsetzt, um dem Coachingnutzer den Einstieg in seine eigene innere Tiefe zu erleichtern.

2.4   Checkliste Kap. 2: Klärung eines einheitlichen Coachingverständnisses und der damit verfolgten Absicht

Besteht bei allen an der Entwicklung eines Coachingangebots für das Unternehmen Beteiligten Begriffsklarheit bzw. ein gemeinsames Verständnis zu …

Unser Vorschlag:

… dem, was Coaching ist?	☐ ja	☐ nein	☐ unklar	Coaching ist ein spezifisches Dialogformat, das auf messbare Ergebnisse ausgerichtet ist & bei dem die Dramaturgie der einzelnen Sitzungen und des Coachingprozesses als Ganzes so geformt ist, dass sie bisher nicht bewusstes Wissen ins Bewusstsein bringt und für die Arbeit am aktuellen Ziel nutzbar macht.
… der Bezeichnung der am Coachingdialog Beteiligten?	☐ ja	☐ nein	☐ unklar	Coach & Coachingnutzer. Dem Begriff des Coachingnutzers wird der Vorzug gegeben, u.a. weil er die für das Gelingen nötige Eigenaktivität anklingen lässt.
… der Rollen- und Aufgabenverteilung im Coachingdialog?	☐ ja	☐ nein	☐ unklar	Der Coachingnutzer beauftragt den Coach, sein Können und Wollen zur Zielerreichung zu mobilisieren & mobil zu halten. Er allein ist der Taktgeber & Themenhalter, während dem Coach die Aufgabe der Prozesssteuerung für einen erkenntnisfördernden Prozess & einzelne befähigende Dialoge zufällt.
… welches Anliegen / welche Intention dem Wunsch, ein Coachingmodell im Unternehmen zu etablieren, zugrunde liegt?	☐ ja	☐ nein	☐ unklar	Die Coachingnutzer sollen im besten Sinne befähigt werden, ihr unbewusstes Wissen/Potenzial zu erkennen und zur Erweiterung ihres Gestaltungsvermögens zu nutzen. Für das Unternehmen sollen die in ihm „schlummernden" Potenziale zur Entfaltung kommen, um für das Unternehmen Ergebnisse zu ermöglichen, die heute außerhalb seines Zugriffs liegen.

Sollten nicht alle Punkte mit einem zweifelsfreien „Ja" beantwortet werden können, so empfiehlt es sich, einen Austausch zwischen allen Betroffenen/Beteiligten für eine Klärung bzw. zur Herstellung eines gemeinsamen Verständnisses zu initiieren, bevor sie mit der Konzeptarbeit voranschreiten.

Coaching im Unterschied zu anderen hilfreichen Dialogen

Britt A. Wrede, Karin Wiesenthal

3.1　　　Coaching ist nicht Beratung – 20

3.2　　　Coaching ist nicht Supervision – 21

3.3　　　Coaching ist nicht Psychotherapie – 21

3.4　　　Coaching ist nicht Training – 22

3.5　　　Coaching ist nicht Mentoring – 23

3.6　　　Coachinghybrid – 24

3.7　　　Fragen aus der Praxis – 25

3.8　　　Checkliste Kap. 3: Welcher Dialogansatz passt zu welchem Zweck? – 27

© Springer-Verlag GmbH Deutschland, ein Teil von Springer Nature 2018
B.A. Wrede, K. Wiesenthal, *Coaching für Industrie 4.0*, https://doi.org/10.1007/978-3-662-56394-6_3

Zusammenfassung

Nicht alles, was als Coaching angeboten wird, ist wirklich Coaching. Und so ergibt sich oft eine große Lücke zwischen den Erwartungen auf beiden Seiten mit dem Ergebnis, dass die gebotene Leistung das Interesse und die Möglichkeiten des Nutzers verfehlt. Erst wenn sich die Erwartung an eine unterstützende Dienstleistung mit dem Zweck der Leistung deckt und dieser vom Nutzer gewollt und adaptierbar ist, kann die Leistung ihren spezifischen Nutzen voll entfalten. Deswegen ist eine Sensibilisierung für den Unterschied aufseiten des Coachingbeauftragenden für die Beteiligten hilfreich. Es ist gut, wenn die Einkäufer von Coaching für den Unterschied zwischen den verschiedenen Dialogformaten sensibilisiert und bereit sind, Coaching nur für den Anforderungsbereich abzurufen, für den dieses Dialogformat den besten Dienst leisten kann. Besteht eine Unterscheidungsfähigkeit auch zwischen den anderen Dialogformaten, wird es leicht jeweils die passende Alternative zu wählen. Und wer verstanden hat, was Coaching im Unterschied zu anderen Dialogformaten bietet, ist in der Lage, wirklich gutes Coaching schon am Angebot zu erkennen.

Wer Coaching abruft, sollte auch Coaching wollen

Eine der erfolgsentscheidenden Voraussetzung beim Coaching ist, dass der Coachingnutzer wirklich Coaching abrufen möchte und der Anbieter wirklich Coaching bietet. Will der Nutzer einen Reflexions- und Erkenntnisprozess, in dem er selbst bestimmt, was das Ziel des Coachingprozesses als Ganzes ist, für welche Fragestellungen und mit welchen konkreten Ergebnissen er die einzelnen Dialoge für sich nutzen möchte? Oder möchte er einfach eine Reihe unterstützender Gespräche, in denen ein kompetenter Dienstleister ihn auf mögliche Themen aufmerksam macht, die dann mit Richtung auf eine Situationsverbesserung unter Hinzuziehung unterschiedlicher Methoden bearbeitet werden?

Wie einer der Altväter der Beraterszene immer sagt: „Berechtigt ist, was hilft. Und helfen wird in der Regel das, was in helfender Absicht gegeben und vom Nutzer als hilfreich verwertet werden kann." Die Erfahrung zeigt, dass kundige Nutzer sich gern für Coaching als helfendes Dialogformat entscheiden, nachdem sie es verstanden haben. Und so sei hier ein kleiner Exkurs zur Unterscheidung der verschiedenen Dialogformate erlaubt, um alle aufmerksamen Leser zu kundigen Nutzern zu machen.

Vom Zweck her das passende Dialogformat wählen

Es gibt viele unterschiedliche dialogische Ansätze. Jeder dieser Ansätze hat seinen optimalen Einsatzbereich. Optimal ist jeweils der Bereich, in dem man mit dem jeweiligen Ansatz mehr erreichen kann als mit anderen. Man könnte sagen, dass jeder Ansatz sich für einen ganz speziellen Zweck herausgebildet hat (vgl. ◾ Abb. 3.1). Anhand einer Analogie lässt sich leicht aufzeigen, wie bedeutsam die Passgenauigkeit von Zweck und eingesetztem Mittel ist.

Wer zum Bäcker geht und dort Obst abruft, erhält allenfalls das vom Bäcker in seinen Produkten eingearbeitete Obst. Wer daraus dann einen Obstsalat machen möchte, wird es schwer haben.

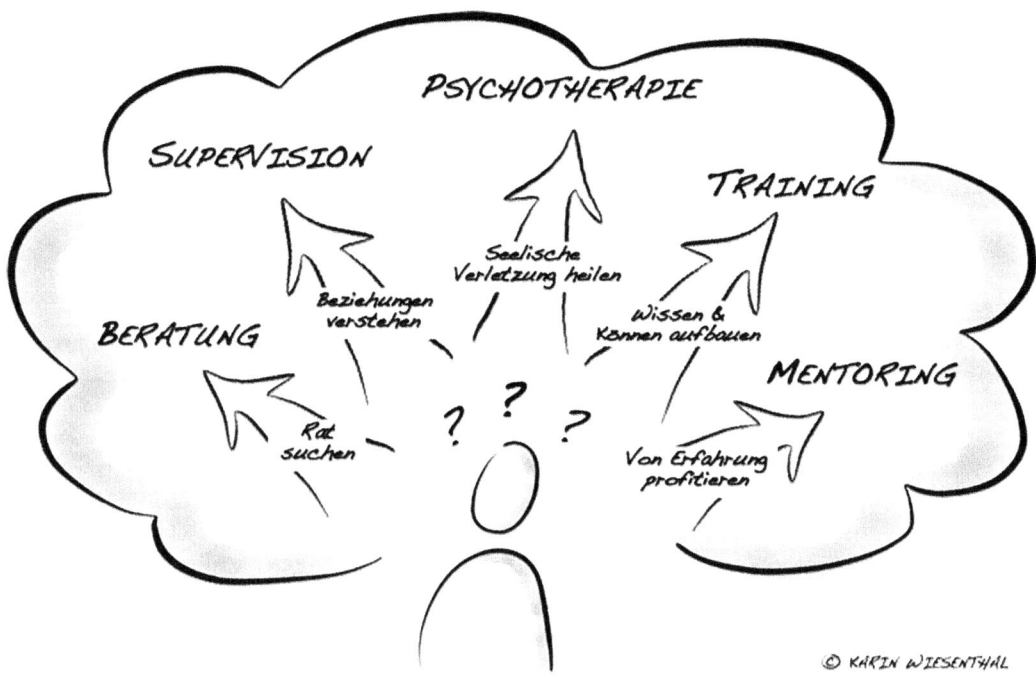

◘ Abb. 3.1 Die unterschiedlichen Dialogformate. (Mit freundlicher Genehmigung von © Britt A. Wrede, Karin Wiesenthal 2018. Alle Rechte vorbehalten)

Und wer eine Dienstleistung einkauft, die für einen anderen Zweck entwickelt wurde, als der, für den sie genutzt werden soll, wird Schwierigkeiten bekommen, mittels dieser Dienstleistung das gewünschte Ergebnis zu erreichen. Und wer selbst nicht weiß, mittels welcher Dienstleistung er den vor Augen zu habenden Zweck realisiert bekommt, ist darauf angewiesen, dem Lieferanten zu glauben, der im Zweifelsfall aber immer die Leistung für passend deklariert, die er selbst im Angebotssortiment hat. Und was eine jahrelange Beobachtung des Coachingmarktes zeigt, ist, dass manch ein Anbieter sogar bereit und in der Lage ist, seine Dienstleistung als die gesuchte zu deklarieren.

Seit Ende der 1990er-Jahre eine Veröffentlichung in den Markt kam, die Coaching als „Sammelbegriff" für sämtliche dialogischen Ansätze erklärte, die zur Unterstützung von Führungskräften im 1:1-Kontakt angeboten werden, wurden dem Wildwuchs und der daran anknüpfenden Verwirrung die Türen und Tore geöffnet. Dem hat sich eine Marktentwicklung angeschlossen, die ein Coachingverständnis in Unternehmen etablierte, das in seiner Wirkung weit hinter dem zurückbleibt, was man sich von der Einführung von Coaching in Unternehmen Anfang der 1990er-Jahre erhofft hatte – mit dem Ergebnis, dass ein einst sehr kraftvolles Instrument heute nur noch einer verständigen Elite zur Verfügung steht, während sich die

Masse mit einer mittelmäßigen Dienstleistung zufriedengeben muss. Um jedem Unternehmen die Chance zu geben, das Rad für sich neu zu drehen und zu einem hochwertigen Coachingangebot mit wirklich guten Ergebnissen zu kommen, sei an dieser Stelle erlaubt, durch eine klare Unterscheidung dem Verständnis von dem, was Coaching ist, beizutragen.

3.1   Coaching ist nicht Beratung

Wer Expertenwissen und Lösungsvorschläge sucht, greift zur Beratung

Der Zweck von Beratung ist es, dem Ratsuchenden einen Hinweis zu geben, wie er die Angelegenheit, in der er Rat sucht, besser handhaben kann. Dabei möchte der Ratsuchende sich des „unterstellten" Wissens des Ratgebers bedienen. Die Sicherstellung der Befähigung des Ratsuchenden dahingehend, dass dieser den Rat auch nutzbringend umsetzen kann, ist nicht Teil einer Beratungsvereinbarung. Das über diesen Weg zu erreichende Resultat basiert somit nicht auf eigenen Erkenntnissen des Ratsuchenden, sondern auf seiner Bereitschaft, etwas nachzumachen, von dem ein anderer behauptet, es würde zu guten Ergebnissen führen. Wenn es zu Schwierigkeiten in der Umsetzung kommt, wird der Rat für unzureichend erklärt oder/und der Berater sucht die Ursache dafür beim unfähigen Kunden oder in dessen unfähigem Umfeld. Man geht auseinander oder versucht es mit einem weiteren Rat/Konzept.

Wendet sich nun jemand an einen Berater mit der Absicht, ein konkretes Ziel zu einem bestimmten Termin aus eigener Kraft realisieren zu können, so ist dessen Kompetenz in der Regel überfordert.

Überträgt man diese zugegebenermaßen verkürzte Darstellung, auf die typischen Coachingthemen einer Führungskraft, wird deutlich, dass der Rat, eine Führungsaufgabe auf eine dem Ratgeber passend scheinende Weise zu erfüllen, nicht zur Freisetzung der eigenen Führungskraft beiträgt, sondern allenfalls zur Freisetzung seiner Fähigkeit nachzumachen, was jemand anderes für passend hält. Erkenntnisgewinn passiert über die Beratung erst im Rückblick, wenn Bilanz über die Wirksamkeit der erzielten Ergebnisse gezogen wird.

Berücksichtigt man die diesem Ansatz immanenten Besonderheiten, ist es nicht länger verwunderlich, dass es bisher keinem renommierten Beratungsinstitut gelungen ist, Coaching mit vergleichbarem Geschäftserfolg zu vertreiben. Und das, obwohl die Nachfrage für Coaching weiterhin steigend ist und sich viele Beratungsinstitute daran versucht haben, einen Teil des großen Budgets, das jährlich für Coaching investiert wird, für sich zu vereinnahmen. Aus der Brille des Beraters auf die Fragen seines Kunden geschaut, provozierten diese ihn stets zu Lösungsvorschlägen. Und dieser antrainierte Reflex verhält sich vollkommen konträr zum Ansatz der Mobilisierung unbewussten Wissens und eigener Handlungsableitung über vertiefende Fragen.

3.2   Coaching ist nicht Supervision

Der Zweck von Supervision ist die Verbesserung der Beziehungsqualität zwischen den Personen eines Beziehungsgeflechts. Supervision ist das Mittel der Wahl, wenn es darum geht, ein vertiefendes Verständnis über Beziehungen zwischen Menschen zu entwickeln und die eigene Wirkung auf andere im Beziehungsgeflecht besser zu verstehen.

Im Rahmen einer Supervision wird über die Verbesserung der Beziehungsqualität bewirkt, dass das Arbeitsengagement des Nutzers nicht durch die auf ihn einwirkenden Besonderheiten anderer Mitwirkender gehemmt wird. Supervision ist ein dialogischer Ansatz, bei dem Beziehungsthemen im Vordergrund stehen. Im Angesicht einer Führungsthematik stellt der supervisorische Ansatz darauf ab, das Beziehungsgeflecht am Arbeitsplatz und die darin angelegten Beziehungshemmnisse zu verstehen, um daraus Schlussfolgerungen für das eigene Vorgehen abzuleiten. Im Coaching wird auf das angestrebte Ergebnis abgestellt und für damit einhergehende Beziehungsthemen je ein angemessener Umgang gefunden, der ihm hilft, das gewünschte Ergebnis auf den Weg zu bringen.

Beauftragt ein Unternehmen einen Supervisionsspezialisten mit Coaching, kann es sicher sein, dass die Nutzer dieser Dienstleistung einen Zuwachs an Reflexionsfähigkeit in allen Beziehungsfragen gewinnen und eine Reduzierung der Reibungsverluste im Umfeld des Nutzers eintreten wird.

> Mit Supervision werden Beziehungsgeflechte und die eigene Wirkung in ihnen verstehbar

3.3   Coaching ist nicht Psychotherapie

Niemand würde wohl unterschreiben wollen, dass Coaching Psychotherapie in der Arbeitswelt bedeutet. Und dennoch werden in Unternehmen viele Psychologen und Psychotherapeuten als Coaches beauftragt. Der psychotherapeutisch motivierte Dialog ist, wie der Begriff schon sagt, auf Heilung einer die Psyche betreffenden „Verletzung" ausgerichtet. Im psychotherapeutisch motivierten Dialog steht die Frage des „Warum und Woher" einer bestimmten Umweltwahrnehmung im Vordergrund. Ausgehend davon, dass diese Wahrnehmung dem Nutzer einen gegenwartsbezogenen Umgang mit der Umwelt erschwert, was sich erfolgsmindernd auswirken kann. Insofern ist die Blickrichtung in einem psychotherapeutischen Dialog in die Vergangenheit gerichtet, bevor die Handhabung der gegenwärtigen Angelegenheiten fokussiert werden kann.

Selbst in der Verhaltenstherapie, die von einem rein handlungsorientierten Heilungsprozess ausgeht, geht es um ein „weg von etwas", was als Defizit eingestuft wird.

Im Coaching dagegen wird davon ausgegangen, dass es kein Defizit aufseiten des Nutzers gibt. Der Coachingnutzer wird als Potenzialträger angesehen und es wird davon ausgegangen, dass die Freisetzung

> Bei der Frage nach dem „Warum und Woher" einer psychischen Verletzung hilft Psychotherapie

seiner Möglichkeiten ohnehin passieren würde, wenn ihm die Zeit für Erfahrung und Entwicklung gegeben ist. Coaching provoziert die Freiwerdung des angelegten Potenzials lediglich zu einem früheren Zeitpunkt. Und zwar über Fragen und Denkanregungen, die aufgrund fehlender Erfahrung vom Nutzer noch nicht selbst aufgebracht werden. Ein Coach geht davon aus, dass die Frage nach dem Warum und Woher einer Verhaltensoption zu einer Antwort führt, die mit Darum und Daher beginnt. Solche Antworten manifestieren aber die innere Berechtigung des diskutierten Verhaltens eher, als dass sie eine Öffnung für neues Verhalten schaffen. Das Denken nimmt bei der inneren Suche nach einem Warum und Woher eine Richtung auf, die nicht als unmittelbar, sondern allenfalls als mittelbar hilfreich für eine Lösungsfindung angesehen wird. Deswegen wird ein Coach solche Fragen zu keinem Zeitpunkt anregen.

Jemand, der sich aber gern auf die Suche nach dem Warum und Woher begibt, um sein eigenes Verhalten besser zu verstehen, wird sich im Coachingdialog eher in dem von ihm gewünschten Erkenntnisprozess gebremst fühlen.

Beauftragt ein Unternehmen psychotherapeutisch ausgebildete und in diesem Bereich regelmäßig tätige Fachkräfte mit Coaching, kann der Auftraggeber sicher sein, dass die Nutzer dieser Dienstleistung ein vertiefendes Verständnis von ihren eigenen „Schwächen" haben und ein Repertoire an Lösungsstrategien zur Kompensation dieser Schwächen entworfen haben, die sie in der Regel auch nützlich einsetzen können. Coaching hat sich unter anderem deswegen entwickelt, weil man schon in den 1980er-Jahren beobachtet hat, dass der Umweg über das Verstehen der eigenen Selbst- und Umweltwahrnehmung nicht notwendig ist, um Lösungen für eine gegenwärtige Aufgabe zu finden. Ist das Angebot dann auch noch als Coaching deklariert, wird es wirkliche Heilung von psychischen Verletzungen angesichts der abweichenden Erwartungen des Nutzers an die als Coaching deklarierte Dienstleitung ebenfalls nicht geben.

3.4   Coaching ist nicht Training

Der Aufbau von Fertigkeiten und Wissen für den späteren Einsatz wird im Training geboten

Der Zweck von Training ist das Erlernen bestimmter Fertigkeiten auf einem Übungsfeld. Training geschieht also immer in Vorbereitung auf ein Später, nämlich auf den Moment, zu dem eine bestimmte Leistung in der „Echtwelt" erbracht werden soll.

Training ist demnach immer dann das Mittel der ersten Wahl, wenn es darum geht, dass jemand bestimmte Fertigkeiten unter Anleitung erlernen oder weiterentwickeln soll, um sie später einsetzen zu können. Im Kommunikationstraining beispielsweise wird unter Anleitung eingeübt, mittels Kommunikation ein gewünschtes Gesprächsergebnis herbeizuführen. Training ist eine vorbereitende Maßnahme. Was im Rahmen eines Trainings nicht erreicht werden kann, ist, dass die trainierte Fertigkeit im entscheidenden Moment mit der gewünschten Wirkung tatsächlich eingesetzt wird. Wie man im Spitzensport erkennt, gewinnt den Wettbewerb aber nicht der, der im Training die beste Leistung gezeigt hat, sondern stets der, dem es gelingt, die Bestleistung punktgenau abzurufen und diese dann konsequent im Einsatz zu halten, bis die Anforderungssituation abgeschlossen ist. Damit das gelingt, müssen Einstellung zu den Leistungsbedingungen, Erfolgsbereitschaft und eine zweifelsfreie Erfolgserwartung mit der trainierten Fertigkeit gleichzeitig und ausdauernd präsent sein. Nicht umsonst arbeiten Spitzensportler immer auch mit einem Coach, der die mentalen Fähigkeiten des Sportlers mobilisiert und ihm hilft, diese im Angesicht aller Widrigkeiten eines Wettkampfes mobil zu halten.

Die Praxis des wohl bekanntesten Coaches, John Whitmore, die er in seinem Buch bereits Anfang der 1990er-Jahre beschrieben hat, hat uns allen deutlich gemacht, dass Coaching im Leistungssport das Training ersetzen kann, nicht aber Training das Coaching.

Diese Ausführungen helfen vielleicht, die Frage der Nachhaltigkeit von echtem Coaching und die Frage nach dem Transfer des Gelernten in den Arbeitsalltag neu zu beantworten. Diese Fragen passen zum Training. Bei echtem Coaching stellen sich beide Fragen nicht. Denn jede im Coachingdialog gewonnene Erkenntnis wird vom Coachingnutzer unmittelbar im Anschluss an den Dialog in Handlung an seinem Arbeitsplatz umgesetzt. Damit wird sie in eine gelebte Erfahrung überführt. Das einmal als nützlich Erfahrene vergisst man nicht wieder, womit Nachhaltigkeit als natürliche Folge guten Coachings angenommen werden darf. Und weil es zu dieser Erfahrung durch Umsetzung der Erkenntnis in Handlung im Arbeitsumfeld des Coachingnutzers kommt, stellt sich die Frage des Transfers für einen Coach gar nicht erst. Ohne Transfer war es kein Coaching.

3.5 Coaching ist nicht Mentoring

Der Zweck von Mentoring ist der Gedankenaustausch zwischen einer erfahrenen Person und einer weniger erfahrenen Person. Im Idealfall erweitern beide ihre Sichtweise im Hinblick auf das besprochene Thema. Mentoring kommt ganz ohne den Anspruch aus, aus dem Dialog unmittelbar folgende Handlungen abzuleiten. Es geht eher darum, miteinander zu reflektieren und auf beiden Seiten unbewusstes Wissen bewusst werden zu lassen. Nicht mehr, aber auch nicht weniger. Dieser Anspruch lässt einen Mentoringdialog eher sanft und entspannt ablaufen und auf beiden Seiten den gegenseitigen Respekt vor dem jeweils anderen gegenwärtig sein.

Eine im Mentoring gefragte Person mit Coaching zu beauftragen, bedeutet in der Regel eine Überforderung für diesen Menschen. Denn der Mentor ist es nicht gewohnt und darin meist auch nicht geübt, die Handlungsableitung beim Nutzer anzuregen und eine ergebnis-

> Von der Erfahrung anderer profitieren, erfolgt im Mentoring

fokussierte, selbstbindende Verpflichtung bei diesem auszulösen. Damit fehlt dem Mentoringdialog ein das Coaching prägender wichtiger Aspekt.

3.6   Coachinghybrid

Mischformate als mögliche Brücke an den Stellen, wo Coachinginterventionen nicht absorbiert werden können

Mit dieser Bezeichnung wollen Coaches kennzeichnen, dass sie nicht nur Coaching im ursprünglichen Sinne praktizieren, sondern situationsangemessen ihr Coaching mit anderen Methoden zu kombinieren wissen. Dieser Tribut ist den Folgen der Begriffsverwässerung und daran anknüpfenden Erwartungen der Nutzer geschuldet, die sich in der Regel nicht für den coachingspezifischen Dialog entschieden haben, sondern für einen irgendwie gearteten helfenden Dialog. Um einem solchen Nutzer gegenüber die innere Freiheit zu haben, vom eigenen Ideal des Coachings abzuweichen und dem Nutzer zu bieten, was er als Anregung bereit und in der Lage ist aufzunehmen, haben sich einige Anbieter entschieden, ihr Angebot als Coachinghybrid zu bezeichnen. An dieser Stelle sei aber in aller Deutlichkeit angemerkt, dass diese Entscheidung nicht Ausdruck eines oft in anderen Zusammenhängen unterstellten „Berateropportunismus" ist. Im Gegenteil. Eine andere, besser absorbierbare Leistung bereitzustellen als Coaching, wenn der Nutzer aufgrund von Unkenntnis die Coachingfragen und Denkanregungen nicht verarbeiten kann, ist Ausdruck einer professionellen und kompetenten Hilfsbereitschaft.

Angesichts einer seit vielen Jahren zu beobachtenden Erwartungsverflachung sowohl aufseiten der beauftragenden Unternehmen, als auch aufseiten der Coachingnutzer bedarf es schon einer tiefen Verankerung im Coaching, um diese Erwartungen im Dialog auf sanfte Weise auf eine weitreichendere Erwartung umzulenken. Dafür ist zunächst irritiertes Schweigen auszuhalten, in dem ein Dialog – meist ist es der erste, den Coach und Coachingnutzer miteinander führen – stecken bleiben kann. Kommt dann aufseiten des Coachingnutzers noch die Befürchtung der Komplizenschaft zwischen Coach und Unternehmen zum Zweck der Gehirnwäsche hinzu, kann die anbahnende Verbindung schnell im Morast des Misstrauens versickern. Und dieses Dilemma entsteht nur, weil ein Coach das Optimum für sein Gegenüber verfügbar halten will und am Coaching festhält. Da liegt es nah, dem Coachingnutzer eine Brücke zu bauen und mit einem anderen Instrument weiterzumachen und es im Nachhinein nicht neu zu betiteln. Wie will man einem Nutzer sagen, dass es nicht mehr Coaching ist, was unter der ursprünglichen Überschrift geboten wird, weil er nicht bereit und in der Lage schien, Coachinginterventionen verarbeiten zu können?!? Aus diesem Dilemma befreit der Coachinghybrid, der es ganz offiziell möglich macht, die Dialogform der Situation so anzupassen, dass sie allzeit für beide Beteiligten gut funktioniert.

Fazit

Coaching muss es nur dann sein, wenn Coaching die beste Antwort auf einen Bedarf darstellt und diese von allen Beteiligten gewollt ist. Je nach Situation eines Unternehmens mag es angezeigt sein, neben Coaching auch noch andere Methoden zur Unterstützung von Mitarbeitern bereitzustellen. So kann es hilfreich sein, Fachkräfte für den Themenbereich der emotionalen Entlastung bereitzustellen, oder auch Fachkräfte für Konfliktlösungen und andere Beziehungsthemen anzubieten. Aber diese Angebote sollten dann nicht als Coaching deklariert sein, weil es dem Coaching einen defizitorientierten Ruf im Unternehmen gibt, der die lösungs- und ergebnisorientierten Führungskräfte davon abhalten wird, ein Coaching für sich in Anspruch zu nehmen, obwohl sie großen Nutzen für sich persönlich und für das Unternehmen daraus ziehen könnten.

3.7   Fragen aus der Praxis

Sie haben mir mal gesagt, dass niemand Coaching bräuchte. Wie deckt sich das mit Ihrem persönlichen Engagement für Coaching?

Gute Frage! Niemand braucht Urlaub, gute Freunde, exklusives Essen, guten Wein, einen Fernseher etc. Und dennoch entfalten all diese Dinge einen wohltuenden Effekt auf denjenigen, der sie gut dosiert nutzt. Und vergleichbar ist es mit Coaching. Durch Fragen zu einer bewusst erlebten Reflexion über Fragen und Themen angeregt zu werden, in denen man selbst gern einen Fortschritt machen würde, hat einen wohltuenden Effekt für denjenigen, der dies zu nutzen weiß. Niemand braucht es, aber manchmal bereichert es das Leben, weil es einen Fortschritt provoziert, der sonst erst über Erfahrungen zu erreichen gewesen wäre. Und allein schon diese Erfahrung bringt einen auf einen anderen Stand was das Erleben von Umwelt betrifft und die Einschätzung der eigenen Möglichkeiten zu einer erfüllten Teilnahme am Leben. Stellen Sie sich einmal vor, wir alle hätten regelmäßig die Möglichkeit, Gespräche zu führen, die einen Unterschied hinsichtlich unserer Wahrnehmung von Umwelt und unserer eigenen Gestaltungsmöglichkeit machen würden … Niemand braucht es, aber gut wäre es dennoch.

Wie finde ich als Laie heraus, ob das, was mir als Coaching verkauft werden soll, wirklich gutes Coaching ist?

Wenn Sie dieses Buch aufmerksam weiterlesen, haben Sie schon einen großen Schritt in Richtung Selektionskompetenz unternommen. Sie kennen dann einige Kriterien, auf die Sie achten können und Sie wissen, wo Sie Unterstützung für den Selektionsprozess abrufen können. Nutzen Sie die hier im Buch zu findenden Checklisten. Das fördert Ihr Bewusstsein für die zu stellenden Anforderungen. Und dann laden Sie verschiedene Anbieter zum Gespräch ein und Sie werden sehr schnell erkennen, welche Ihren Anforderungen genügen und welche nicht.

*Wenn ich ehrlich bin, dann muss ich zugeben, dass ich als Inhaber zwar
eine Vorstellung davon habe, dass in den Führungskräften und Mitarbeiterinnen und Mitarbeitern weitaus mehr schlummert als das, was sie
täglich einbringen, aber woher soll ich wissen, ob das über die eine oder
die andere hier beschriebene Maßnahme zum Einsatz kommt?*

Gute Frage, wirklich, denn sie zeigt, dass Sie bereit sind, davon auszugehen, dass Sie nicht wissen, was Sie nicht wissen … Wir schlagen
Unternehmen mit so einer offenen Frage gern einen unaufwendigen,
partizipativen Prozess zur „Bedarfs- und Bereitschaftserhebung" vor.
Dafür werden Interviews mit ganz unterschiedlich positionierten
Mitarbeitern im Unternehmen geführt – einschließlich Vorstand, Betriebsrat und HR-Fachkräfte. In den Interviews laden wir die Dialogpartner ein, uns ganz subjektiv zu berichten, welche Unterstützung für
welchen Zweck/welche Ergebnisse sie sich wünschen und was sie selbst
dafür mitbringen, damit ein zukünftiges Angebot seinen Zweck auch
erfüllen kann. Bei der Auswertung dieser Interviews zeigt sich meist
sehr deutlich, wo ein guter Ansatzpunkt für einen Entwicklungsprozess der Menschen im Unternehmen steckt und welche Maßnahmen
am besten in die Kultur und zu den Erwartungen des Einzelnen passen
könnten.

Wenn Sie schon wissen, dass Sie Maßnahmen zur Einzelförderung
einführen möchten und auch eine konkrete Vorstellung von der gewünschten Wirkung haben, dann kann Ihnen diese Checkliste helfen
zu identifizieren, welches Dialogformat am besten passt.

*Lässt sich diese Unterscheidung immer so lupenrein in der Praxis nut-
zen? Gerade, wenn ich an die jungen Führungskräfte denke, die verschiedene Entwicklungsfelder haben, könnte ich nicht sicher sagen, wo der
Schwerpunkt liegt und welcher Ansatz der passende ist.*

Manchmal lässt sich – nicht nur bei jungen Führungskräften – nicht
ausmachen, was von dem nicht ganz zieldienlichen Verhalten Symp-
tom einer „Potenzialbremse" und was bereits der Versuch einer Lö-
sungsstrategie ist. Und da sich Potenzialbremsen wie auch überholte
Lösungsversuche immer als Performancebeeinträchtigung zeigen, ist
es durchaus berechtigt, sich dem Veränderungswunsch über Coaching
anzunähern. Ein seriöser Coach wird, wenn er mit dem Coaching
an die Grenzen stößt, dem Coachingnutzer einen nützlichen Hinweis
geben können, wo für ihn die Reise weitergehen kann.

3.8 · Checkliste Kap. 3: Welcher Dialogansatz passt zu welchem Zweck?

27

3

3.8 Checkliste Kap. 3: Welcher Dialogansatz passt zu welchem Zweck?

Ist der Hauptzweck beziehungsweise die primär gewünschte Wirkung der Maßnahme …

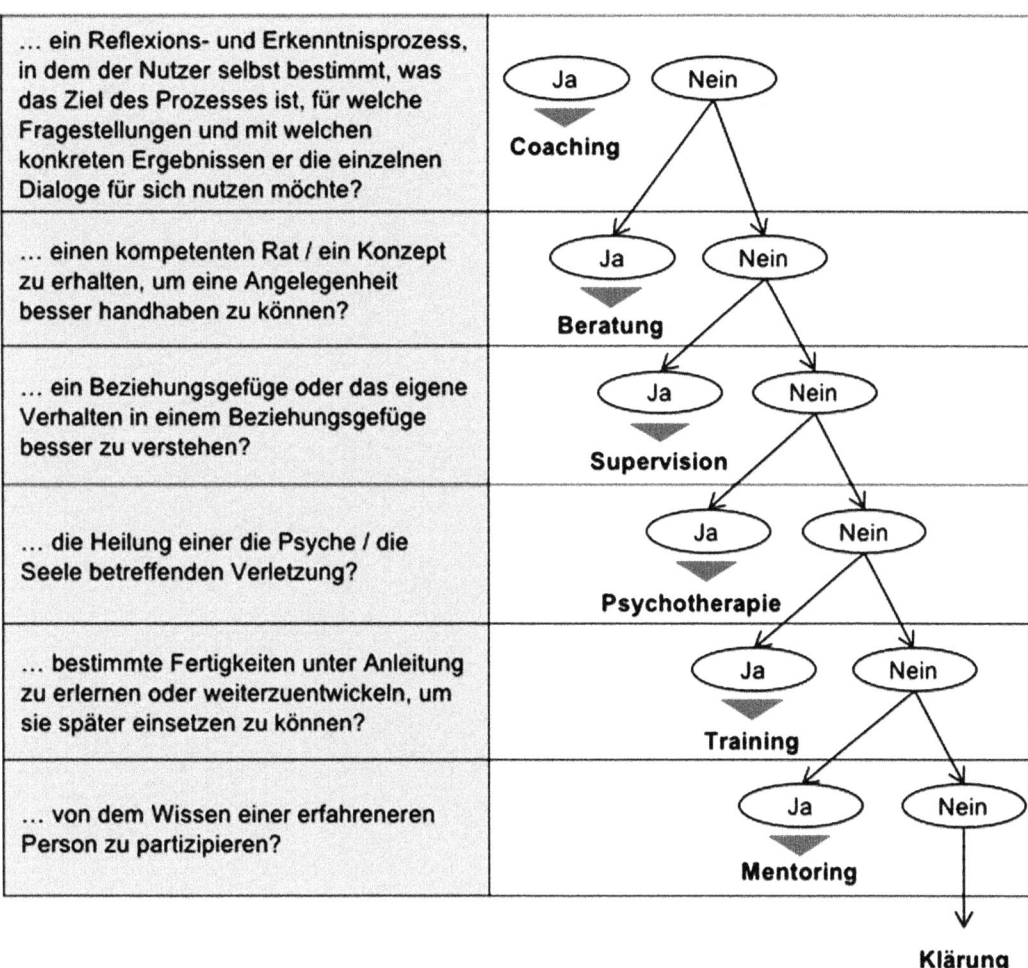

… ein Reflexions- und Erkenntnisprozess, in dem der Nutzer selbst bestimmt, was das Ziel des Prozesses ist, für welche Fragestellungen und mit welchen konkreten Ergebnissen er die einzelnen Dialoge für sich nutzen möchte?	**Ja** **Nein** **Coaching**
… einen kompetenten Rat / ein Konzept zu erhalten, um eine Angelegenheit besser handhaben zu können?	**Ja** **Nein** **Beratung**
… ein Beziehungsgefüge oder das eigene Verhalten in einem Beziehungsgefüge besser zu verstehen?	**Ja** **Nein** **Supervision**
… die Heilung einer die Psyche / die Seele betreffenden Verletzung?	**Ja** **Nein** **Psychotherapie**
… bestimmte Fertigkeiten unter Anleitung zu erlernen oder weiterzuentwickeln, um sie später einsetzen zu können?	**Ja** **Nein** **Training**
… von dem Wissen einer erfahreneren Person zu partizipieren?	**Ja** **Nein** **Mentoring**

Klärung suchen

Liegen keine ausreichenden Informationen für eine Einschätzung des Hauptzwecks vor oder lässt sich die primär gewünschte Wirkung nicht eindeutig einer Kategorie zuordnen, so empfiehlt sich die Klärung mit einer Vertrauensperson, die helfen soll zu erkennen, was aktuell am meisten im Fokusbereich steht.

Die unterschiedlichen Coachingformate

Britt A. Wrede, Karin Wiesenthal

4.1   Coaching im 1:1-Dialog – 31

4.2   Kurzzeitcoaching und Hot Calls – 33

4.3   Teamcoaching – 34

4.4   Coachingprogramm – 35

4.5   Webinare und andere digitale Angebote – 37

4.6   Fragen aus der Praxis – 38

4.7   Checkliste Kap. 4: Welche Coachingformate sollen angeboten werden? – 40

© Springer-Verlag GmbH Deutschland, ein Teil von Springer Nature 2018
B.A. Wrede, K. Wiesenthal, *Coaching für Industrie 4.0*, https://doi.org/10.1007/978-3-662-56394-6_4

Zusammenfassung

Es gibt diverse Coachingformate (vgl. ◘ Abb. 4.1). Manche, bei denen Coaching im 1:1-Dialog stattfindet und andere, bei denen Coachings im Gruppenverbund geführt werden. Das bekannteste Format für ein Coaching im 1:1-Dialog ist das, bei dem sich beide Protagonisten für eine persönliche Sitzung zusammenfinden. Daneben gibt es aber auch den telefonisch oder via Videokonferenz geführten Coachingdialog und mittlerweile auch die Variante des zeitversetzten Dialogs per E-Mail. Für alle Formate – sollen sie denn die Wirkung einer Befähigung auslösen – bedarf es aufseiten des Coaches besonderer Kompetenzen. Bei den Coachings im Gruppenverbund sind die bekanntesten Formate das Coachingprogramm und das Teamcoaching. Im Coachingprogramm werden 1:1-Coachingdialoge in Anwesenheit anderer geführt, die an diesen Dialogen für jeweils eigene Vorhaben partizipieren. Das Teamcoaching nutzt den co-kreativen Dialog für die Entwicklung des Bewusstseins der Gruppe bezogen auf ein gemeinsames Vorhaben. Für die Einführung von Coaching in Unternehmen eignet sich insbesondere das Format des persönlichen 1:1-Coachings, als auch das Format des Coachingprogramms. Entscheidungsrelevant ist, welche Erwartung ein Unternehmen an Coaching knüpft.

Wenn man an Coaching denkt, ist das erste Format, das einem in den Sinn kommt, das persönliche 1:1-Gespräch. Damit fing einst auch alles an. Sehr schnell nach Etablierung von Coaching in Unternehmen fand auch das Coaching per Telefon seinen Platz im Markt. Ende der 1980er-Jahre gab es daneben die ersten Coachigprogramme, die ähnlich strukturiert waren, wie die bis dahin bekannten Führungskräfteseminare – mit dem Unterschied, dass nicht Schulung in Form interaktiv verarbeiteter Lerninputs stattfand, sondern Einzelcoachings, die im Beisein anderer Programmteilnehmender öffentlich geführt

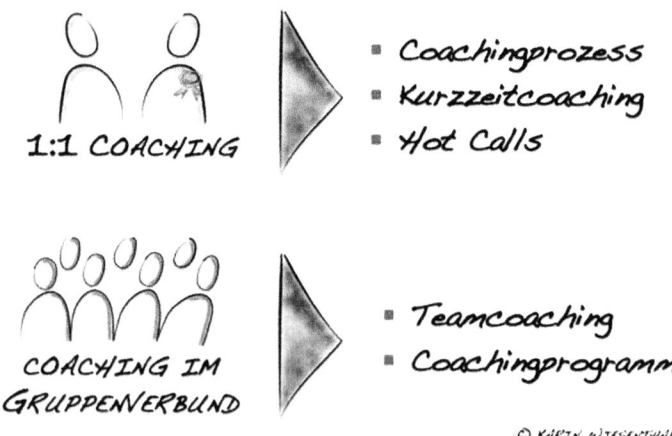

◘ **Abb. 4.1** Coachingformate. (Mit freundlicher Genehmigung von © Britt A. Wrede, Karin Wiesenthal 2018. Alle Rechte vorbehalten)

wurden. Dieses Format gibt es seit Anfang der 1990er-Jahre auch in Unternehmen. Und wie nicht anders zu erwarten, gibt es mittlerweile auch diverse Onlineangebote, die als Coaching bezeichnet werden und es ist absehbar, dass im Zuge der Digitalisierung bald schon effektive digitale Coachingformate am Markt sein werden.

4.1   Coaching im 1:1-Dialog

Der 1:1-Dialog findet sehr verbreitet im persönlichen Kontakt statt, bei dem sich Coachingnutzer und Coach gemeinsam an einem Sitzungsort einfinden. Daneben gibt es mittlerweile viele Anbieter, die über die Zusatzqualifikation verfügen, solche 1:1-Dialoge mit demselben Effekt per Telefon/Videokonferenzen zu führen oder auch im Chat via schriftlicher Äußerungen.

Es wird immer wieder behauptet, dass Coaching via Telefon/Videokonferenzen oder Onlinechat nicht so wirksam sei wie Coaching im persönlichen Kontakt. Bevor man dieser pauschalen Behauptung folgt, sollte man einmal kurz in den Wirkungsmechanismus (vgl. ❏ Abb. 4.2) von Coaching einsteigen:

Wie bereits oben beschrieben, ist Coaching ein Dialogformat, das auf die Freisetzung zielrelevanten Potenzials abzielt. Anlass ist eine konkrete Fragestellung, ein konkreter Änderungswunsch aufseiten des Coachingnutzers. Es geht dabei immer um die Handhabung von Umständen, die der Coachingnutzer als faktische Gegebenheiten erlebt. Er möchte sie zukünftig aus eigener Kraft auf eine neue Weise handhaben können, um dann zu neuen Ergebnissen zu kommen. Somit geht es im Coaching darum, das, was vom Coachingnutzer als Gegebenheiten (Realität) angenommen wird, infrage zu stellen und so einen Erkenntnisprozess zu mobilisieren, der sein bis dato unbewusstes Wissen über seine Handhabungsmöglichkeit an die Oberfläche bringt. Ist das geschehen, folgt ein Handlungsimpuls für den faktischen Umgang mit den Gegebenheiten, der sich von dem unterscheidet, was ihm bisher möglich war.

> Wirkt Coaching auch per Telefon, Video oder Onlinechat?

- Sehen, was ist (Reflektieren)
- Impuls zur Umsetzung
- Erkennen, was geht

© KARIN WIESENTHAL

❏ **Abb. 4.2** Wirkmechanismus im Coaching. (Mit freundlicher Genehmigung von © Britt A. Wrede, Karin Wiesenthal 2018. Alle Rechte vorbehalten)

Man könnte es als Dreiklang so zusammenfassen:
Sehen, was ist (Reflektieren) – Erkennen, was geht – Impuls zur Umsetzung.

Der Coach folgt dem Energiepfad in die Tiefe des (noch) nicht Bewussten

Um einen guten, für den Coachingnutzer möglichst hilfreichen Reflexions- und Erkenntnisprozess zu gewährleisten, richtet der Coach Fragen an den Coachingnutzer. Fragen, die nicht darauf abzielen, schnelle Antworten zu liefern. Ein einfacher Frage-Antwort-Austausch bliebe auf der Ebene des Downloads von bereits gegenwärtigem Wissen. Er ließe nur wenig Raum für neue Erkenntnisse, neue Handlungsimpulse und damit auch neue Ergebnisse. Die Fragen eines Coaches zielen dagegen darauf ab, dass der Coachingnutzer sich Schritt für Schritt mit seinen Überlegungen (und ggf. auch Empfindungen) in einen Bereich hineinbewegt, von dem er bis dato nicht wusste, dass ihm dort ein ungenutztes Erkenntnispotenzial zur Verfügung steht. Der Coach folgt dem Coachingnutzer auf dessen Pfad ins Unbewusste, indem er bei seinen Fragen jeweils an die Aspekte aus den Mitteilungen des Coachingnutzers anknüpft, auf denen er eine gewisse emotionale Ladung wahrgenommen hat. Um das tun zu können, ist der Coach während des gesamten Dialogs mit einer vollkommen wertfreien Aufmerksamkeit präsent.

Wo ein Wille, da auch ein Weg zu Telefon-/Video-/Chatformaten

Natürlich ist es vorstellbar, dass es Menschen gibt, die eine solche Präsenz im Telefongespräch/einer Videokonferenz und auch per Chat aufbauen und über eine längere Sequenz halten können und mögen. Es ist wohl davon auszugehen, dass die beiden Protagonisten einen Dialog mit einer wie hier beschriebenen co-kreativen Komponente möglich machen werden, wenn die Umstände es als die bestmögliche Variante erscheinen lassen. Zum Beispiel die Führungskraft in Singapur, die sich den bestmöglichen Coach für ihre aktuelle Fragestellung wünscht, der aber gerade nicht vor Ort weilt, sondern am Bodensee, wird sich aus einem Telefondialog/einer Videokonferenz den gewünschten Nutzen zu ziehen wissen. Und wenn es gerade nicht opportun erscheint, im Gespräch miteinander zu sein, so hat die Praxis gezeigt, dass die Mobilisierung eines Erkenntnisprozesses mit anschließendem Handlungsimpuls auch via Chat funktioniert. Einfach weil die beiden Protagonisten sich darauf verständigt haben, es möglich zu machen.

Auch wenn die Varianten des Telefoncoachings und des Coachingchats sicher leichter von Nutzern in Anspruch genommen werden, die bereits über Coachingerfahrung verfügen, als von Erstnutzern, sollte ein international aufgestelltes Unternehmen nicht davor zurückschrecken, diese Coachingvarianten für entsendete Führungskräfte wahlweise zur Verfügung zu stellen. Immer vorausgesetzt, die Anbieterinnen und Anbieter sind für die Besonderheiten dieser Varianten qualifiziert und der Coachingnutzer ist bereit und in der Lage, davon in gewünschter Weise zu profitieren.

4.2   Kurzzeitcoaching und Hot Calls

Nicht jedes Coachinganliegen rechtfertigt den Aufwand eines Coachingprozesses, der sich über mehrere Sitzungen erstreckt. Manchmal reichen Coaching-Blitzlichter aus, um den Nutzer mit hilfreichem Input zu seinen aktuellen Fragen anzuregen. Zwei in diesem Zusammenhang erwähnenswerte Varianten des 1:1-Dialogs im Kurzformat sind das Kurzzeitcoachings und das Format der Hot Calls.

Bei einem Kurzzeitcoaching handelt es sich in der Regel um einen über mehrere Stunden andauernden Dialog, in dem der Coachingnutzer sich auf eine Strategie im Zusammenhang mit einem aktuellen Vorhaben ausrichtet. Ein sehr oft angefragtes Kurzzeitcoaching betrifft z. B. den Themenkomplex der Zielklärung und eines schlüssigen Etappenplans, der in der Realisierung des Ziels mündet. Da in der Unternehmenswelt bezüglich Ziel wenig Unterscheidung zwischen Visionen, guten Ideen, Vorhaben, Zielen und Projekten gepflegt wird, besteht auf der Entscheiderebene oft große Unklarheit darüber, in welchem Stadium der Zukunftsprojektion man sich gerade befindet und dementsprechend unklar ist oft auch, ob es auf der Ebene darunter überhaupt ein stabiles Commitment für die Verwirklichung einer verhandelten Perspektive gibt. Insofern ist die Zielklärung auf Entscheiderebene mithilfe eines Dialogs mit einem außenstehenden Dritten für einen unaufwendigen Weg in den Erfolg sehr hilfreich. Eine vergleichbare Konfusion besteht in Unternehmen bezüglich der echten Schlüssigkeit eines Etappenplans – einer Strategie, wie es meist genannt wird. Schlüssig ist ein Etappenplan, wenn er bei Überführung in die Umsetzungswirklichkeit automatisch das gewünschte Resultat hervorbringt. Insofern unterscheidet der schlüssige Etappenplan sich in evidenter Weise von dem weit verbreiteten „Milestoneplan", mit dem Entscheider oft in ein Kurzzeitcoaching kommen.

Ausgestattet mit einer eindeutigen Zielperspektive und einem schlüssigen Etappenplan ist der Coachingnutzer dann meist selbst in der Lage, ohne weitere Coachingdialoge ein erfolgversprechendes Alltagsvorgehen zu organisieren.

Aber auch für unvorhergesehene Herausforderungen, die sich in einem laufenden Projekt ergeben, für deren Handhabung im Alltag die Lösungsinspiration fehlt, eignet sich das Kurzzeitcoaching besonders gut. Meist geht es dem Coachingnutzer darum, sich eine externe Sicht auf den Themenkomplex zu verschaffen und eine schlüssige Vorgehensweise mit der neu aufgekommenen Hürde zu beschließen. Beides lässt sich meist in einer einzigen – etwas längeren – Sitzung erarbeiten.

Ein davon zu unterscheidendes Format sind die Hot Calls. Hierbei handelt es sich um ein oft spontan auftretendes Coachinganliegen, dass vom Coach per Telefon beantwortet wird. Für dieses Format vereinbart der Coachingnutzer mit einem Coach, dass dieser wie im Standby-Modus im Universum des Coachingnutzers orbitiert, um dann für kurze Coachingsequenzen spontan ansprechbar zu sein. Ein solches Format ergibt sich meist aus einer vorher gemachten gemein-

Kurzzeitcoaching als unaufwendiges Klärungs- und Inspirationsinstrument

Hot Calls für spontane Anliegen

samen Coachingerfahrung, in der beide soweit miteinander vertraut wurden, dass es keiner ausführlichen Umfelderklärungen mehr bedarf, um einen befähigenden Dialog führen zu können. Dieses Format wird gern von Entscheidern in Unternehmen mit enger Termintaktung und von Personen des öffentlichen Lebens mit hoher Entscheidungsdichte genutzt.

Sowohl das Kurzzeitcoaching, wie es hier beschrieben ist, als auch die Hot Calls sind Formate, die sich besonders für Nutzer eignen, die bereits positive Erfahrungen mit Coaching gemacht haben. Aber auch für Nutzer, denen es leichtfällt, in die Kompetenz eines Coaches und die eigene Selbststeuerungskompetenz zu vertrauen. Menschen also, die eine stabile Erfolgserwartung in einen reflektierenden Dialog einbringen.

Fazit
Als Coaching im 1:1-Kontakt ist die Variante der persönlichen Begegnung an einem Sitzungsort die wohl bekannteste und für die beiden Protagonisten aufwendigste Form. Weniger aufwendig und ebenso wirksam können virtuelle Begegnungen sein, wenn der Coach darin ausgebildet ist, sein Coaching via Fernkontakt führen zu können. Auch muss Coaching nicht immer als längerer Dialog mit mehreren Sitzungseinheiten gedacht werden. Manchmal kann es viel passender sein, einen einmaligen, intensiven Coachingimpuls zu setzen, ein Kurzzeitcoaching zu nutzen oder Coaching in Form einzelner Hot Calls abzurufen.

4.3   Teamcoaching

Die „Gruppenreise" zur gemeinsamen Zielfindung und -erreichung

Ein weiteres Format, das sich im Markt finden lässt, ist das sogenannte Teamcoaching. Dieses Format richtet sich an Arbeitsgruppen, die auf die Erreichung von gemeinschaftlich abgestimmten Zielen ausgerichtet sind, oder diesen Zielfindungsprozess selbst zum Inhalt eines Teamcoachings machen wollen. In beiden Stadien geht es darum, dass die Reise, die im 1:1-Dialog von einem Coachingnutzer durchlaufen wird, im Teamcoaching als „Gruppenreise" durchlaufen wird. Das heißt, bei der Auseinandersetzung mit dem, was als Gegebenheiten zu handhaben ist, stellt sich im Teamcoaching ein gemeinsam wahrgenommenes Gegenwartsbild ein, weil alle ihre Wahrnehmung einbringen. Im nächsten Schritt des Teamcoachings wird über die Fragen des Coaches das bis dato bei jedem Einzelnen angelegte, unbewusste Wissen in das bewusste Wissen aller überführt. So schrauben sich die Gruppenmitglieder immer tiefer in einen Erkenntnisprozess hinein, bis eine ausreichende Menge an neuen Erkenntnissen geschöpft werden konnte. Das zutage geförderte Wissen kommt auf diese Weise allen im Team gleichzeitig zugute. Im dritten Schritt werden dann die unterschiedlichen Handlungsimpulse gebündelt, miteinander abgestimmt und es wird ein gemeinsamer Pfad des Vorgehens beschlossen. Es ist leicht vorstellbar, dass das Commitment aller im Team nach so einem gemeinsam durchlaufenen Erkenntnis- und Entscheidungsprozess um einiges stabiler ist, als es wäre, wenn der zu beschreitende Weg auf andere Weise abgestimmt worden wäre.

Dass so ein Gruppendialog vonseiten aller Teammitglieder ein hohes Maß an Vertrauen erfordert, ist leicht einzusehen. Und auch, dass es aufseiten des Coaches eines soliden Maßes an Professionalität im Coaching selbst sowie im Umgang mit Gruppen allgemein und mit Teams im Speziellen bedarf, dürfte leicht eingängig sein. Insbesondere, wenn sichergestellt werden soll, dass das Teamcoaching nicht in eine Teamsupervision abgleitet, in der zwar viel reflektiert wurde, aber die entstehenden Handlungsimpulse nicht zu einem vereinheitlichten Vorgehen geführt werden.

4.4   Coachingprogramm

Ein Coachingprogramm unterscheidet sich vom 1:1-Coaching, an dem nur zwei Personen beteiligt sind, insofern, als dass an einem Coachingprogramm viele Teilnehmer gleichzeitig teilnehmen. Von einem Teamcoaching, in dem alle am Gelingen eines gemeinsamen Vorhabens arbeiten, unterscheidet sich ein Coachingprogramm insbesondere dadurch, dass die vielen Teilnehmer mit jeweils ganz eigenen, voneinander vollkommen unabhängigen Vorhaben vom Programm profitieren.

Mehrere Teilnehmer mit individuellen Vorhaben

Ein Coachingprogramm ist immer dann die Coachingmaßnahme der ersten Wahl, wenn es darum geht, mehrere Führungskräfte gleichzeitig zu erreichen, um so einen größeren Entwicklungsimpuls im Unternehmen anzuregen. Zum Beispiel wenn die Eigenwirksamkeit von vielen Führungskräften im Unternehmen nach einheitlichem Mindset gleichzeitig gesteigert werden soll, sodass sich für das Unternehmen ein spürbarer Schub in der Führungskultur einstellen kann. Denkbar ist zum Beispiel ein Coachingprogramm für die Führungskräfte einer Führungsebene in einem Unternehmen oder einem Unternehmensbereich. So werden Coachingprogramme gern eingesetzt, wenn bei den Führungskräften eine Haltung und ein Verhalten etabliert sind, wie es in der Vergangenheit nützlich war, wie es aber für die Bewältigung zukünftiger Herausforderungen eher hinderlich wäre. Zum Beispiel wenn durch die Internationalisierung der Märkte ein tradiertes Unternehmen aufgefordert ist, sich im internationalen Wettbewerb eine Marktposition zu erobern, die angesichts der im Radius des Unternehmens aktiven Mitbewerber nicht mehr aus Tradition geschenkt wird. In dem Fall muss die Wettbewerbsbereitschaft aller Führungskräfte mobilisiert werden und das eigene Verhalten muss dieser veränderten Wettbewerbssituation angepasst werden. Ähnliches gilt, wenn, wie in unserer Führungsstudie sichtbar wurde, sich die Anforderungen an das Führungsverhalten grundsätzlich ändern. Wenn dialogische Kompetenz zur Kernanforderung wird und diese bei allen Führungskräften mobilisiert werden muss, damit das Unternehmen als Arbeitgeber für qualifizierte Nachwuchskräfte attraktiv bleibt. Und wenn es darum

Anwendungsbeispiel: Kompetenzmobilisierung in Führungsteams

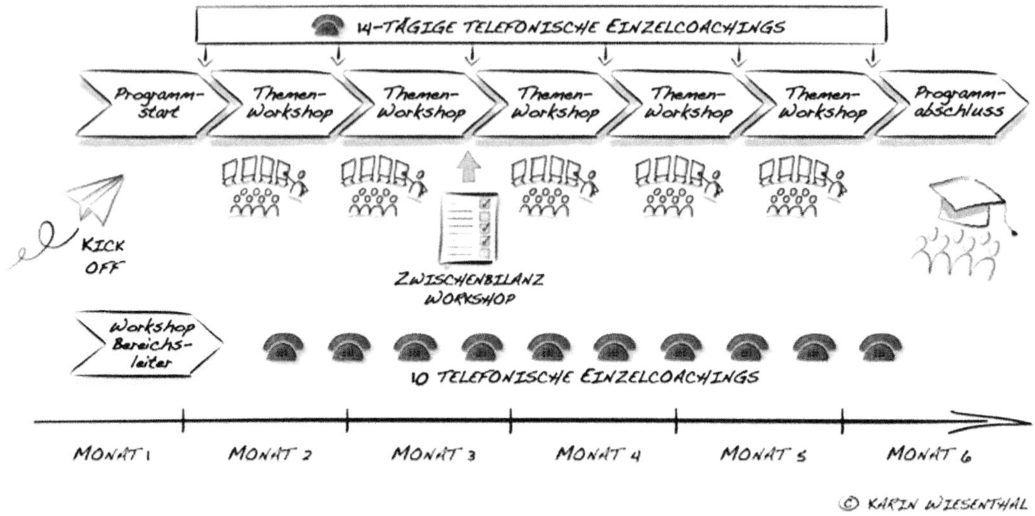

■ Abb. 4.3 Coachingprogramm im Überblick. (Mit freundlicher Genehmigung von © Britt A. Wrede, Karin Wiesenthal 2018. Alle Rechte vorbehalten)

geht, die Karriereambition von Frauen in Unternehmen zu mobilisieren, kann es ebenfalls nützlich sein, dies über ein Coachingprogramm zu befördern.

Ein Coachingprogramm setzt sich immer aus einer Kombination von Präsenzveranstaltungen im Teilnehmerverband und einem Kontingent an telefonisch geführten Einzelcoachings zusammen, die zwischen den Präsenzveranstaltungen geführt werden (vgl. ■ Abb. 4.3). Die Teilnehmenden bringen je ein konkretes Geschäftsvorhaben mit ins Programm, das so anspruchsvoll ist, dass es nur außerhalb der persönlichen Komfortzone zu realisieren ist. In den Präsenzveranstaltungen, an denen immer alle teilnehmen, werden vom Coach Denkimpulse eingebracht, die an den Entwicklungsprozessen der einzelnen Teilnehmenden anknüpfen. Die an diese Impulse anknüpfenden Gespräche sind reine Coachingdialoge im 1:1-Gespräch, von denen die Umsitzenden durch Zuhören ebenfalls profitieren. Es hat sich gezeigt, dass auf diesem Weg auch diejenigen Führungskräfte von Coaching profitieren, die nicht bereit wären, für sich persönlich ein Coaching im Unternehmen abzurufen.

Zusätzliche Rahmenbedingungen erforderlich, Nutzen jedoch ungleich größer als bei Einzelcoachings

Man kann sich leicht vorstellen, dass die erfolgreiche Durchführung von Coachingprogrammen innerhalb von Unternehmen einige zusätzliche Rahmenbedingungen braucht, die für nebeneinander herlaufende Einzelcoachings nicht notwendig wären. Diese Rahmenbedingungen betreffen die interne Teilnehmendenakquisition, das Vorverfahren, in dem die Bewerberinnen und Bewerber auf das Programm eingestimmt werden, den Themenkomplex der Vertraulichkeit und die Mitwirkung des jeweiligen Vorgesetzten durch Freistellung für die Teilnahme an den Präsenzveranstaltungen und eine wohlwollende Akzeptanz bezogen auf die von den Teilnehmenden eigeninitiativ umgesetzten Geschäftsvorhaben. Sind diese Rahmenbedingungen aber geschaffen, ist der Nutzen für die einzelnen Teilnehmenden sowie für das Unternehmen um ein Vielfaches größer als bei einer vergleichbaren Zahl von Einzelcoachings. Bei einem gut eingeführten Coachingprogramm liegt der Ergebnisquotient bezogen auf die durchgeführten Projekte bei 9:10. Und nicht selten wird aus Unternehmen berichtet, dass die Führungskräfte sich im Anschluss an ein Coachingprogramm über viele Jahre ohne weitere Fortbildungsmaßnahmen kontinuierlich weiterentwickelt haben.

Dass dieses Format sich in Unternehmen bisher nicht durchgesetzt hat, hat wohl vor allem damit zu tun, dass es nur wenige Anbieter gibt, die darauf spezialisiert sind, 1:1-Coachings im großen Teilnehmerverbund durchzuführen, geschweige denn ein Unternehmen bei der Einführung solcher Programme gut zu beraten. Und ein weiteres Hindernis ist sicher, dass die Personalentwicklung die Kosten für ein solches Programm in der Regel nicht selbst entscheiden kann und es ihr auch nicht gelingt, die Aufmerksamkeit der Unternehmensleitung auf diese wenig bekannte Möglichkeit zu lenken.

Um einem sich langsam im Markt einschleichenden Missverständnis entgegenzuwirken, sei noch angemerkt:

Der Begriff Coachingprogramm wird von manchen Anbietern auch für die Reihe der Einzelcoachings, die im Rahmen eines Coachingprozesses durchgeführt werden, benutzt. Diese Wortwahl ist sicher aus dem Englischen motiviert, wo man nicht von Coaching, sondern von ‚coaching program' spricht. Im Deutschen führt die Übertragung des Begriffes zur leichten Irritation, weil sich hier die Bezeichnungen Coaching, Coachings und Coachingprozess etabliert haben und es keiner weiteren Begriffe bedarf, um den 1:1-Coachingprozess beschreiben zu können.

Fazit

Steht ein Unternehmen in der Herausforderung, eine ganze Gruppe von Führungskräften fit für neue Zukunftsanforderungen zu machen, kann ein Coachingprogramm nützlicher sein und schneller zum gewünschten Entwicklungsschub führen, als das Angebot von Einzelcoaching. An einem gut eingeführten Coachingprogramm nehmen auch Führungskräfte teil, die sich nicht entschließen würden, ein Einzelcoaching für sich zu nutzen.

4.5 Webinare und andere digitale Angebote

Das Webinar wird im Coachingmarkt seit einigen Jahren stark beworben, scheint aber bei Weitem noch nicht ausgereift. Was im Netz zu finden ist, nutzt zwar den Begriff Coaching im Titel, aber es ist derzeit kein Angebot bekannt, dass die Besonderheit von Coaching, als Dialog mit einer stark co-kreativen Komponente wirklich erfüllt.

Die bisher bekannten Angebote regen zwar alle zum Hinterfragen der als Wirklichkeit wahrgenommenen Gegebenheiten an, womit sie einen Aspekt von Coaching jedenfalls liefern. Was dann folgt, bleibt aber aufgrund der fehlenden Möglichkeit zum dialogischen Rein-

Digitale Angebote aktuell wenig wirkungsstark und eher noch im Entwicklungsstadium

schrauben in das unbewusste Wissen auf der reinen Appellebene. Nach dem gelieferten Denkinput folgen Anleitungen zum Umgang mit persönlichen Widerständen und Bedenken, die so allgemein gehalten werden, wie es eben sein muss, wenn eine unbekannte Masse bedient werden soll. Und so fallen auch die Anregungen für einen durchschlagenden Handlungsimpuls eher allgemein aus. Im Ergebnis bleiben die Nutzer unerleuchtet in der Mitte des Erlebens einer sich selbst unterstellten Unzulänglichkeit zurück, während dem Anbieter weiterhin mit großer Kompetenzprojektion begegnet wird. Letztlich will der Webinar-Anbieter ein Geschäft führen und das kann er am besten, wenn die Webinar-Konsumentinnen und -Konsumenten ihm Kompetenz unterstellen, während sie selbst nicht die gewünschten Fortschritte machen. Nur dann sind sie bereit, einen Schritt weiter zu gehen und sich in bezahlte Programme einzubuchen.

Die Onlineangebote stecken noch im Stadium der Entwicklung und sind in ihrer Wirksamkeit ungefähr so stark wie ein gutes Buch oder ein inspirierender Film. Es ist davon auszugehen, dass das Format des Webinars sich als Alternative zu Coaching im Markt nicht durchsetzen wird. Vielmehr ist zu erwarten, dass es mittelfristig gute Apps geben wird, die nützlichen Input zur Steigerung der Selbstwirksamkeit bieten werden und damit einen Teil des Coachingbedarfs abdecken können. Langfristig ist denkbar, dass es wirklich disruptive Ansätze geben wird, die Erkenntnisgewinn und Persönlichkeitsentwicklung via Coaching irgendwann einmal ersetzen können.

Aber bis es soweit ist, ist Coaching das Mittel der Wahl, wenn es darum geht, Erkenntnisgewinn zu fördern, um den Einflussbereich zu erweitern und Ziele zu erreichen, die ohne einen solchen Input unerreichbar zu sein scheinen.

Fazit
Die Digitalisierung macht auch vor Coaching nicht halt. Es lohnt sich, immer wieder nach innovativen Angeboten guter Coaches Ausschau zu halten. Aber solange es kein Angebot gibt, dass an den Punkt reicht, an dem das unbewusste Wissen, Können und Wollen ansprechbar wird, sollte man das tradierte Mittel des Dialogs nutzen, um an diesen Punkt zu gelangen. Außerdem erfüllt ein Coachingdialog ein paar erfolgsevidente Bedürfnis, wie z. B. das Bedürfnis nach Aufmerksamkeit, nach Resonanz, ausgedrückter Wertschätzung und nach persönlichem Feedback. Diese durch digitale Formate bereitzustellen scheint zurzeit noch nicht möglich.

4.6   Fragen aus der Praxis

Im Coaching spielen manchmal ja auch Gefühle eine wichtige Rolle und ich kann mir nicht vorstellen, dass die übers Telefon authentisch zum Coach rüberkommen. Können Sie dazu noch mal etwas sagen?
Es ist gut, dieses Thema noch einmal gesondert anzusprechen. Die Praxis zeigt, dass sich die Gefühle ihren Weg suchen, vom Gegen-

über auch wahrgenommen zu werden. Manchmal ist es unerwartetes Schweigen, manchmal ein gepresster Schluchzer und manchmal auch eine unkontrolliert hervorbrechende Wortwahl, was den Coach darauf aufmerksam werden lässt, dass beim Coachingnutzer ein emotionaler Prozess mitläuft, der in den Dialog integriert werden muss. Ein professioneller Coach ist es gewohnt, immer auch die Tonlage, den Atemfluss und die Sprechgeschwindigkeit zu beachten. All das geht auch am Telefon. Was fehlt ist die optische Ansicht, die ihm zusätzliche Informationen über die Befindlichkeit des Coachingnutzers geben könnte. So wird er vermutlich im Telefonat häufiger nach dem Befinden des Coachingnutzers fragen, als er es im persönlichen Gespräch täte. Einfach um die Wahrscheinlichkeit zu verringern, dass ihm etwas entgeht, was in den Dialog integriert werden sollte.

Bei dem Coachingprogramm hätte ich die Bedenken, dass bei einem 6-Monatsprogramm die Leute nach und nach wegbleiben, einfach weil es im Arbeitsalltag dann doch wieder untergeht. Haben Sie persönlich Erfahrungen damit?
Ja, wir führen solche Coachingprogramme seit 1990 in Unternehmen durch und diese Frage wird uns im Erstgespräch immer wieder gestellt. Tatsache ist, dass die Fehlquote in den von uns durchgeführten Programmen im Durchschnitt unter 2 % liegt. Die Teilnehmenden erleben die Präsenzveranstaltungen meist als so bereichernd und das Zusammensein mit den Kolleginnen und Kollegen auf gleicher Ebene als derart erhellend, dass der Verzicht darauf so schmerzlich wäre, dass sich in der Regel alle zu organisieren wissen. Selbst Urlaub und marginale Erkrankungen sind in der Regel kein Hinderungsgrund. Und hat so ein Coachingprogramm erst einmal im Unternehmen stattgefunden, bewerben sich die Führungskräfte von sich aus um die Teilnahme am nächsten Programm, sodass spätestens beim zweiten Programm die Organisation der Teilnahme an den Präsenzveranstaltungen zu einer Zulassungsbedingung gemacht werden kann.

Gibt es Coaches, die auf Kurzzeitcoachings und Hot Calls spezialisiert sind oder können das alle Coaches?
Es gibt Anbieter, die nur Kurzzeitcoaching anbieten. Meist sind sie auf einen eng umrissenen Themenkatalog begrenzt, von dem sie wissen, dass sie in den Themenfeldern mit wenigen Inputs den Erkenntnisprozess des Coachingnutzers befruchten können.

Im Grunde müsste das Kurzzeitcoaching aber jedem professionellen Coach möglich sein. Warum sich dieses Format dennoch nicht flächendeckend durchgesetzt hat, basiert vermutlich mehr auf den Erwartungen der Nutzer, die wie selbstverständlich von einem längeren Coachingprozess ausgehen und diesen für sich auch wünschen.

Was die Hot Calls betrifft, so ist davon auszugehen, dass es hier besonderer Voraussetzungen aufseiten des Coaches bedarf, die sicher nicht jeder Coach auf sich vereint. Insbesondere sind da die Rahmenbedingungen, die durch die besondere Arbeits- und Lebensweise des Coachingnutzers in den Dialog einfließen. Hot Calls finden mit sehr kurzem Buchungsprozedere statt, der Nutzer befindet sich in der Regel in einer besonderen Anforderungssituation, für die er schnell eine Auflösung beansprucht und er ist parallel in verschiedenen anderen Themen aktiv, die ebenso seiner Aufmerksamkeit bedürfen. Unter diesen Rahmenbedingungen wirklich einen Coachingdialog zu führen, bedeutet aufseiten des Coaches ein Hochmaß an Konzentration und einen klaren Stand für Coaching. Fehlt eines von beiden, gleitet der Dialog schnell in ein Beratungsgespräch ab, in dem der Coach Tipps gibt, statt den Coachingnutzer selbst finden zu lassen, wonach er sucht. Und auch den Standby-Modus als ein Geschäftsfeld zu organisieren, bedarf einer gewachsenen inneren Größe, die mit Leichtigkeit ein Honorar für sich beansprucht, was dieses Geschäftsfeld am Leben halten kann.

4.7   Checkliste Kap. 4: Welche Coachingformate sollen angeboten werden?

Die Auswahl der Coachingformate – sei es im 1:1- oder Gruppenkontext – erfolgt anlassbezogen. Welche Coachingformate Teil eines Coachingangebots im Unternehmen sein sollen, hängt davon ab, zu welchen Anlässen Coaching im Unternehmen angefragt wird und welche von diesen Anfragen das Unternehmen bedienen möchte.

Anbei eine Übersicht der Coachingformate, die sich in Unternehmen bewährt haben und die Sie nutzen können, um eine für Ihr Unternehmen passende Auswahl zu treffen.

1:1 Formate

Format	Kurzbeschreibung	Anlass
Coachingprozess im 1:1-Dialog	Eine Reihe von 1:1-Dialogen, die im persönlichen Kontakt an einem gemeinsamen Sitzungsort, per Telefon/Videokonferenz oder im Chat zwischen Coachingnutzer und Coach stattfinden.	Anlass ist eine konkrete Fragestellung bzw. ein konkreter Änderungswunsch aufseiten des Coachingnutzers. In der Regel möchte er aus eigener Kraft ein entfernteres Ziel erreichen, was aktuell außerhalb seiner Komfortzone liegt.
Kurzzeitcoaching	Ein in der Regel mehrere Stunden dauernder Einzeldialog für Anliegen, die den Aufwand eines Coachingprozesses über mehrere Sitzungen nicht rechtfertigen.	Häufig angefragte Anlässe sind Anliegen, bei denen nur ein Aspekt der Gestaltungsoption außerhalb der Komfortzone liegt.
Hot Calls	Kurze telefonische Coachingsequenzen, bei denen es für den befähigenden Dialog keiner ausführlichen Umfelderklärungen bedarf.	Anlässe sind spontan auftretende Coachinganliegen (häufig nachgefragt von Entscheidern in Unternehmen mit enger Termintaktung und von Personen des öffentlichen Lebens mit hoher Entscheidungsdichte).

4.7 · Checkliste Kap. 4: Welche Coachingformate sollen angeboten werden?

41

4

Gruppenformate

Format	Kurzbeschreibung	Anlass
Teamcoaching	Im Teamcoaching wird die Reise, die im 1:1-Dialog von einem Coachingnutzer durchlaufen wird, von einem Arbeitsteam als „Gruppenreise" erlebt. Das heißt, bei der Auseinandersetzung mit dem, was als Gegebenheiten zu handhaben ist, stellt sich im Teamcoaching ein gemeinsam wahrgenommenes Gegenwartsbild ein, weil alle ihre Wahrnehmung einbringen.	Anlass ist die Ausrichtung des Teams auf die Erreichung von gemeinschaftlich abgestimmten Zielen oder ein gemeinschaftlicher Zielfindungsprozess.
Coaching-programme	Ein Coachingprogramm unterscheidet sich vom 1:1-Coaching, als dass an einem Coachingprogramm viele Teilnehmer gleichzeitig teilnehmen. Von einem Teamcoaching unterscheidet sich ein Coachingprogramm insbesondere dadurch, dass die vielen Teilnehmer mit jeweils ganz eigenen, voneinander vollkommen unabhängigen Vorhaben teilnehmen.	Anlass ist hier, einen größeren Entwicklungsimpuls im Unternehmen anzuregen. Zum Beispiel wenn die Eigenwirksamkeit von vielen Führungskräften im Unternehmen nach einheitlichem Mindset gleichzeitig gesteigert werden soll, sodass sich für das Unternehmen ein spürbarer Schub in der Führungskultur einstellen kann.

Das Interessenkonglomerat bei Coaching im Unternehmen

Britt A. Wrede, Karin Wiesenthal

5.1   Die Interessen der Hauptprotagonisten
        Coach und Coachingnutzer – 46

5.2   Die Interessen der Unternehmensleitung – 46

5.3   Die Interessen des Betriebsrats – 49

5.4   Die Interessen des Einkaufs – 50

5.5   Die Interessen der Personalentwicklung – 51

5.6   Die Interessen der betroffen Beteiligten – 52

5.7   Fragen aus der Praxis – 54

5.8   Checkliste Kap. 5: Interessenskonglomerat im
        Coachingmodell berücksichtigen – 55

© Springer-Verlag GmbH Deutschland, ein Teil von Springer Nature 2018
B.A. Wrede, K. Wiesenthal, *Coaching für Industrie 4.0*, https://doi.org/10.1007/978-3-662-56394-6_5

Zusammenfassung

Die vielen unterschiedlichen Interessen, die an ein Coaching geknüpft werden, wenn es im Unternehmenskontext durchgeführt wird, laufen als leise Hintergrundmusik in jedem Coachingprozess mit. Und zwar ohne dass der Coach alle davon aktiv bedient. Der Coach sieht sich weder als Erfüllungsgehilfe für Drittinteressen, noch sieht er sich als Garant für die Erfüllung der Interessen Dritter durch den befähigten Coachingnutzer. Dennoch nimmt er all die Interessen in seinen Verpflichtungskatalog auf, die sich auf die Qualität des Coachings vorteilhaft auswirken könnten. Auch adaptiert er in sein Coachingangebot alles, was durch das Coachingmodell an unternehmensspezifischen Erwartungen an ihn herangetragen wird. Je besser es gelingt, diese Erwartungen an einen Coach in ein Coachingmodell einzuweben, desto nützlicher wird die Coachingerfahrung, die das einzelne Coaching bietet. Und je gründlicher bei der Integration aller Interessen, die von unterschiedlichen Richtungen an das Coachingangebot im Unternehmen geknüpft werden, vorgegangen wurde, desto weitreichender kann sich die Wirkung erfolgreicher Coachings im und für das Unternehmen entfalten.

Rollen- und Aufgabenklarheit aller Beteiligten sichert den Coachingerfolg	Eine entscheidende Bedingung für den Erfolg von Coaching ist, dass sich alle direkt und indirekt Beteiligten über ihre jeweilige Rolle und die daran geknüpfte Aufgabe im Klaren sind und diese auch konsequent einhalten. Der an dieser Stelle in Erinnerung gerufene Grundsatz lautet: Der Coachingnutzer ist Themenhalter seines Coachingprozesses. Es gibt in den international von allen Dachverbänden anerkannten Ethikstandards und Kernkompetenzen einige Punkte, die auf eine strenge Einhaltung dieses Grundsatzes abzielen, denn allen Coachingfachleuten ist klar, dass Coaching eine Holschuld ist, die immer nur soweit gelingt, wie der Nutzer sie abruft und antizipiert. Und da ist für Interessen Dritter und deren Einbringung ins Coaching wenig Raum.

Dennoch sehen die Coachingmodelle in vielen Unternehmen eine Beteiligung weiterer Personen in der Auftragsanbahnungs- und manchmal sogar in der Abschlussphase vor. Alle, die im Unternehmen mit dem Coachingvertrag in Berührung kommen, haben spezifische Interessen, die mehr oder weniger direkt in das Coaching einfließen. Insofern sind auch sie als Beteiligte beziehungsweise betroffen Beteiligte im Hinblick auf die Coachingqualität anzusehen. Sie sind bedeutsam für die Coachingqualität, auch dann, wenn die meisten dieser Interessen keine intentionale Bearbeitung im Coaching erfahren, sondern lediglich die Hintergrundmusik zu den durchgeführten Coachings liefern.

Drittinteressen finden angemessene Beachtung im Coachingmodell, im Coching jedoch nur, wenn sie dem Zweck/Gelingen dienlich sind

Insbesondere bedeutsam sind, neben den Interessen der beiden Hauptprotagonisten, die Interessen der Unternehmensleitung, in deren Auftrag Coaching im Unternehmen als Angebot geführt wird. Die Interessen des Betriebsrats, der als Organ, dem Coachingmodell zugestimmt hat und an den sich unter Umständen ein Nutzer wen-

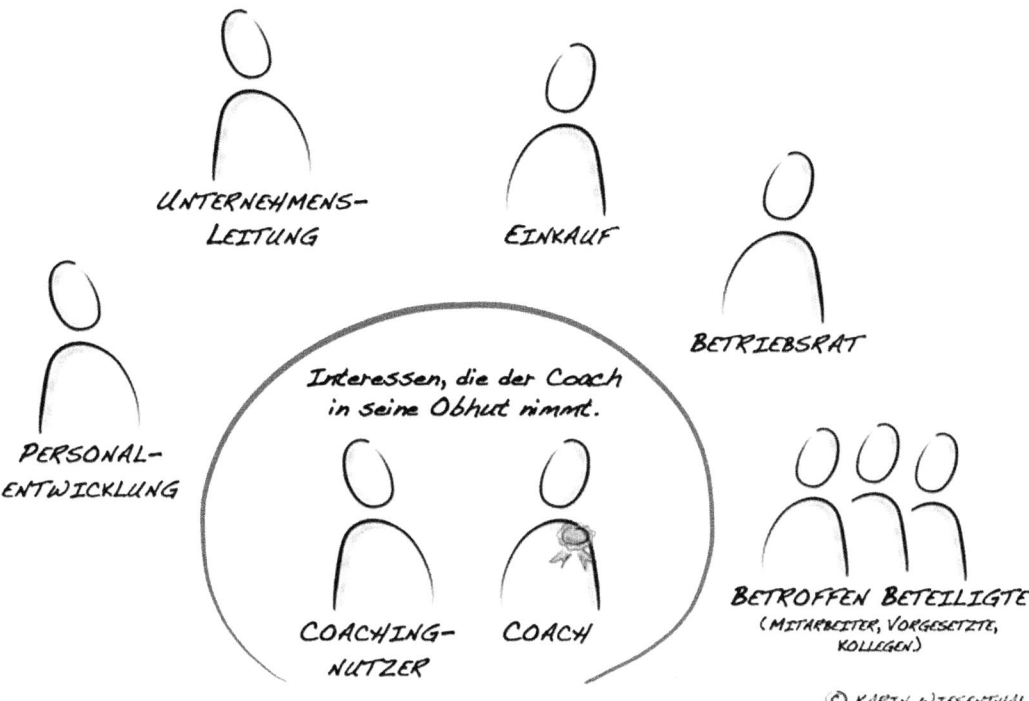

UNTERNEHMENS-
LEITUNG

EINKAUF

BETRIEBSRAT

Interessen, die der Coach
in seine Obhut nimmt.

PERSONAL-
ENTWICKLUNG

BETROFFEN BETEILIGTE
(MITARBEITER, VORGESETZTE,
KOLLEGEN)

COACHING-
NUTZER

COACH

© KARIN WIESENTHAL

❏ **Abb. 5.1** Personen(gruppen), die ein Fachinteresse an einen Coachingprozess knüpfen. (Mit freundlicher Genehmigung von © Britt A. Wrede, Karin Wiesenthal 2018. Alle Rechte vorbehalten)

det, wenn er den Eindruck hat, in einem missbräuchlichen Coachingprozess gelandet zu sein. Daneben gibt es den Einkauf, der das Budget freischaltet und die Honorarüberweisungen ausführt und dann noch die Personalentwicklung, die als intern zuständige Instanz für alle Coachingmaßnahmen anzusehen ist.

An dieser Stelle sei vorwegnehmend ein einfacher Grundsatz angesprochen. Zu berücksichtigen und vom Coach im Bewusstsein gehaltene Drittinteressen sind ausschließlich die, die am Zweck und am Gelingen des Coachings ausgerichtet sind. Diese sind in der Regel im Coachingmodell hinterlegt. Alle anderen, daneben bestehenden Interessen der unterschiedlichen Beteiligten beziehungsweise betroffen Beteiligten werden vom Coach zur Kenntnis aber nicht in seine Obhut genommen (vgl. ❏ Abb. 5.1).

Verfügt ein Unternehmen über ein wohldurchdachtes, unter Mitwirkung der unterschiedlichen Beteiligungsgruppen entstandenes Coachingmodell, sind die Interessen aller Beteiligten beziehungsweise betroffen Beteiligten gut organisiert. Alle kennen sie und jeder weiß, was seine Rolle ist und wie er sie optimal ausfüllen kann.

5.1   Die Interessen der Hauptprotagonisten Coach und Coachingnutzer

Interesse des Coaches: Langfristig zur Selbstwirksamkeit Dritter beitragen

Als Interesse des Coaches, egal welcher Schule er sich verschrieben hat, darf unterstellt werden, dass er einen nützlichen Beitrag zur Steigerung der Selbstwirksamkeit des Coachingnutzers leisten möchte. Er ist daran interessiert, gute Rahmenbedingungen für seine Arbeit vorzufinden und für seinen Beitrag angemessen honoriert zu werden. Ist beides gewährleistet, bietet das die Grundlage dafür, dass er seine Dienstleistung möglichst lange am Markt, für möglichst viele Kunden bereitstellen kann, ohne in Disbalance zu geraten. Angemessen ist ein Honorar, was dem Coach einerseits erlaubt, sich in seinen Geschäften gemäß seiner persönlichen Werte und Standards gut zu organisieren und das andererseits im ausgewogenen Verhältnis zu dem ermöglichten Nutzen steht. Alles andere würde unausgeglichene Schuldverhältnisse schaffen, die sich langfristig zulasten der von ihm erbrachten Coachingqualität auswirken können.

Interesse des Coachingnutzers: Von professionellen Reflexionsdialogen profitieren

Das Interesse des Coachingnutzers, der im Unternehmenskontext von Coaching Gebrauch macht, lässt sich ungefähr so zusammenfassen: Der Coachingnutzer möchte einen professionellen, streng vertraulichen Reflexionsdialog geboten bekommen, von dem er in der von ihm persönlich gewünschten Weise profitieren kann. Er will sich darauf verlassen können, dass er den besten Coach zur Seite gestellt bekommt und er sicher sein kann, dass das Unternehmen sich gegenüber dem Coach wertig präsentiert hat.

Diese Interessen – die eigenen und die des Coachingnutzers – nimmt der Coach bei seiner Beauftragung in Obhut. Ein seriöses Coachingmodell des Unternehmens, sofern es denn vorhanden ist, hilft ihm dabei. Gibt es kein entsprechendes Coachingmodell, ist es an ihm, die Bedingungen für beide Interessenfelder im Rahmen der Auftragsannahme abzuklären und zum Vertragsinhalt werden zu lassen.

Neben den Interessen der beiden Hauptprotagonisten sind aber noch einige andere Interessen auf dem Spielfeld, auf dem das unternehmensintern organisierte Coaching angesiedelt ist.

5.2   Die Interessen der Unternehmensleitung

Interesse der Unternehmensleitung: Entwicklung des Unternehmens

Auf die Frage an Vertreterinnen und Vertreter einer Unternehmensleitung, was sie sich von der Einführung von Coaching versprechen, folgt gern eine knappe Antwort, die leicht verkürzt und verallgemeinert ungefähr so klingt: „Wir brauchen dringend mehr Eigeninitiative, mehr Ergebnisfokussierung, mehr Wirksamkeit, bessere Selbstorganisation … bei unseren Führungskräften." Folgt die Frage: „Wie sollte Coaching Ihrer Meinung nach in diesem Zusammenhang hilfreich sein?" „Da wir den Mangel an den genannten Phänomenen auf allen Führungsebenen wahrnehmen, können wir nicht auf eigene Leute zurückgreifen, die das in der Ebene darunter wachrufen könnten. Wir brauchen in diesem Zusammenhang einfach frischen Wind von außen. Und so einen frischen Wind könnten die Coaches reinbringen." Folgt die Frage: „Woran würden Sie merken, dass ein frischer Wind im Unternehmen durch Coaching aufgekommen ist?" „Das würden wir kurzfristig wohl daran merken, dass Probleme auf der Ebene, auf der sie auftreten, auch gelöst werden und nicht immer auf die nächst höhere Ebene delegiert oder gar ausgesessen werden. Dann würden wir es daran merken, dass Führungskräfte ihr Aufgabengebiet so gut organisieren, dass sie nicht mehr so viel Zeit am Arbeitsplatz verbringen müssten, sondern mit weniger Zeitaufwand mehr erledigt bekämen. Mittelfristig würde unser Reviewsystem sicher bessere Gesamtergebnisse auf allen Führungsebenen zeigen. Und noch langfristiger würden wir eine zufriedene und erfolgreiche Führungsmannschaft im Unternehmen finden, die den Unternehmenserfolg engagiert und ausdauernd vorantreibt …"

Folgt man diesen von der Unternehmensleitung angesprochenen Interessen, kann man als Coach leicht feststellen, dass es sich bei allen Wünschen um berechtigte Entwicklungsanliegen einer Unternehmensleitung handelt. Alle genannten Interessen knüpfen an den typischen Zweck von Coaching an. Und auch die Gegenprobe (die ein Coach immer gern mal macht, wenn Dritte ihm ihre Interessen an Coaching mit in einen Auftrag einweben wollen) ergibt zu allen Punkten ein wohl gleichlautendes Interesse aufseiten der Führungskräfte. Und in allen genannten Themenfeldern ließe sich über Coaching „neuer Wind" ins Unternehmen pusten.

Besonders effektiv könnte dieser Wind reinpusten, wenn nicht auf viele Einzelcoachings abgestellt werden müsste, sondern das Unternehmen reif für ein flächendeckendes Coachingprogramm wäre.

So eine Interessenliste ist aber nicht immer die, die einem Coach zur Antwort auf seine Frage angetragen wird. Zur Verdeutlichung sei an dieser Stelle ein anderer möglicher Dialog eingefügt, dessen Interessen vonseiten der Unternehmensleitung auch als berechtigt angesehen werden, die ein Coach aber nicht weiter beachten würde, weil sie dem Zweck der Potenzialentfaltung zur Steigerung der Selbstwirksamkeit entgegenwirken würden.

> Nicht jedes Interesse der Unternehmensleitung wird vom Coach aufgenommen

Praxisbezug

Auf die gleiche Eingangsfrage antwortet z. B. ein neuer Vorstandsvorsitzender, in dessen Zuständigkeit der Personalbereich fällt:
„Ich habe vor, in den ersten 4 Jahren meiner Vertragslaufzeit erhebliche Änderungen einzuführen, die nur bedingt auf Zustimmung bei Führungskräften und vor allem bei den Mitarbeitern stoßen werden. Um das tun zu können, brauche ich die aktive Mitwirkung aller Bereichs- und Abteilungsleiter. Vom Coaching erwarte ich, dass die Bereichsleiter auf die neue Linie eingestimmt werden und ihre gewohnheitsbedingten Widerstände schnell überwinden, sodass sie es übernehmen, die Abteilungsleiter einzuorden."

Folgt die Frage: „Und wie soll Coaching dabei behilflich sein?"

„Naja, die Leute müssen ja irgendwo Dampf ablassen können, bevor sie sich auf die neue Richtung einlassen. Dabei könnte ein Coach doch behilflich sein. Im Coaching soll den Leuten Raum gegeben werden, sich abzureagieren, wenn ich mit meinen Änderungsmaßnahmen komme, statt sich mit der Ebene darunter solidarisch zu erklären und zusammen in den Beschwerden stecken zu bleiben. Das wäre kontraproduktiv."

Folgt die Frage: „Woher wissen Sie denn als neuer Vorstandsvorsitzender, welche Richtung jetzt mit welchen Änderungsschritten einzuschlagen ist, während Sie davon ausgehen, dass die bisher erfolgreichen Bereichsleiter nicht zustimmen werden?"

„Naja, die fehlende Zustimmung assoziiere ich mal mit der Loyalität gegenüber meinem Vorgänger. Das wird sich ändern, wenn alle begriffen haben, wohin die Reise geht. Aber dafür müssen wir erst mal anfangen. Und dass es der richtige Weg ist, den wir einschlagen werden, davon bin ich aufgrund meiner Erfahrungen vollkommen überzeugt. Man hat mich schließlich geholt, um hier was zu verändern."

Folgt die Frage: „Können Sie sich vorstellen, selbst als Leuchtfeuer für Coaching voranzuschreiten und ein Coaching dafür zu nutzen, die Bereichsleiter aus eigener Kraft für ein partnerschaftliches Miteinander im anstehenden Veränderungsprozess zu gewinnen?"

„Nein, ich glaube, dass mir dafür die Zeit fehlt. Außerdem habe ich mich vor Antritt meiner neuen Position ausgiebig mit einer Person meines Vertrauens beraten."

Die in diesem Beispiel angesprochenen Interessen des Vorstandsvorsitzenden haben, durch seine Brille geschaut, eine Berechtigung. Er sieht sich als Gestalter und alle anderen als Erfüllungsgehilfen in einer von ihm erdachten Unternehmensperspektive. Aus dieser Selbstannahme heraus kommt er ganz logisch zu der Idee, dass er jemanden braucht, bei dem die Bereichsleiter Dampf ablassen können. Kämen die Leute mit ihrem Ärger und ihrem Widerstand ins Vorstandsgremium, würde das sicher nicht entlastend wirken. Auch bräuchte er für die Einstimmung dieses Personenkreises auf die anstehenden Veränderungen etwas, worin er offensichtlich nicht seine Kompetenz sieht. Empathie und ein gewinnender Dialog auf Augenhöhe. Was nun die Berücksichtigung dieser Interessen durch einen Coach in einem Coachingprozess betrifft, so wäre das von dem oben genannten Grundsatz nicht gedeckt. Und die berühmte Gegenprobe sagt ganz klar, würden die Bereichsleiter wissen, dass der Coach die hier beschriebenen Interessen des Vorstandsvorsitzenden im Coaching mit bedienen will, würden sie das Coaching niemals für sich nutzen.

Und wem das zweite Beispiel an dieser Stelle auch überzogen erscheinen mag, dem sei versichert, dass es sich einst genauso abgespielt hat. Die Beziehung zwischen dem Vorstandsvorsitzenden und dem Coach wurde zeitnah eingefroren, nachdem der Coach (ungefragt) versucht hatte, eine Erkenntnis beim Vorstandsvorsitzenden dahingehend auszulösen, dass Coaching ihm helfen könnte, eine Vorgehensweise zu finden, die den Überdruck auf der Bereichsleiterebene gar nicht erst entstehen lassen würde.

5.3   Die Interessen des Betriebsrats

Die Interessen des Betriebsrats als Organ der Interessenvertretung für die tariflichen Mitarbeiter beschränken sich wohl vor allem auf ein Mitwirkungsinteresse am Coachingmodell und ein Reputationsinteresse bezüglich der Auswirkung der einzelnen, nach diesem Modell durchgeführten Coachings auf die Tarifmitarbeiter (betroffen Beteiligte). Diese Interessen lassen sich alle gut bedienen, wenn ein Coachingmodell unter Mitwirkung des Betriebsrats entwickelt wird. Während der Coachingdialoge selbst fließen die Interessen des Betriebsrats nur dann in den Themenkatalog der Coachingdialoge ein, wenn der Coach vom Coachingnutzer auf dessen Gestaltungsgrenzen aufmerksam gemacht wird, weil diese ein Interessengebiet des Betriebsrats berühren. So zum Beispiel, wenn ihm als Gegenmaßnahme zu immer mehr Überstunden vorschwebt, die Mitarbeiter einzuladen, regelmäßig ein gemeinsames Wochenende anzuberaumen, an dem Liegengelassenes in Ruhe abgearbeitet wird, statt täglich Überstunden zu leisten, ohne jemals ‚up to date‘ zu sein. Oder wenn die Führungskraft aufgrund ihrer eigenen Coachingerfahrung erkennt, wie hilfreich es sein kann, über Zielvereinbarungen zu führen mit eindeutig messbaren Zielen und befähigenden Lancierungsgesprächen. Und wenn sie dementsprechend bei den Beurteilungsgesprächen diesen Prozess als Maßstab für die Jahresbeurteilung heranziehen will. Dieses Vorhaben berührt die Reputationsinteressen des Betriebsrats dann, wenn die Mitarbeiterbeurteilungen bei dieser Führungskraft plötzlich schlechter ausfallen und der Betriebsrat zur Schlichtung angerufen wird. Der Coachingnutzer wird dies sicher im Coachingdialog ansprechen und dadurch wäre das auf Reputation ausgerichtete Interesse des Betriebsrats ein im Coaching zu besprechender, weil vom Coachingnutzer zu handhabender Aspekt. Der Coach wird den Coachingnutzer anregen, seine Vorgehensidee dahingehend zu prüfen, ob er sich damit in Übereinstimmung mit den Führungsgrundsätzen des Unternehmens befindet und wie er mögliche Konflikte handhaben will.

Ansonsten ergibt sich ein Mitwirkungsinteresse des Betriebsrats darüber hinaus, wenn über die Einführung eines Coachingprogramms, bei dem eine größere Gruppe von Führungskräften in Gruppenveranstaltungen gemeinsame Coachingerfahrung macht und über so ein Programm ein intensiver Entwicklungsschub für ganze Unternehmenseinheiten zu erwarten ist.

Was die Berücksichtigung der Mitwirkungs- und Reputationsinteressen des Betriebsrats betrifft, so ist der Coach sich ihrer als systemische Begleitmusik bewusst, spricht sie aber von sich aus nicht an. Und in keinem Fall wird er die Entscheidungen des Coachingnutzers da-

Interessen des Betriebsrats: Mitwirkungs- und Reputationsinteressen

hingehend beeinflussen, dass der Betriebsrat seine Mitwirkungs- und Reputationsinteressen erfüllt bekommt. Vielmehr vertraut der Coach darauf, dass er als zum Coachingmodell passend ausgewählt wurde und alle Mitwirkungs- und Reputationsinteressen des Betriebsrats durch das Modell bereits erfüllt sind, oder sich durch einen seriösen Coachingprozess mit guten Ergebnissen ‚by the way' erfüllen werden. Er kümmert sich selbst nicht weiter um diese Interessen, deren Erfüllungsgarant er ja auch nicht ist.

5.4   Die Interessen des Einkaufs

Gängige Interessen des Einkaufs sollten an die Besonderheit von Coachingservices angepasst sein

Das Interesse des Einkaufs ist es, eine bestimmte Leistung zum günstigsten Preis für das Unternehmen einzukaufen und zu einem bestimmten Zeitpunkt nach Leistungserbringung zu bezahlen. In manchen Unternehmen ist es üblich, dass der Coach seinen Honoraranspruch gegenüber dem Einkauf „verteidigen" muss, der den Coach als einen unter vielen Lieferanten ansieht und ihm als „Zahlungsziel" 90 Tage nach Leistungserbringung anbietet. Richtig absurd wird es dann, wenn der betreffende Einkäufer über keinerlei Unterscheidungskompetenz in diesem Fachgebiet verfügt und somit weder das Coachingmodell des Unternehmens versteht, noch die dargebotene Leistung von der Leistung anderer Anbieter unterscheiden kann. Die Interessen des Einkaufs, zu den für das Unternehmen günstigsten Konditionen Leistungen zu erwerben, basieren nicht auf Überlegungen, die etwas mit dem Gelingen einer guten Coachingqualität zu tun haben. Deswegen spielen sie für den Coach allenfalls als Hintergrundmusik zum Coaching eine Rolle. Die hier beschrieben Variante gibt dem Coach u. a. einen Hinweis darauf, dass Coaching in diesem Unternehmen keine wertige Funktion zugestanden wird.

Der Coach lässt sich aber weder vom Einkauf sein Honorar diktieren, noch lässt er sich einseitig vom Einkauf darauf verpflichten, Zahlungsmodalitäten zu akzeptieren, die sich nachteilig auf das Coaching selbst auswirken können. Bei manchen Coachings kann es wichtig für die Hierarchie zwischen Coach und Coachingnutzer sein, eine Vorabzahlung zu vereinbaren und bei anderen kann es prozessförderlich sein, wenn der Einkauf überhaupt nicht involviert ist. Kann der Einkauf selbst ein entsprechend variables Prozedere nicht bieten, dann kann es sein, dass der Coach die Hürde des Einkaufs nicht nimmt, und die Entscheidungsträger im Unternehmen bittet, sich der Sache anzunehmen. Auch kann es sein, dass es zu keiner Zusammenarbeit kommt, weil ansonsten Rahmenbedingungen auf das Coaching einwirken würden, die den Coachingprozess nachteilig beeinflussen könnten. Einfach weil ein Dialog auf Augenhöhe unter inakzeptablen Vertragsbedingungen manchmal nicht möglich ist. Kommt es aber zur Beauftragung, wird zwischen Coach und Coachingnutzer nicht über die Interessen des Einkaufs gesprochen und schon gar nicht wird die Prozessdauer an diese Interessen angepasst.

5.5   Die Interessen der Personalentwicklung

Die Personalentwicklung ist für viele Coaches das Eingangstor ins Unternehmen. Sie ist seine erste Kontaktstelle und die Begegnungen finden in der Regel auch in den Räumen der Personalentwicklung statt, in denen der Coach die Rolle des eingeladenen Gasts innehat. In einem Unternehmen mit eigener Personalentwicklung kann davon ausgegangen werden, dass diese ihre Aufgabe darin sieht, dem Unternehmen das Humankapital so bereitzustellen, wie es benötigt wird, um den aktuellen und zukünftigen Unternehmensauftrag gut erfüllen zu können.

Die Mitarbeitenden der Personalentwicklung gehen meist davon aus, aufgrund ihrer Umsicht Experten für die Bereitstellung der richtigen Entwicklungsmaßnahmen für die Führungskräfte und Mitarbeiter zu sein. Dieses Selbstverständnis eines gewissen Expertentums inkludiert, dass die Personalentwicklung dem Unternehmen vorausschauend Konzepte bereitstellen soll, die zukünftige Entwicklungsbedarfe antizipieren. Neben diesem eigenen Kompetenzempfinden und einer großen Einsatzbereitschaft der Personalentwicklungskräfte ist gleichzeitig vielerorts zu beobachten, dass die Personalentwicklung sich als ein in den Augen der Unternehmensleitung ungeliebtes Kind wahrnimmt. Diese – vielleicht nicht immer zu Recht – als fehlend wahrgenommene Wertschätzung versucht die Personalentwicklung nicht selten mit besonderer Fürsorge gegenüber ihren internen Kunden zu kompensieren. Und wie geschieht das? Indem sie von bedürftigen (defizitären) Kunden ausgeht, denen sie helfen kann. Vor diesem Hintergrund sucht Personalentwicklung nach Coaches im Markt, die zur „eigenen Chemie passen", die also auch vom hilfsbedürftigen Coachingnutzer ausgehen, und schon hat man ein defizitorientiertes Coachingangebot im Unternehmen. Das wiederum trägt dazu bei, dem eigenen Ansehen aufseiten engagierter, leistungsbereiter Führungskräfte zu schaden. Eine Abwärtsspirale, die niemandem nützt, aus der es aber ohne einen Paradigmenwechsel kaum einen Ausstieg geben kann.

Diese in den meisten Unternehmen vorzufindende Spannungslage erklärt, dass es ein großes Reputationsinteresse und ein ausgeprägtes Fürsorgeinteresse in Verbindung mit einem nicht unbeachtlichen, aber nicht kommunizierten Selbsterhaltungsinteresse aufseiten der Personalentwicklung gibt. All dem begegnet der Coach, wenn er mit einem Unternehmen über das Einstiegstor Personalentwicklung in Kontakt kommt.

Was das Coachingmodell betrifft, so ist in vielen Unternehmen zu beobachten, dass die Coachingkonzepte zwar von im Coaching ausgebildeten Personalentwicklungsfachkräften entwickelt wurden, diese aber aufgrund ihrer internen Eingebundenheit oft wenig praktische Erfahrung im Coaching haben. Und so handelt es sich bei den Konzepten oft um rein formal gehaltene Regelkataloge, bezogen auf das formale Prozedere – die Auftragserteilung, formale Anforderungen an die Coaches, deren Honorar, die Verwaltung der Coachings

> Interessen der Personalentwicklung: Mitarbeiter bereitstellen, die den Unternehmensauftrag gut erfüllen können

> Der systemische Kontext ist in vielen Unternehmen schwierig und oft wenig zuträglich für innovative Coachingmodelle

und ein Feedbacksystem. Berücksichtigt man, dass die meisten dieser Konzepte am „grünen Tisch" in kleinen Freiräumen neben anderen dringenden Aufgaben erarbeitet werden, ohne Einbeziehung einer Nutzerinteressenabfrage, im Kontext der oben beschriebenen Gemengelage, die sich aus dem Selbstverständnis der Personalentwicklung einerseits und ihrem Stand im Unternehmen andererseits ergibt, dann ist es nicht verwunderlich, dass wenig innovative Coachingmodelle in Unternehmen zu finden sind. Und Coachingmodelle, die darauf ausgerichtet sind, dass der Nutzer in den Genuss einer optimalen Coachingerfahrung kommt, sind noch seltener zu finden. Dass die meisten Personalentwicklungsfachkräfte ein Gespür für die Begrenztheit ihres Konzepts haben, merkt der externe Coach, wenn er darum bittet, man möge ihn Einsicht in das Konzept nehmen lassen, damit er sich mit den Erwartungen, die das Unternehmen an Coaching hat, vertraut machen kann. In der Regel wird ihm auf seine Bitte nicht etwa stolz Einsicht verschafft, sondern vielmehr bekommt er die formalen Passagen, die die Auftragsabwicklung betreffen, mündlich erklärt.

Vielleicht führt das hier gezeichnete Bild dazu, zu erkennen, dass die engagierten Kräfte der Personalentwicklung in vielen Unternehmen weitaus bessere Coachingmodelle entwickeln könnten, die einen noch viel größeren Nutzen aus den Einzelcoachings verfügbar machen würden, wenn die Unternehmensleitung sich als Verfechter dieser Methode mit Schirmherrschaft für gutes Coaching einbringen würde und der Personalentwicklung den Kommunikations- und Denkraum böte, in dem ein innovatives Modell entstehen könnte.

Zurück zu der Frage, wie die Interessen der Personalentwicklung in den Coachingprozess einfließen. Der Coach wird dazu selbst nichts unternehmen. Ein professioneller, seriös tätiger Coach wird jede Kommunikation mit Dritten im Unternehmen, einschließlich der Personalentwicklung über die durchgeführten Coachings zu verhindern wissen. Er weiß um die Interessen der Personalentwicklung, bedient sie aber nicht. Und er trifft mit der Personalentwicklung eine Vereinbarung, die klärt, dass es auch dem Coachingnutzer vollkommen freigestellt bleibt, ob er sich zu seiner Coachingerfahrung äußern wird. Diese Vereinbarung mit der Personalentwicklung wird Teil der Coachingvereinbarung, die der Coach zu Beginn der Zusammenarbeit mit dem Coachingnutzer trifft.

5.6   Die Interessen der betroffen Beteiligten

Als betroffen Beteiligte lassen sich vor allem die Mitarbeitenden des Coachingnutzers ausmachen und natürlich seine Führungskraft. Viele der im Coaching entschiedenen Vorgehensweisen wirken sich auf die Kommunikation in beide Richtungen aus, ebenso wie seine Einstellungs- und Haltungsänderung.

Die Interessen der Führungskraft des Coachingnutzers gehen in zwei Richtungen. Einerseits ist sie an der Steigerung der Selbstwirksamkeit des Coachingnutzers interessiert, denn davon hängt ihr eigener Erfolg und nicht selten ihre Bonuszahlung ab. Gleichzeitig möchte sie als Führungskraft weiterhin respektiert bleiben, die systemische Ordnung also gewahrt sehen. Und das obwohl sie davon ausgehen kann, dass sie selbst Thema des Coachings sein könnte. Angesichts dieser Interessenlage begrüßen Vorgesetzte das in vielen Unternehmen übliche Prozedere, in dem sie beim Auftaktgespräch dem Coach ihre Erwartungen an das Coaching mitteilen können. Wie berechtigt diese Interessen auch sein mögen, sie rechtfertigen nicht, in den Coachingdialog zwischen Coach und Coachingnutzer als Auftrag einbezogen zu werden. Themenhalter ist der Coachingnutzer und für die Einlösung der Interessen der Vorgesetzten ist weder der Coachingnutzer, noch der Coach Garant.

Bleiben noch die Interessen der Mitarbeiter, die – wenn alles seriös gehandhabt wurde – in der Regel nichts vom Coaching wissen. Aber wüssten sie davon und könnten sie mitsprechen, würden sie dem Coach sicher gern den Auftrag mitgeben, den Coachingnutzer dahingehend zu beeinflussen, dass dieser sich zukünftig so verhält, dass es sich positiv auf die Zusammenarbeit auswirkt.

Da der Coachingnutzer seine geschäftlichen Vorhaben nur in Kooperation mit seinen Mitarbeitenden realisieren kann, spielen diese imaginären Interessen im Coaching sehr wohl eine Rolle. Nicht aber als zu erfüllende Pflichtübungen, sondern als zu berücksichtigende Umstände, die vom Coachingnutzer eine zieldienliche Handhabe erfahren müssen. Es ist fast nicht denkbar, dass ein Coaching einen für den Coachingnutzer hilfreichen Verlauf nimmt, ohne dass es zu einer besseren Zusammenarbeit zwischen Coachingnutzer und seinen Mitarbeitenden kommt.

Der Coach ist zwar den Interessen der Mitarbeitenden nicht verpflichtet, aber denen des Coachingnutzers. Und während er diesen dient, dient er denen der Mitarbeit automatisch und im gleichen Zug.

Interessen betroffen Beteiligter: Positive Strahlwirkung ist gewünscht

Fazit

Wenn diese Ausführungen auch sehr komprimiert sind, zeigen sie doch auf, dass es rund um ein Coaching viele unterschiedliche Interessen gibt, die in Richtung Coach und Coachingwirkung gerichtet sind. Der Coach sieht sich jedoch nicht als Erfüllungsgehilfen und auch nicht als Garant für diese unterschiedlichen Interessen und so werden sie von ihm im Coaching nicht aktiv berücksichtigt. Als leise Hintergrundmusik bleiben sie ihm aber präsent.

Ein gutes Coachingmodell fängt diese unterschiedlichen Interessen so auf, dass sie erfüllt werden, ohne dass der Coach dafür in Anspruch genommen werden muss.

5.7   Fragen aus der Praxis

Kann man nicht auch ohne aufwendiges Coachingmodell Coachings in Unternehmen anbieten, wenn die Frage danach aufkommt?
Natürlich kann man. Es wird ja auch an vielen Orten so praktiziert. Hier geht es aber darum, einen Weg aufzuzeigen, der so verläuft, dass er automatisch in gutem Coaching mit weitreichendem Nutzen für den Coachingnutzer und für das Unternehmen mündet. Und dafür ist ein Coachingmodell, in dem alle Interessen gut platziert sind und in dem der Unternehmensleitung eine angemessene Rolle zukommt, mehr als hilfreich.

Warum muss ich als Unternehmensleitung überhaupt in Erscheinung treten, wenn es um so ein untergeordnetes Thema wie Coaching geht?
Vielleicht wissen Sie um Ihre Beispielsfunktion. Ob Sie wollen oder nicht, an Ihnen richten sich die Menschen im Unternehmen aus. Wenn Sie die Nützlichkeit von Coaching verkörpern, werden es die Führungskräfte in Ihrem unmittelbaren Umfeld für sich in Anspruch nehmen wollen und es bei Ihren Mitarbeitenden ebenfalls propagieren. Und wenn dem so ist, fühlt sich die Personalentwicklung herausgefordert, ein Coaching bereitzustellen, das Ihrer kritischen Kompetenz standhalten kann. Allein mit dieser Strahlwirkung haben Sie mit geringem Aufwand einen großen Beitrag dafür geleistet, dass in Ihrem Unternehmen Coaching einen guten Nutzen zugunsten des Coachingnutzers und der Unternehmensentwicklung entfalten kann.

Was mache ich, wenn ich in der Personalentwicklung niemanden für einen aufwendigen Modellentwurf freistellen kann?
Sie übertragen diese Aufgabe an einen externen Anbieter. Unter ▶ www.coachguide.de finden Sie alles, was Sie dafür benötigen.

Können Sie noch etwas über die Auswirkung der unterschiedlichen Erwartungen auf die Dialogqualität im Coaching sagen?
Ein Coachingdialog wird von den vorhandenen Rahmenbedingungen getragen. Deklariert das Unternehmen beispielsweise in seinem Coachingmodell Coaching als ein hochwertiges Instrument zur Förderung von anspruchsvollen Führungskräften und sind die Erwartungen aller gut in das Modell eingewoben, beflügelt das den Coach zu guter Leistung, ebenso wie es den Coachingnutzer zur aktiven Verantwortung für das Gelingen des Coachings motiviert. Allein das hat schon positive Auswirkung auf die Qualität der Coachingdialoge. Es macht einen Unterschied, ob man sich als Coach auf der Grundlage eines hochwertigen Modells gefordert fühlt, oder auf der Grundlage einer Praxis, die Coaching als ein Instrument zur Neutralisierung von Defiziten versteht. Und ein Coachingnutzer, der sich über das Coachingangebot in seinen Stärken wertgeschätzt erlebt, wird sich bemühen, seine Potenzialerweiterung voranzutreiben und dem Unternehmen auch für zukünftige Herausforderungen zur Verfügung zu stellen.

5.8 Checkliste Kap. 5: Interessenskonglomerat im Coachingmodell berücksichtigen

Nur wenn die nachfolgenden Punkte angemessen berücksichtigt werden, ist davon auszugehen, dass die verschiedenen Interessenslagen in Bezug auf Coaching sich nicht nachteilig auf den Coachingprozess auswirken:

1. Haben Sie alle Interessenhalter im Blick?
2. Sind sich die einzelnen Interessenhalter ihrer Rolle bewusst?
3. Haben Sie dafür gesorgt, dass jeder Interessenhalter weiß, wie er gemäß seiner Funktion zur Entwicklung eines wirkungsvollen Coachingmodells beitragen kann?
4. Haben Sie ausreichend Klarheit darüber, wie die unterschiedlichen Interessen im Sinne eines wirkungsvollen Coachingmodells in das Modell eingearbeitet werden?

Nachfolgend noch einmal eine komprimierte Übersicht aller Interessen zur Reflexion:

Interessenhalter	Interessen
Coach	– alle Informationen kennen, die sich auf das Coaching auswirken können – alles wissen, was er benötigt, damit sich das Coaching hilfreich an die Unternehmenskultur anschließen kann – Unempfänglichkeit gegenüber Interessen, die sich nicht unmittelbar auf die Coachingqualität beziehen – Aufträge nicht annehmen, die nicht seinen Werten und Ansprüchen entsprechen – die Freiheit zur Prozessgestaltung

Coachingnutzer	– Mitwirkungsmöglichkeit an der Ausgestaltung des Coachingmodells mit Blick auf Passgenauigkeit in Bezug auf die eigenen Erwartungen
	– vollumfängliches Verstehen des Coachingangebots des Unternehmens
	– die Freiheit der Themenhoheit
	– Zuständigkeit übernehmen für den eigenen Entwicklungsverlauf, d. h.
	  – den Coachingdialog mit ungestörter und voller Aufmerksamkeit voranbringen
	  – aus einer eigenen starken Haltung des Verändernwollens im Coachingdialog aktiv sein
	  – zwischen den Coachingsequenzen gemäß den eigenen Entscheidungen in Handlung gehen
	– sich selbst regelmäßig Rechenschaft ablegen über die Wirkung seines Coachings

Unternehmens-leitung	– Die potenzielle Nutzergruppe für eine Inanspruchnahme des Coachingangebots – im Sinne einer Selbstermächtigung – zu gewinnen
Betriebsrat	– Mitwirkung entsprechend der gesetzlichen Regelungen – Reputationsinteresse bezogen auf eine fürsorgliche Beteiligung an Mitarbeiterentwicklung – Regulierungsinteresse bei Reklamationen
Einkauf	– Bereitstellen, Kommunizieren und Einhalten eines klaren Bestell- und Rechnungsstellungsverfahrens – dem Coach als Anbieter einer wertsteigernden bzw. wertgenerierenden Dienstleistung als Servicelieferanten begegnen – Bereitstellen von Verfahren, die hilfreich sind, eine Sogwirkung des Unternehmens auf gute Coaches zu erzeugen

Interessenhalter	Interessen
Personal-entwicklung	– ihren Auftrag im Unternehmen wertig erfüllen – den Modellentwicklungsprozess zu koordinieren und zu moderieren und dabei die anderen Interessenhalter als gleichwertige Partner bei der Entwicklung des Coachingmodells zu betrachten – leicht nachvollziehbare Unterlagen zum Modell ins Unternehmen zu kommunizieren, um Transparenz über das Modell und die Abläufe zu schaffen – eine auf Zielgruppen ausgerichtete Coachauswahl anstreben – als hilfreicher Serviceansprechpartner bis zum Abschluss des Coachingprozesses für den Coachingnutzer zur Verfügung stehen – die Rolle eines guten Gastgebers als Vertreter des Unternehmens gegenüber dem Coach einnehmen
Betroffen Beteiligte	– eine positive, harmonisierende Wirkung der Coachingfolgen in der eigenen Beziehung mit dem Coachingnutzer erfahren

Der Nutzen von Coaching

Britt A. Wrede, Karin Wiesenthal

6.1   **Wirkung und Nutzen aufseiten des Coachingnutzers – 60**

6.2   **Wirkung und Nutzen zum Vorteil für das Unternehmen – 62**

6.3   **Fragen aus der Praxis – 65**

6.4   **Checkliste Kap. 6: Nutzen von Coaching ausschöpfen – 66**

© Springer-Verlag GmbH Deutschland, ein Teil von Springer Nature 2018
B.A. Wrede, K. Wiesenthal, *Coaching für Industrie 4.0*, https://doi.org/10.1007/978-3-662-56394-6_6

Zusammenfassung
Um den Nutzen ermitteln zu können, den Coaching zum Vorteil für den Einzelnen und zum Vorteil für das Unternehmen generiert, ist zunächst auf die Nutzentheorie aus der Betriebswirtschaftslehre abzustellen. Danach definiert sich der Nutzen vor allem aus dem Potenzial, das im Produkt angelegt ist und inwieweit es geeignet ist, die Bedürfnisse des Nutzers zu befriedigen. Allein daraus ergibt sich die Notwenigkeit der genauen Betrachtung des Vertragsverhältnisses, in dem der Coach als Leistungsgeber, das Unternehmen als Auftraggeber und der Coaching-partizipient als Nutzer genannt sind. Die Vertragsparteien sind also nicht identisch mit den abwickelnden Protagonisten. Und somit stellt sich im Zusammenhang mit der Nutzenermittlung die Frage, wessen Bedürfnisse als Erfüllungspotenzial im Coaching angelegt sein müssen. Bezieht man dann noch ein, dass Unternehmensentwicklung durch Coaching beför-dert werden soll, das Unternehmen aber selbst nicht Bedürfnisträger sein kann, erkennt man schnell, dass die Frage der Nutzenermittlung nicht einfach über Zahlen, Daten und Fakten aufzuklären ist.

Ausgaben im Sinne einer geschäftlich vernünftigen Transaktion wer-den nicht aus einem „nice to have", sondern aus der Erwartung auf ei-nen die Ausgaben möglichst übersteigenden Gegenwert gerechtfertigt. Und dieser Gegenwert sollte am besten noch durch messbare Fakten unterlegt sein.

Um sich dafür zu entscheiden, Coaching im Unternehmen bereit-zustellen oder sich auch nur an den Kosten für Coaching zu beteili-gen, muss die Frage des ableitbaren Nutzens positiv beantwortet sein. Natürlich behaupten alle Coaches, dass Coaching nützlich ist. Diese Behauptung basiert aber oft weniger auf einer Nutzenanalyse, als auf der Unterstellung, dass Coaching viele Bedürfnisse des Coachingnut-zers befriedigt und sich dies automatisch vorteilhaft auf die Ertragslage des Unternehmens auswirkt.

Nutzen = das in einer Dienst-leistung angelegte Potenzial der Bedürfnisbefriedigung

Wenn man sich an der derzeit gültigen Nutzendefinition der Be-triebswirtschaftslehre orientiert, dann ist als Nutzen einer Dienstleis-tung das in ihr angelegte Potenzial der Bedürfnisbefriedigung des Konsumenten anzusehen. Folgt man dieser Definition, ist zunächst zu prüfen, wer denn als Konsument von Coaching anzusehen ist und auf wessen Bedürfnisse bei der Nutzenermittlung abzustellen ist. Ist es das Unternehmen als Auftraggeber oder der Coachingnutzer als unmittelbarer Leistungsempfänger?

Um an dieser Stelle den sicher sehr spannenden Exkurs in die Tie-fen des Zivilrechts über den unechten Vertrag zugunsten Dritter nicht über das Interesse hinaus auszuweiten, sei erlaubt, hier kurz zusam-menfassend zu vermerken, dass es legitim ist, den Coachingnutzer als den Konsumenten im Sinne der Nutzentheorie anzusehen und das Unternehmen als einen mittelbaren Nutznießer, der in den Vorzug der Folgewirkungen kommt, die sich aus den Coachings ergeben. Reflek-tiert man diese Annahme anhand der gängigen Praxis im Coachingmarkt, lässt sich viel Bestätigung für diese Wahl finden. Es soll aber nicht ignoriert werden, dass es seit ein paar Jahren, insbesondere in Unternehmen mit angloamerikanischer Kultur, eine Tendenz gibt, das Unternehmen selbst als den Konsumenten anzusehen und bei der Nutzenermittlung auf die Erfüllung der Unternehmensbedürfnisse abzustellen – als Äquivalent zu den Konsumentenbedürfnissen. Ganz folgerichtig werden von den Anhängern dieser Idee immer wieder Versuche einer Return-on-Investment-Berechnung unternommen. Bisher konnte dazu aber kein nützliches Instrument vorgelegt werden, weil es kaum zugängliche Unterlagen über die Unternehmensinteressen an Coaching gibt und nur wenige seriöse Versuche von Erhebungen über die faktische Wirkung von Coaching oder über eine erkennbare Wertschöpfung aus der Coachingwirkung.

Bleibt also an dieser Stelle zunächst, die eingangs erwähnte Nutzendefinition auf die Dienstleistung Coaching zu übertragen und dabei den Coachingnutzer als Konsumenten anzusehen. Und anzuerkennen, dass der Nutzen von Coaching rein objektiv nicht auszumachen ist, sondern man sich immer an den individuellen Bedürfnissen des Coachingnutzers orientieren muss, die in einer seriösen Coachingvereinbarung zu Beginn eines Coachings erfasst werden. In Bezug auf das Unternehmen als Vertragspartner muss zur Nutzenbewertung zunächst ein Äquivalent zu den Kundenbedürfnissen postuliert werden, das dann als Maßstab herangezogen werden kann. Ein solches Äquivalent könnten die wirtschaftlichen Interessen des Unternehmens sein sowie dessen nachhaltiges Bestandsinteresse.

Die Wirkung-Nutzen-Kette von Coaching im Unternehmen stellt sich somit wie in ◨ Abb. 6.1 aufgezeigt dar.

Der Coachingnutzer ist Primärkonsument der Dienstleistung Coaching

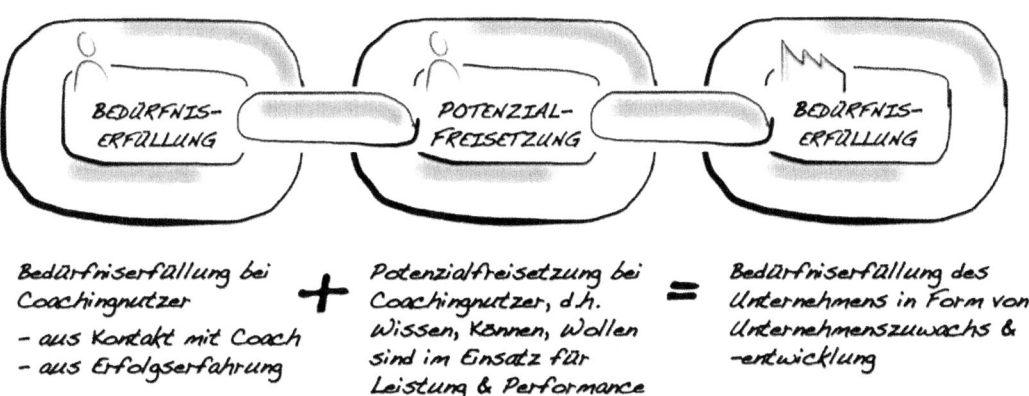

◨ Abb. 6.1 Wirkung-Nutzen-Kette von Coaching. (Mit freundlicher Genehmigung von © Britt A. Wrede, Karin Wiesenthal 2018. Alle Rechte vorbehalten)

6.1   Wirkung und Nutzen aufseiten des Coachingnutzers

Will man den Nutzen von Coaching zum Vorteil für den Coachingnutzer untersuchen, ist es hilfreich, sich zunächst zu vergegenwärtigen, was Coaching bewirkt, um dann im nächsten Schritt zu untersuchen, welche Bedürfnisse durch diese Wirkung befriedigt werden.

Wirkung von Coaching zum Vorteil für den Coachingnutzer Geht man davon aus, dass Coaching den Zweck hat, im Nutzer angelegtes Potenzial dahingehend freizusetzen, dass er ein von ihm angestrebtes Ergebnis zum gewünschten Termin aus eigener Kraft realisieren kann, dann ist im Umkehrschluss als typische Wirkung von Coaching auszumachen, dass der Coachingnutzer das angestrebte Ergebnis termingerecht hervorbringt. Beide Protagonisten – Coach und Coachingnutzer – gehen von einem unmittelbaren Kausalzusammenhang zwischen Coaching und Zielerreichung in der Weise aus, dass der Coachingnutzer ohne Coaching das Ergebnis nicht realisiert haben würde. Die termingerechte Realisierung des angestrebten Ergebnisses wird als Indikator dafür angesehen, dass die Potenzialfreisetzung funktioniert hat. Somit ist als weitere Wirkung von Coaching auszumachen, dass dem Coachingnutzer neue Möglichkeiten im Denken, Sprechen und Handeln zur Verfügung stehen. Und weil die Folgen einer Potenzialfreisetzung nicht auf ein spezielles Vorhaben begrenzt ist, sondern sie sich immer als allgemeine Erweiterung des Verhaltensrepertoires abspielt, kann man sagen, dass eine typische Wirkung von Coaching eine grundsätzliche Erweiterung des persönlichen Gestaltungsradius des Coachingnutzers ist.

Wirkung von Coaching ist die grundsätzliche Erweiterung des Gestaltungsradius des Nutzers

Und weil die Potenzialfreisetzung im Coaching über den Dialog mobilisiert wird, kann als zusätzliche Wirkung von Coaching noch angenommen werden, dass der Coachingnutzer eine Erweiterung seiner Fähigkeit zur Teilnahme an einem befähigenden Dialog erfahren hat.

Nutzen von Coaching für den Coachingnutzer Um nun den Nutzen dieser Wirkung ermitteln zu können, ist zu untersuchen, welche Bedürfnisse aufseiten des Coachingnutzers im gleichen Zug erfüllt werden und in welchem Verhältnis die Befriedigung dieser Bedürfnisse zum Aufwand steht.

Nutzen von Coaching ist die Erfüllung der Bedürfnisse, die mit dem Coachingvorhaben zusammenhängen

Die Liste der Bedürfnisse, die sich durch Coaching erfüllen lassen, umfasst so gut wie fast alles, was Menschen zu einer persönlichen Erweiterungserfahrung motiviert. Zur Veranschaulichung seien hier nur ein paar typische Bedürfnisse von Coachingnutzern als Beispiel herausgehoben. Da sind zum einen die Bedürfnisse, die sich im Coachingdialog selbst erfüllen: Die Bedürfnisse nach Aufmerksamkeit, Wertschätzung, nach einem partnerschaftlichen Dialog auf Augenhöhe, der einen Unterschied macht, ebenso wie die Bedürfnisse nach Geborgenheit, Aufregung, Konzentration auf sich selbst, Paradigmenwechsel

u. v. m. Daneben gibt es noch eine Bandbreite an Bedürfnissen, die sich dadurch erfüllen, dass der Coachingnutzer über die Realisierung seines Vorhabens eine außergewöhnliche Erfolgserfahrung macht. Die Bedürfnisse, die sich über diese Erfahrung erfüllen, sind wiederum sehr vielschichtig und vor allem ganz individuell. Das wohl wichtigste Bedürfnis ist die Erweiterung des eigenen Einflussbereiches. Hinter diesem Bedürfnis ruhen eine Menge weiterer Bedürfnisse, die sich aus dem jeweiligen Coachingmotiv ableiten lassen. Für den einen ist es das Bedürfnisse nach mehr Freiheit, Selbstbestimmtheit, Leichtigkeit und Erfolg, für den anderen ist es das Bedürfnis, als Persönlichkeit zu wachsen, und für wieder einen anderen ist es das Bedürfnis, sich über bessere Ergebnisse und mehr Handlungsspielraum die Zugehörigkeit zum Unternehmen zu sichern u. v. m.

Kosten-Nutzen-Verhältnis Setzt man die Erfüllung der Bedürfnisse des Coachingnutzers nun ins Verhältnis zu dem Aufwand, den er dafür aufzubringen hat, wie z. B. seine Präsenz in den Coachingdialogen, seine Bereitschaft, die Dialoge für Erkenntniszuwachs zu nutzen und sein zieldienliches Engagement im Alltag, dann steht wohl außer Frage, dass der Aufwand im Verhältnis zu Wirkung und Nutzen als niedrig anzusehen ist. Anders würde die Waagschale ausschlagen, wenn die Bedürfnisse des Coachingnutzers sich mit noch geringerem Aufwand, z. B. im Arbeitsalltag, von selbst erfüllen würden. Dass dem nicht so ist, sondern von vielen Coachingnutzern sogar angegeben wird, dass die Dialoge im Arbeitsalltag eher eine Wirkung entfalten, die im diametralem Gegensatz zu den eigenen Bedürfnissen steht, lässt sich schon daran ablesen, dass viele Coachingnutzer sich schon mit einem als Coaching deklarierten Dialog zufriedengeben, der eher die Qualität eines wertschätzenden Alltagsdialogs aufweist, als die Qualität eines befähigenden Dialogs mit nachhaltiger, messbarer Wirkung.

All diese Nutzenüberlegungen sollten in Form eines Minimalkatalogs in das Coachingmodell eines Unternehmens einfließen, sodass bereits bei der Coachauswahl darauf geachtet werden kann, welcher Coach bereit und in der Lage ist, diesen Minimalkatalog zu erfüllen.

Bleibt nun noch die Frage zu klären, welche Wirkung und welcher daraus ableitbare Nutzen sich als Vorteil für das Unternehmen ergeben.

Fazit

Durch den Coachingdialog selbst werden bereits erfolgsevidente Bedürfnisse des Coachingnutzers erfüllt. Ebenso erfüllt die Erweiterung des Gestaltungsradius' als typische Folge eines Coachings wichtige Bedürfnisse des Coachingnutzers, die sich beflügelnd auf seine Leistungsbereitschaft auswirken. Im Verhältnis zum Aufwand, den der Coachingnutzer zu erbringen hat, um sich diese Bedürfnisse über Coaching zu erfüllen, kann man davon ausgehen, dass der Aufwand als gering zu bewerten ist.

6.2   Wirkung und Nutzen zum Vorteil für das Unternehmen

Im Coaching ist als Potenzial angelegt, die Entwicklung des Unternehmens hin zu einem nachhaltig in seinem Bestand gesicherten Unternehmen über den Weg der Führungskräfteentwicklung zu fördern. Coaching macht das unbewusste Wissen, Wollen und Können engagierter Führungskräfte für das Unternehmen verfügbar. Und zwar immer im Kontext einer Auseinandersetzung mit aktuellen, außergewöhnlichen Herausforderungen und messbaren Zielen, an denen der Coachingnutzer gerade arbeitet.

Dass die Wirkung und der Nutzen als Vorteil für das Unternehmen immer wieder einmal angezweifelt werden, sagt nichts über das im Coaching angelegte Potenzial aus, sondern vielmehr darüber, dass das Angebot von Coaching in Unternehmen oft nicht als ein Instrument zur Unternehmensentwicklung verstanden wird und es dementsprechend keine angemessene Ausstattung erfährt, um dann auch als kraftvolles Instrument der Unternehmensentwicklung genutzt werden zu können. Es bedarf eines planvollen Vorgehens des Unternehmens, wenn das Unternehmen an dem durch Coaching freigesetzten Wollen, Wissen und Können umfänglich partizipieren möchte. Dafür Sorge zu tragen, dass der Coachingnutzer seine erweiterte Gestaltungskraft im Unternehmen ausleben kann, ist eine Aufgabe, die bei der Entwicklung eines zum Unternehmen passenden Coachingmodells mitzudenken ist.

Will man nun den Nutzen für das Unternehmen ermitteln, in Analogie zur Nutzenermittlung zum Vorteil des Coachingnutzers, ist zu fragen, welche Wirkung Coaching für den Unternehmenszweck bereitstellt. Ohne dabei auf die sehr unterschiedlich ausfallenden spezifischen Erwartungen und Qualitätsanforderungen von Unternehmen an Coaching näher einzugehen, kann wohl im Grundsatz davon ausgegangen werden, dass die mittels Coaching erreichten Ziele in das Unternehmensergebnis einfließen. Damit leistet Coaching einen Beitrag zur Erfüllung des Unternehmensinteresses am Fortbestand. Und je nachdem, welche Themen ins Coaching aufgenommen werden, auch zum wirtschaftlichen Erfolg. Allein das legitimiert zu der Behauptung, dass Coaching sich immer vorteilhaft im Hinblick auf die wichtigsten Unternehmensinteressen auswirkt. Immer unterstellt, dass es sich wirklich um Coaching handelt, dem die Arbeit an konkreten Zielen immanent ist, und dass jedes Coaching als ursächlich für die Ergebnisse des Coachingnutzers anzusehen ist. Und diese vorteilhafte Auswirkung auf das Unternehmensergebnis ergibt sich auch schon, ohne dass aufseiten des Unternehmens eine entsprechende Erwartung kultiviert wird, einfach weil Coaching immer an messbaren Zielen arbeitet.

Coaching bewirkt eine Schubkraft für die Unternehmensentwicklung

Wie erheblich der Einfluss von Coaching auf die Unternehmensergebnisse ist und wie weitreichend sich das Coachingangebot auf die

Unternehmensentwicklung insgesamt auswirkt, hängt entscheidend davon ab, zu welchem Zweck, mit welcher Ausrichtung und welcher Erwartung Coaching im Unternehmen angeboten wird und wie qualifiziert die Coachinganbieter im Hinblick auf diesen Zweck sind. Und davon, wie weit es dem Unternehmen gelingt, die durch Coaching freigesetzte Energie für das Unternehmen als Ganzes zu nutzen. Geringe Erwartung in Verbindung mit nachlässigem Erwartungsmanagement schafft wenig Wirkung. Hohe Erwartung in Verbindung mit zieldienlichem Erwartungsmanagement schafft starke Wirkung.

Welche Erwartung an Coaching vonseiten des Unternehmens geknüpft wird, kann im Zusammenhang mit der Entwicklung des Coachingmodells entschieden und dann in einem verbindlichen Leitsatz zum Ausdruck gebracht werden. Das Ausmaß von Wirkung und Nutzen von Coaching im Unternehmen wird über das zugrundeliegende Coachingmodell und den darin verankerten Leitsatz gesteuert.

Wie das geschieht, mögen folgende Beispiele verdeutlichen helfen. In einem Unternehmen, dessen Leitsatz zum Thema Coaching z. B. lautet: „Wir verstehen Coaching als einen reflektierenden Dialog, der eigeninitiativ aufgesucht wird, um bisher ungenutztes Wissen und Können für neue Herausforderungen freizusetzen", wird ebendiese Erwartung von den Coachingnutzern an das Coachingangebot allgemein und an den Coach im Besonderen geknüpft. Und der Coachingnutzer wird den Coach entsprechend dieser Erwartung fordern. Der Leitsatz signalisiert, dass dem Unternehmen daran gelegen ist, diejenigen Führungskräfte zu fördern, die sich besonderen Herausforderungen stellen. Gemeint sind Herausforderungen, die nicht innerhalb der Komfortzone zu meistern sind. Signalisiert die Unternehmensleitung darüber hinaus dann noch, z. B. über einen hochkarätigen Coachpool und über ein „erwachsenes Buchungsprozedere", dass sie in die Wirkung des Coachingangebots und den daraus fließenden Nutzen für das Unternehmen vertraut, werden automatisch die anspruchsvollen Führungskräfte im Unternehmen angesprochen. Ein so geformtes Coachingangebot wird eine beachtliche Wirkung mit erheblichem Nutzen für die Unternehmensentwicklung entfalten.

Ein Unternehmen dagegen, das ohne Coachingmodell und ohne einen verbindlichen Leitsatz arbeitet, organisiert sich automatisch eine Coachingqualität, die dem Geschmack und den Interessen der Personalentwicklung entspricht. Wie unter solchen Umständen ein Coachingangebot im Unternehmen ausfällt, und von wem es genutzt wird, entscheidet sich dann allein darüber, welche Erfahrung in der Personalentwicklung für wertvoll gehalten werden und welche Coaches den persönlichen Chemie-Check bei den Mitarbeitern der Personalentwicklung bestehen. Das heißt, bezogen auf die Wirkung und den Nutzen für das Unternehmen bleibt vieles den besonderen Vorlieben der Personalentwicklung anheimgestellt. Wenn man dann noch berücksichtigt, dass die verantwortlichen Kräfte der Personalentwicklung in der Regel nicht mit den Bedürfnissen und Erwartungen anspruchsvoller Führungskräfte an Coaching vertraut sind, dann ist zu erwarten, dass das Coachingangebot nur mehr oder weniger zufällig den Erwartungen dieser Kräfte gerecht wird. Und so sind auch Wirkung und Nutzen für das Unternehmen nicht steuerbar, sondern dem Zufall überlassen.

Neben diesen beiden Alternativen, gibt es noch die vielen Unternehmen, in denen der meist stillschweigend akzeptierte und nie hinterfragte Leitsatz lautet: „Wir verstehen Coaching als Hilfe zur Selbsthilfe bei … -Themen". Damit wird deklariert, dass sich das Coachingangebot an Hilfesuchende richtet. Und so werden automatisch diejenigen ausgegrenzt, die nicht als hilfesuchend angesehen werden wollen – diejenigen also, die nicht von einem subjektiven Defizitempfinden ausgehen. Das sind bei genauer Betrachtung aber genau die Führungskräfte, deren unbewusstes Wissen und Können, wenn es denn an die Oberfläche und in Handlung geführt wird, den Unternehmenserfolg der Zukunft realisieren wird. Und während diese wichtige Zielgruppe von Coaching ausgegrenzt wird, zieht das Angebot im Gegenzug die Führungskräfte an, die sich externe Hilfe für die Überwindung von Defiziten wünschen. Passend zu dieser niedrigen Nutzenerwartung fällt das bereitgestellte Budget in Unternehmen mit einem solchen Leitsatz meist niedrig aus. Mit der Folge, dass nur Coaches an Bord kommen, die bereit sind, für einen niedrigen Honorarsatz tätig zu werden. Und das sind dann die Coaches, die von der Wirkung ihrer Leistung selbst nicht ausreichend überzeugt sind, ebenso wie sie den Nutzen von Coaching für das Unternehmen nicht hoch bewerten oder die Wirkung ihrer Arbeit nie seriös bilanziert haben.

Die auf der Grundlage eines solchen oder eines gänzlich fehlenden Modells genutzten Coachings werden natürlich nicht ohne Wirkung für das Unternehmen bleiben und dem Unternehmen wird auch ein Nutzen daraus zufließen. Die Praxis zeigt aber, dass Wirkung und Nutzen weit hinter dem zurückbleiben, was an Wirkung und Nutzen im Coaching als Potenzial angelegt ist und in anderen Unternehmen mit einem auf Wirkung und Nutzen ausgerichteten Modell gehoben wird.

Wenn die Rahmenbedingungen, die über ein entsprechendes Coachingmodell geformt und in einem prägnanten Leitsatz vorausgeschickt werden, eine deutliche Nutzenerwartung signalisieren, wird sich dieser Nutzen über Coaching selbstverständlich realisieren.

> Der Zugewinn an Können, Wissen und Wollen kommt dem Unternehmen nützlich zugute

Um der Vollständigkeit halber nun den Nutzen im Sinne der Nutzentheorie für ein Unternehmen zu ermitteln, ist noch zu untersuchen, welche „Unternehmensbedürfnisse" mit der Realisierung der jeweiligen Coachingvorhaben und der Freisetzung des unbewussten Wissens und Könnens erfüllt werden. Dafür könnte man die in ► Kap. 5 hypothetisch erwähnten Interessen des Unternehmens in Analogie zu Bedürfnissen setzen und dem noch das Interesse des nachhaltigen Bestands hinzufügen. Ein einfacher Abgleich, ohne die vielen Nebennutzen aus dem großen Feld der Kosteneinsparungen für krankheitsbedingten Arbeitsausfall, Arbeitsunfälle, Überstunden und Weiterbildungen, sowohl bei dem Coachingnutzer selbst, als auch bei seinen Mitarbeitenden, ergibt sich in jedem Fall die Option einer 1:1-Deckung von Unternehmensbedürfnis und Bedürfniserfüllung.

Stellt man dem gegenüber die Kosten für den Entwurf eines seriösen Coachingmodells und für die Coachings selbst inkl. Nebenkosten, beläuft sich die Investition je Führungskraft auf einen Betrag von ungefähr 5000 € bei fünf Coachingnutzern, die einen längeren Coachingprozess durchlaufen. Der Betrag reduziert sich proportional zur Anzahl der Coachingprozesse, auf die die Kosten für die Entwicklung des Coachingmodells umgelegt werden. Da darf man wohl von einer seriösen Investition sprechen.

Und wenn man nun noch einen Schritt weitergeht und die hier angestellten Überlegungen auf die Möglichkeit von Coachingprogrammen überträgt, in denen viele Führungskräfte gleichzeitig ihr individuelles Wissen, Können und Wollen mit dem der anderen am Programm Teilnehmenden teilen, während alle parallel an unternehmensrelevanten Projekten arbeiten bei einem ähnlichen Kostenfaktor, ist es leicht auszumachen, um wie viel größer die Gesamtwirkung und der Gesamtnutzen für das Unternehmen ausfallen.

Fazit

Es ist davon auszugehen, dass im Coaching das Potenzial angelegt ist, sowohl erfolgsevidente Bedürfnisse des Coachingnutzers in erheblichem Maß zu erfüllen, als auch die „Unternehmensbedürfnisse" nach wirtschaftlichem Erfolg und Bestand. Und es ist davon auszugehen, dass die Erfüllung zum Aufwand, der im Zusammenhang mit Coaching zu erbringen ist, in gut ausgewogenem Verhältnis stehen.

6.3   Fragen aus der Praxis

Mal eine Frage zu den Kosten. Was ist ein seriöser Preis für eine Coachingsitzung?
Ein professioneller Coach, der regelmäßig Weiterbildungen und Supervision für sich nutzt, wird für eine Coachingstunde einen Honorarsatz von 300–500 € aufrufen.

Ist es eigentlich auch denkbar, dass die Führungskraft sich an den Coachingkosten beteiligt?
Denkbar ist das. Aber bevor ich ein Coachingmodell mit finanzieller Eigenbeteiligung durch den Coachingnutzer vorschlagen würde, was einen erheblichen buchhalterischen Aufwand nach sich zöge, rate ich lieber dazu, die Coachingsitzungen außerhalb der Arbeitszeit zu legen. Damit wird dem Coachingnutzer auf einfache Weise deutlich, dass er es ist, dem hier ein erheblicher Nutzen zukommt und dass das Unternehmen verstanden hat, dass Coaching eine Holschuld darstellt.

Woher rührt die Behauptung, Coaching wirke sich vorteilhaft auf die Reduktion von krankheitsbedingter Arbeitsunfähigkeit und sogar auf die Unfallstatistik aus?

Wenn man den Krankheitenklassifizierungscode (ICD10-Code) der Ärzte heranzieht und die häufigsten Ursachen von krankheitsbedingtem Arbeitsausfall betrachtet, dann fällt auf, dass neben Infekterkrankungen Erschöpfung als eine der Hauptursachen genannt wird. Die Steigerung der Selbstwirksamkeit in Verbindung mit der Möglichkeit, diese im Unternehmen ausleben zu können, reduziert die Stressoren, die zu Erschöpfung führen, in erheblichem Maß. Allein das untermauert diese Behauptung schon. Wenn man dann noch die Rate der Arbeitsunfälle hinzunimmt, die sich auf dem Weg hin zur Arbeit und von der Arbeit ereignen, lässt sich auch hier finden, dass diese sich über die Steigerung der Selbstwirksamkeit reduzieren lassen.

Wie kommen wir zu einem Coachingmodell, das den Coachingnutzen für das Unternehmen im Blick hält?

Es hat sich gezeigt, dass es dafür sinnvoll ist, wenn alle, die an der Modellentwicklung mitwirken, ihre Interessen einbringen und erst Ruhe geben, wenn sie ihre Interessen im Modellentwurf und dem Coachingleitsatz wiederfinden. Die Gesamtinteressen des Unternehmens können am besten von den Kräften vertreten werden, die via Funktion diese immer im Blick halten. Sie sollten sich in den Entwicklungsprozess einbringen.

6.4   Checkliste Kap. 6: Nutzen von Coaching ausschöpfen

Um das im Coaching angelegte Potenzial und den sich real ergebenden Nutzen bestmöglich auszuschöpfen, bedarf es eines planvollen Vorgehens. Dazu gehören ein Coachingmodell und ein Coachingleitsatz, die die Nutzenerwartung deutlich formulieren ebenso wie ein zieldienliches Erwartungsmanagement. Dies gilt in Bezug auf Wirkung und Nutzen zum Vorteil des Coachingnutzers ebenso wie auf Wirkung und Nutzen zum Vorteil des Unternehmens. Darüber hinaus hängt es davon ab, inwieweit es dem Unternehmen gelingt, die durch Coaching freigesetzte Energie für das Unternehmen als Ganzes zu nutzen.

Zu diesen Punkten sollten Sie nach möglichst präzisen Antworten auf die nachfolgenden Fragen Ausschau halten. Diese unterscheiden sich danach, ob Sie Coaching als Förderungsinstrument von individueller Entwicklung oder als Instrument zur Unternehmensentwicklung einsetzen.

	Coaching als individuelles Entwicklungsinstrument	Coaching als Instrument zur Unternehmensentwicklung
Vorausgeschickte Wirkungs-/ Nutzenerwartung	Mit was soll der Coachingnutzer, der diese herausragende Erfahrung gemacht hat, wieder in die Reihe gehen?	Was soll Coaching in Bezug auf die „Unternehmensbedürfnisse" bewirken?
Erwartungs-management	Wie kann diese Nutzenerwartung im Coachingmodell / einem verbindlichen Leitsatz so zusammengefasst werden, dass sich Coach und Coachingnutzer auf diese Erwartungen beziehen können?	
Nutzung der durch Coaching entstandenen Gestaltungskraft	Was passiert mit dem bewusst gewordenen Potenzial und den damit entstandenen Möglichkeiten?	Wie macht sich das Unternehmen das durch Coaching freigesetzte Wollen, Wissen und Können absichtsvoll zugänglich, um umfänglich daran zu partizipieren?

Teil II – Förderliche Rahmenbedingungen

Kapitel 7   Ein gutes Coachingmodell – 71
               Britt A. Wrede, Karin Wiesenthal

Kapitel 8   Eine Sogwirkung für gute Coaches erzeugen – 87
               Britt A. Wrede, Karin Wiesenthal

Wenn Coaching mehr sein soll, als partielle Unterstützung von Führungskräften mit erkennbaren Leistungs- oder Performanceschwächen, dann bedarf es zunächst einer Entscheidung darüber, welche Funktion diesem Instrument im Unternehmen zukommen soll. Eine solche Entscheidung sollte von der Unternehmensleitung in Abstimmung mit all denen getroffen werden, die ein begründetes Mitwirkungsinteresse in diesem Themenkomplex haben. Und damit das Coachingangebot, wie es im Unternehmen eingeführt werden soll, dann auch den gewünschten Effekt entfalten kann, wird ein Coachingmodell benötigt, das wie ein Leitfaden, sowohl für die Personalentwicklung, als auch für die Nutzer, als auch für die zu beauftragenden Coaches genutzt werden kann. Diesem Leitfaden vorangestellt sein sollte ein Coachingleitsatz. Ein Leitsatz, der die Einstellung und das Verhalten aller Beteiligten auf die gewünschte Praxis inklusive der mit dem Coachingangebot angestrebten Ergebnisse auszurichten vermag.

Und daneben wird eine „Vermarktungsstrategie" gebraucht, die sicherstellt, dass die zum Modell passenden Coaches angezogen und auf angemessene Weise unter Vertrag genommen werden.

Alles Förderliche absichtsvoll gestalten und in einem Leitfaden festhalten

Ist all das aus einem Guss gefertigt, kann man sicher davon ausgehen, dass die durchgeführten Coachings die Erwartungen der Nutzer ebenso erfüllen, wie die Erwartungen, die das Unternehmen an die Einführung von Coaching knüpft. Alles, was in diesem Zusammenhang nicht absichtsvoll gestaltet wird, lässt Raum für individuelle Eigeninitiativen und damit für einen ungewissen Ausgang.

Ein gutes Coachingmodell

Britt A. Wrede, Karin Wiesenthal

7.1   Ein Konzept, in dem das reine Buchungsprozedere beschrieben ist, reicht nicht aus – 72

7.2   Schirmherrschaft von ganz oben – 74

7.3   Ein Coachingmodell im partizipativen Prozess entwickeln – 75

7.4   Einen geeigneten Coachingleitsatz voranstellen – 76

7.5   Ein passgenaues Buchungsprozedere formen – 78

7.6   Coachingformate, die zum Modell passen – 79

7.7   Die Anforderungen an einen Coach identifizieren – 81

7.8   Selbst stricken oder externe Hilfe nutzen – 82

7.9   Fragen aus der Praxis – 83

7.10   Checkliste Kap. 7: Überprüfung der Qualität eines Coachingkonzepts – 85

© Springer-Verlag GmbH Deutschland, ein Teil von Springer Nature 2018
B.A. Wrede, K. Wiesenthal, *Coaching für Industrie 4.0*, https://doi.org/10.1007/978-3-662-56394-6_7

Zusammenfassung
Coaching bedarf der Schirmherrschaft durch die Unternehmensleitung. Wenn Coaching im und für das Unternehmen mehr leisten soll als Einzelfallhilfe bei Leistungs- und Performancedefiziten, dann erfordert dies zunächst eine Entscheidung auf höchster Ebene darüber, was mit dem Einsatz von Coaching für das Unternehmen erreicht werden soll. An dieses Statement anknüpfend müssen im Unternehmen Rahmenbedingungen geschaffen werden, die alle so geformt sind, dass sie den angestrebten Zweck im Fokus halten. Der Entscheidungs- und Entwicklungsprozess, bezogen auf diese Rahmenbedingungen, zu denen neben einem aussagekräftigen Leitsatz auch ein spezifisches, alle Komponenten berücksichtigendes Coachingmodell gehört, sollte in einem co-kreativen Dialog unter Einbindung aller Beteiligten aufseiten des Unternehmens erfolgen. Aus externer Sicht scheint es recht unökonomisch, wenn diese Arbeit allein von Fachkräften der Personalentwicklung geleistet werden soll. Externe Hilfe könnte eine nützliche Entlastung bieten, sodass sich die HR-Verantwortlichen um ihre originären Aufgaben kümmern können.

Ein Coachingmodell, das zur Steuerung von Erwartungen und Ergebnissen genutzt werden soll, ist mehr als ein Konzept, in dem das Coachingprozedere beschrieben ist. Ein solches Coachingkonzept muss zu den in ◘ Abb. 7.1 aufgezeigten Aspekten eindeutige, für alle Beteiligten verbindliche Aussagen treffen.

7.1 Ein Konzept, in dem das reine Buchungsprozedere beschrieben ist, reicht nicht aus

Besser gut entwickelt als schlecht „geklaut"

Weil es in vielen Unternehmen gelebte Praxis ist, ein Coachingkonzept zu nutzen, das als eine Niederschrift des kleinsten gemeinsamen Nenners der Beteiligten anzusehen ist, und dieser dann noch bei anderen Unternehmen abgeschrieben wird, soll diese Praxis hier nochmals deutlich angesprochen werden.

Die Niederschrift des kleinsten gemeinsamen Nenners besagt doch nur, welcher Regelbruch nicht vorkommen soll. So ein Konzept sagt nichts darüber aus, worum sich die Beteiligten bemühen sollen und wie sie sich organisieren, damit ihre Bemühungen Früchte tragen.

So ist z. B. in vielen Unternehmen bezüglich Buchungsprozedere im Konzept fixiert, dass ein Vertreter der Personalentwicklung zusammen mit der Führungskraft und dem Coachingnutzer beim Erstgespräch mit dem Coach anwesend sind, um sicherzustellen, dass der Coach seinen Auftrag auch wirklich versteht. Auch soll damit gesichert werden, dass der Coach die Zustimmung der Führungskraft des Coachingnutzers hat, damit er später keinen unproduktiven Widerstand gegen die Weiterentwicklung des Coachingnutzers leistet. Dieser Aspekt des Buchungsprozederes ist derart kontraproduktiv für eine

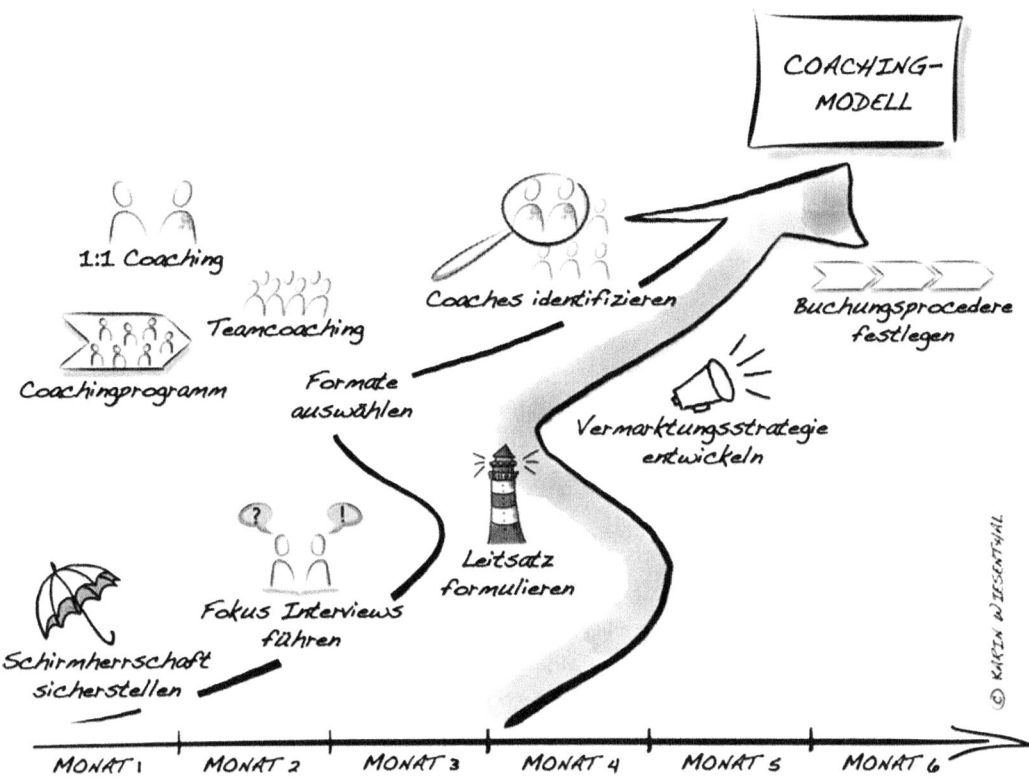

◘ Abb. 7.1 Alle Aspekte eines Coachingmodells. (Mit freundlicher Genehmigung von © Britt A. Wrede, Karin Wiesenthal 2018. Alle Rechte vorbehalten)

partnerschaftliche Coachingbeziehung auf Augenhöhe, dass diese Einstiegserfahrung im ersten Vier-Augen-Gespräch zwischen Coach und Coachingnutzer vom Coach wieder neutralisiert werden muss. Dass sich dieses Vorgehen als übliches Prozedere hält, hat zum einen etwas mit dem Opportunismus der Coaches zu tun, die den sich anbahnenden Auftrag nicht vereiteln wollen und deswegen dem Verfahren nicht widersprechen. Zum anderen aber auch damit, dass die Unternehmen voneinander abschreiben, statt sich selbst Rechenschaft darüber abzulegen, was als sinnvoll und zielförderlich im eigenen Unternehmen Praxis werden soll. Das gleiche finden wir bei dem Honorarsatz wieder. Hier wird mittlerweile von einem Honorarsatz als vertretbar ausgegangen, der aus einer jährlich durchgeführten Coachingstudie entnommen wird, in der ein Großteil der teilnehmenden Coaches weniger, als 10 Jahre am Markt sind und kein eigenes Geschäft führt, beziehungsweise eines, in dem Coaching nicht die hauptsächliche Einnahmequelle darstellt. Aber auch dabei schreiben die Unternehmen voneinander ab, ohne sich die Frage zu beantworten: „Ziehe ich mit dem angebotenen Honorarsatz wirklich die Coaches in mein Unternehmen, die echte Garanten für die Erfüllung der Erwartungen an die Coachingqualität und -ergebnisse sind?"

Für passgenaue Ergebnisse
braucht es ein maßgeschneidertes
Coachingmodell

Nicht der kleinste gemeinsame Nenner oder die größte Übereinstimmung zu den Konzepten anderer Unternehmen ist gefragt, sondern ein Coachingmodell, das maßgeschneidert für die Situation des Unternehmens ist und zur angestrebten Perspektive des Unternehmens passt. Von dieser angestrebten Unternehmensperspektive ausgehend lassen sich aktuelle wie zukünftige Entwicklungsbedarfe aufseiten der Führungskräfte identifizieren. Aus der gelebten Unternehmenspraxis lässt sich ableiten, für welche Gruppe von Führungskräften, über welches Prozedere, von was für Anbietern, mit welchen Formaten Coaching zukünftig nutzbringend angeboten werden soll.

Und wenn schon abschreiben, dann doch nur von Best-practice-Unternehmen, deren Coachingmodell nachweislich die gleichen Anforderungen erfüllt und nicht von solchen, in denen die geringsten Kosten für Coaching anfallen.

Fazit

Ein wertiges Coachingkonzept sollte nicht eine Niederschrift des kleinsten gemeinsamen Nenners aller Beteiligten sein, vielmehr sollte das Dokument so verfasst sein, dass sich aus ihm für alle Beteiligten die größte Möglichkeit ablesen lässt, die vom Unternehmen mit der Einführung von Coaching angestrebt wird. Abschreiben bei anderen Unternehmen hilft an dieser Stelle wenig.

7.2   Schirmherrschaft von ganz oben

Die Strahlkraft der Unternehmensleitung nutzen

Soll durch Coaching der Führungskräfte ein Entwicklungsschub des Unternehmens befördert werden, ist es sinnvoll, wenn die Unternehmensleitung sich selbst immer wieder für die Nutzung des Instruments sichtbar für alle im Unternehmen stark macht. Die Kräfte der Unternehmensleitung können den Vorzug ihrer Strahlwirkung nutzen, um ganz besonders die Führungskräfte für Coaching zu begeistern, die an sich die Anforderung gestellt haben, alle Herausforderungen aus sich selbst heraus zu meistern. Ein öffentliches Bekenntnis, selbst immer mal wieder ein Coaching für sich zu nutzen, wirkt auf alle anderen Führungskräfte wie eine konkludent ausgedrückte Einladung, dieses Instrument ebenfalls für sich in Anspruch zu nehmen. So eine unaufwendige, interne Bewerbung des Coachingangebots wirkt meist schon deshalb glaubwürdig, weil der Bereich Personal ohnehin beim Vorstand angesiedelt ist. Und wird aufseiten der Führungskräfte beobachtet, dass die Unternehmensleitung die Ausgaben für Coaching als eine unternehmensfördernde Investition begrüßt, stärkt allein das schon die Erwartung der Führungskräfte an das interne Coachingangebot. Und das wiederum fördert eine entsprechend anspruchsvolle Nutzung der Coachingangebote, sodass die Wahrscheinlichkeit, dass sich die Erwartung erfüllt, sehr groß ist. Und was den Aufwand der Personalentwicklung betrifft, so wird auch der so ausfallen, dass ein passgenaues Coachingangebot entstehen kann.

Wenn die Unternehmensleitung darüber hinaus noch durchblicken lässt, dass sie für sich Coaching nutzt, um sich auf die Herausforderungen des Unternehmens in Zukunft in Haltung und Verhalten frühzeitig einzustimmen, hat auch das eine Strahlwirkung bei den Führungskräften und regt zur Nachahmung an. Kann dies jedoch nicht glaubhaft dargestellt werden, weil es nicht den Tatsachen entspricht, oder weil sich die Unternehmensleitung in der Vergangenheit bereits abfällig über Coaching, Persönlichkeits- und Performanceentwicklung geäußert hat, reicht es manchmal, wenn sie einfach erklärt, verstanden zu haben, dass das Unternehmen nur dann eine realistische Zukunftschance hat, wenn alle Führungskräfte, denen an einer nachhaltigen Zukunft des Unternehmens gelegen ist, sich auf die Suche nach bisher unbewusstem und deswegen noch ungenutztem Wissen, Können und Wollen bei sich selbst machen.

Fazit
Die Unternehmensleitung kann die Wirkung und den Nutzen von Coaching zum Vorteil für das Unternehmen allein dadurch beeinflussen, dass sie sich als Schirmherr über Coaching und die Personalentwicklung als ihren Partner bei der Umsetzung ins Gespräch bringt. Sich selbst als entwicklungsbereite Coachingnutzer zu outen motiviert leistungsstarke Führungskräfte zur Nachahmung und aktiviert bei ihnen eine hohe Erwartungshaltung, die sich qualitätsfördernd auf alle Coachings auswirkt.

7.3 Ein Coachingmodell im partizipativen Prozess entwickeln

Wird das Coachingmodell nicht am grünen Tisch in einem Arbeitszimmer der Personalentwicklung, in den begrenzten Freiräumen, die sich immer mal ergeben, entwickelt, sondern unter Einbeziehung der Anliegen aller Beteiligten, ist die Wahrscheinlichkeit sehr groß, dass sich ein wirklich passgenaues Coachingmodell ergibt. Und gleichzeitig macht ein solches Verfahren deutlich, was später durch Coaching geleistet werden soll. Die Personalentwicklung signalisiert ins Unternehmen hinein, dass ihr bewusst ist, dass sie um manche erfolgsentscheidenden Aspekte nicht weiß. Durch die Einbeziehung der Beteiligten initiiert die Personalentwicklung einen Entwicklungsprozess mit einer stark co-kreativen Komponente, in dem sie das im Unternehmen verteilte, ungenutzte Wissen und Können sichtbar werden lässt und für das Coachingmodell nutzbar macht. Auf diese Weise lebt die Personalentwicklung bereits vor, was später von den Coachingnutzern erwartet wird, nämlich das Reflektieren in Bereiche, von denen man nicht weiß, was man nicht weiß, um unbewusstes Wissen und Können verfügbar werden zu lassen.

So ein partizipativer Modellentwicklunsprozess benötigt nicht den Aufwand von Workshops oder ähnlichen Gruppenveranstaltungen. Vielmehr hat die Praxis gezeigt, dass sich das bei den Beteiligten

> Durch Co-Kreation Betroffene zu Beteiligten machen

> Über Fokusinterviews unbewusstes Wissen sowie Erwartungen und Bedürfnisse kennenlernen

vorhandene unbewusste Wissen über Fokusinterviews sehr gut mobilisieren lässt. Es braucht lediglich ein bisschen Know-how in Bezug auf die Durchführung und die phänomenologische Auswertung von Fokusinterviews. Das lässt sich leicht und mit geringem Aufwand erlernen. Bezieht man in diese Interviewreihe die ganze Bandbreite der zu erwartenden Einstellungen gegenüber und Erfahrungen mit Coaching ein, ergeben sich eine Menge Hinweise, die in das Coachingmodell eingearbeitet werden können. Das bedeutet, dass man als Interviewpartner all diejenigen anfragt, von denen man erwartet, dass sie eine eigene Sicht auf das Thema haben, sei sie konstruktiver oder auch sehr kritischer Couleur. Wichtige Interviewpartner sind in einem solchen Prozess immer Personen aus der Unternehmensleitung, Betriebsratsmitglieder, Fachkräfte aus dem Personalbereich, Führungskräfte unterschiedlicher Führungsebenen, Mitarbeitende ohne Führungserfahrung, sowie Auszubildende. Daneben kann man dann noch Coachingspezialisten interviewen. Wenn man bei der Auswertung nicht auf statistische Werte reflektiert, sondern auf wichtige Hinweise zu dem, was ausdrücklich oder auch indirekt als Erwartung und Bedenken mitgeteilt wurde, hat man viel Stoff, um daraus ein Coachingmodell zu formen, das besser in das Unternehmen passt, als jedes Modell, das auf anderem Weg entstanden ist, es könnte.

Fazit

Wem es gelungen ist, die Einstellung aller Beteiligten im Vorfeld nachzuvollziehen und ein Modell zu entwickeln, in dem sich die Anliegen und Interessen der Beteiligten wiedererkennen lassen, dem wird es auch gelingen, ein Coachingmodell zu entwickeln, das die größte Möglichkeit des Unternehmens zum Themenkomplex Coaching zeigt. Coachings, die auf der Grundlage solch eines allseits akzeptierten Modells durchgeführt werden, haben in ihrer Wirkung eine große Anschlussfähigkeit auf allen Unternehmensebenen.

7.4   Einen geeigneten Coachingleitsatz voranstellen

Erwartungsanspruch in einem Leitsatz formulieren

Mit einem eingängigen Leitsatz bringt man – ähnlich wie bei einem Markenclaim – zum Ausdruck, welche Produkterwartungen man beim Nutzer provozieren möchte. Besonders kraftvoll wirkt ein Leitsatz oder ein Claim, wenn er den Nutzer zur Auseinandersetzung mit der getroffenen Aussage provoziert, er ein ersehntes Ideal anspricht oder wenn er eine entsprechende, nachweislich gelebte Praxis beschreibt. Je nachdem, was gewollt ist, wird ein Leitsatz so gefasst, dass die gewünschte Wirkung daraus hervorgeht.

Praxisbezug

Um zu verdeutlichen, wie so ein Coachingleitsatz aussehen kann, hier ein paar typische Beispiele aus der Praxis:

- Coaching ist ein vertraulicher, reflektierender Dialog in dem man sich die Außenansicht eines kompetenten Dritten zunutze macht
- Coaching ist ein befähigender Dialog, der ungenutztes Potenzial aufseiten des Coachingnutzers mobilisiert
- Coaching ist Hilfe zur Selbsthilfe in besonderen Anforderungssituationen
- Coaching ist ein professioneller Dialog zur Weiterentwicklung der Führungskompetenz

Jeder der genannten Leitsätze deklariert ein spezifisches Coachingverständnis und provoziert beim Leser eine bestimmte Erwartung bezogen auf das, was im Coaching passiert, in welcher Situation sich der Nutzer erlebt, wenn er das Angebot in Anspruch nehmen möchte, welche Einstellung der Coach verkörpert, der unter diesem Leitsatz seine Leistung anbietet und welche Wirkung ein Coaching haben kann.

Wird Coaching im Unternehmen neu eingeführt, ist es nützlich, einen Leitsatz zu finden, der an die positivsten Erwartungen anknüpft, wie sie sich z. B. in den Fokusinterviews offenbart haben. Die Erwartungen können sich auf die Coachingqualität, auf den vertraulichen Umgang mit den Coachinginhalten, auf die Beteiligung oder die Nichtbeteiligung der Personalentwicklung oder des Einkaufes beziehen. Sie können sich aber auch auf das Coachingformat beziehen, oder auf die interne Bewerbung von Coaching im Unternehmen oder gar auf das Evaluationsverfahren. Was immer sich als prägende Erwartungen während der Phase der Konzeptentwicklung gezeigt hat und was darin als größte Möglichkeit zu erkennen ist, sollte sich im Leitsatz wiederfinden lassen. Ein so geformter Leitsatz erhält dadurch Kraft, dass die Beteiligten sich mit ihren sehr persönlichen Interessen darin wiederfinden und sich aus sich heraus darum bemühen werden, diesen Leitsatz zu gelebter Praxis werden zu lassen. Anders, als bei den Führungsleitsätzen, die in vielen Unternehmen nicht die gewünschte Kraft entfalten, handelt es sich bei den in diesen Prozess eingebrachten Anliegen der Beteiligten um solche, die jeden Interviewpartner in seiner Integrität schützen helfen. Insofern darf davon ausgegangen werden, dass ein auf diese Weise geformter Leitsatz wegen des starken Eigeninteresses zur Richtschnur für alle Beteiligten im Umgang mit Coaching wird.

> Knüpft der Claim an die formulierten Interessen und positivsten Erwartungen an, hat er Zugkraft

Fazit

Ein kraftvoller Coachingleitsatz weckt die Erwartung an eine seriöse Coachingqualität aufseiten der Coachingnutzer. Der im Leitsatz anklingende Zweck und die in Aussicht gestellte Wirkung richtet alle Beteiligten dahingehend aus, dass die als möglich ausgesprochene Wirkung eintreten kann und der dahinterliegende Zweck realisiert wird.

7.5   Ein passgenaues Buchungsprozedere formen

Buchungsverfahren ansprechend
für Nutzer gestalten

Wie schon an einigen Stellen im vorangehenden Text erwähnt, sollte auch das Buchungsprozedere für Coaching im Unternehmen so geformt sein, dass es den Anliegen der Führungskräfte, die als Coachingnutzer vom Unternehmen vorgesehen sind, gerecht wird. Ein Buchungsverfahren, das so geformt ist, dass es den Coachingnutzer als unselbstständigen Kunden behandelt, ist sicher nicht geeignet, die Nutzer anzusprechen, die von sich ein anderes Selbstbild haben. Nutzen diese es dennoch, werden sie im Anbahnungsverfahren die Personalentwicklung in ähnlicher Weise herabsetzen. Man vergegenwärtige sich einmal, wie unpassend es einem Coachingnutzer erscheinen mag, der für das Unternehmen täglich weitreichende Entscheidungen von großer wirtschaftlicher Bedeutung treffen darf, wenn er bezüglich Coaching nun dazu aufgefordert wird, die Personalentwicklung darüber entscheiden zu lassen, für welchen Preis er Coaching für sich in Anspruch nehmen darf. Auch wird es einer Führungskraft, die es gewohnt ist, Qualität zu erkennen und Ansprüche des Unternehmens gegenüber Kunden und Auftraggebern eigenständig zu vertreten nicht gerecht, wenn sie die Auftragsverhandlung mit einem zukünftigen Coach im Beisein einer Personalentwicklungsfachkraft und seinem eigenen Vorgesetzten führen soll. Und eine Führungskraft, die sich mit einem Coach reflektieren möchte, obwohl sie an sich persönlich den Anspruch hat, selbst stets mehr Antworten als Fragen zu haben, wird es möglicherweise nicht behagen, wenn aus der Honorarabrechnung, die ihr Coach an das Unternehmen schickt, ersichtlich wird, wie viele Coachingsitzungen sie in einem bestimmten Intervall in Anspruch genommen hat.

Nutzt man die Fokusinterviews dafür, auch zu diesen Fragen miteinander in den Dialog zu kommen, wird sich zeigen, dass alle nah beieinander sind, was ihre Interessen im Buchungsverfahren betrifft. Da die Einstellung zu diesen Verfahrensaspekten etwas mit der gelebten Kultur im Unternehmen zu tun hat, werden die Anliegen der Interviewpartner in diesen Fragen nicht weit voneinander abweichen. Dementsprechend leicht ist es möglich, ein Buchungsverfahren zu entwickeln und im Coachingmodell für alle Interessierten sichtbar werden zu lassen, das allen Anliegen gerecht wird.

Vertrauen reduziert Bedürfnis nach
strikter Vertraulichkeit, Misstrauen
erhöht es

In einem Unternehmen beispielsweise, in dem die Fürsorgehaltung der Unternehmensleitung einen erheblichen Faktor in der gelebten Unternehmenskultur ausmacht, wird sich in Bezug auf das Buchungsverfahren das Vertrauen der Führungskräfte in den verantwortungsvollen Umgang des Unternehmens mit allen sensiblen Fragen des Coachings widerspiegeln. So werden Führungskräfte, Mitarbeiter und Betriebsrat in einem Inhaber geführten Mittelstandsunternehmen sicher bereitwilliger der Mitwirkung von Personalentwicklung und Vorgesetztem zustimmen, als das in einem Konzern der Fall ist. Das gleiche gilt für das Abrechnungsverfahren und die Coachauswahl. Je größer das Vertrauen in die Unternehmensleitung und die Personalentwicklung ist, desto bereitwilliger lassen sich auch die anspruchsvollen Führungskräfte auf ein

Verfahren ein, in dem bestimmte Vorgaben einfach eingehalten werden müssen, obwohl sie vielleicht das individuelle Bedürfnis nach Vertrauensschutz nicht vollständig erfüllen. Ähnlich wie bei einem Arzt, Trainer oder Mitarbeiter, in deren Kompetenz man vertraut, schmilzt das Bedürfnis an aktiver Mitwirkung am Verfahren dahin, wenn in die Seriosität der gebotenen Leistung vertraut wird. Im Umkehrschluss lässt sich in der Praxis aber auch erkennen, dass fehlendes Vertrauen in die Fürsorge und Empathiefähigkeit der Unternehmensleitung aufseiten der Führungskräfte starkes Interesse daran erwachsen lässt, sich mit dem eigenen Coaching vom Unternehmen zu absentieren. Ist das Vertrauen geschwächt, will man so wenig Mitwirkung des Unternehmens, wie nur möglich. In manchen Konzernen gibt es deswegen das vollkommen anonymisierte Scheckverfahren in Verbindung mit einem Coachpool, der über eine Internetseite zugänglich ist. So ein Verfahren ermöglicht dem Coachingnutzer, sich von seinem Privatrechner aus einen Coach aus dem Pool auszuwählen, diesen mit Coupons zu bezahlen, die der Coach dann vollkommen anonymisiert dem Unternehmen im Zusammenhang mit der Honorarrechnung vorlegt.

Auch hier wird deutlich, dass es dem Coachingangebot zuträglich ist, wenn das Coachingmodell passend zum Unternehmen und dem gelebten Miteinander im Unternehmen ausfällt.

Fazit
Es gibt kein Verfahren, das in allen Unternehmen zu gleich hoher Nutzerfrequenz und gleich guter Coaching- und Ergebnisqualität führt. Vielmehr kann ein Verfahren dann als passend angesehen werden, wenn es die Empfindlichkeiten der Coachingnutzer, bezogen auf die sensiblen Fragen wie Vertraulichkeit und Eigenverantwortlichkeit berücksichtigt und sie gleichzeitig als kompetente Kunden anerkennt. Gelingt es, ein Verfahren zu formen, das diese beiden Aspekte gut vereint, kann man davon ausgehen, dass das Coachingangebot in gewünschter Weise, mit den erwünschten Ergebnissen von der Gruppe der Führungskräfte, für die es vorgehalten werden soll, genutzt wird.

7.6 Coachingformate, die zum Modell passen

Wie bereits oben zu den einzelnen Coachingformaten ausgeführt, lassen sich Ergebnisse und Nutzen von Coaching auch über die Coachingformate steuern. Stellt man bei der Einführung von Coaching auf 1:1-Coachingprozesse ab, dann dauert es etwas länger, bis sich der gewünschte Nutzen im Unternehmen deutlich zeigt. Allein schon deswegen, weil die Coachingnutzer ihre Coachingerfahrung im Unternehmen nicht unbedingt teilen, solange sie nicht von anderen wissen, dass diese Coaching auch genutzt haben. Nicht selten ist den Nutzern sogar sehr lange daran gelegen, dass niemand im Unternehmen von ihrem Coaching erfährt. Ganz anders verhält es sich dagegen, wenn das Unternehmen Coaching über ein Coachingprogramm einführt, an dem

Erwartung, Akzeptanz und Durchführbarkeit als Kriterien für die Formatwahl

gleichzeitig viele Führungskräfte teilnehmen. Die Durchführung des Programms ist sichtbar im Unternehmen und es spricht sich schnell herum, wer teilnimmt. Bei einem solchen Programm werden die möglichen Vorbehalte gegen Coaching gleich zu Beginn überwunden und es fließen dem Unternehmen sehr zeitnah nach der Einführung die ersten Ergebnisse zu, die einen Nutzen nicht nur für die Entwicklung der Teilnehmenden entfalten, sondern auch für die Entwicklung des Unternehmens als Ganzes. Für den zweiten Durchlauf werden sich schon bald nach Einführung die ersten Führungskräfte eigeninitiativ bewerben, weil sie den positiven Effekt bei ihren Kolleginnen und Kollegen auf gleicher Ebene beobachten konnten und diese ihnen vermutlich sogar eine Teilnahme empfehlen werden. Damit entfällt jede weitere Bewerbung des Coachingangebots im Unternehmen.

Doch auch wenn die Einführung von Coaching über ein Coachingprogramm bezüglich Entwicklungsdynamik viele Vorteile haben kann, ist im Einzelfall genau zu prüfen, ob im Unternehmen alle begünstigenden Faktoren wirklich herstellbar sind. Da ist z. B. das Erfordernis der Präsenz bei den Coachingveranstaltungen. Der Auftakt eines Coachingprogramms kann sich über 2 bis 2,5 Tage erstrecken und auch kann es förderlich sein, dass die Teilnehmenden bei den darauffolgenden Präsenztagen bereits am Vorabend anreisen. Was bedeutet, dass die Teilnehmenden am Veranstaltungsort übernachten, was wiederum ein Mitwirkungsinteresse beim Betriebsrat auslösen kann. Steht es nicht gut um die Kooperation von Betriebsrat und Unternehmensleitung, kann es schon mal ein paar Wochen in Anspruch nehmen, bis der Betriebsrat seine Zustimmung bekannt gibt. Oder fehlt es aufseiten der Führungskräfte am nötigen Vertrauen gegenüber der Unternehmensleitung, kann es passieren, dass sich die angesprochenen Führungskräfte weigern, am ersten Coachingprogramm teilzunehmen, weil die Seriosität des Programms noch nicht bewiesen ist. Und auch wenn sich nicht alle weigern, kann es doch sein, dass die Gruppe derer, die bereit sind, sich einzubuchen, so klein ausfällt, dass es nicht sinnvoll wäre, das Programm starten zu lassen. Ob die Bedingungen für eine erfolgreiche Einführung von Coaching über ein Coachingprogramm gegeben ist, sollte mit aller Ergebnisoffenheit gründlich geprüft werden.

Das Format des Kurzzeitcoachings ist ein gutes Einstiegsformat, weil ihm das Image einer attraktiven Effektivität anhaftet und weil sich die ersten Nutzer nicht gleich für einen längeren Coachingprozess entscheiden müssen.

Auch das Teamcoaching könnte ein passendes Einstiegsformat sein, insbesondere dann, wenn es von einem Erfolgsteam im Unternehmen genutzt wird. Solche Teams sind in der Lage, Coaching sehr schnell für sich zu nutzen. Da Erfolgsteams im Unternehmen meist einen guten Ruf genießen, kann das Team als „Werbeträger" für Coaching im Unternehmen fungieren. Ähnlich, wie ein Vorstand, der sich als Coachingnutzer im Unternehmen zu erkennen gibt, wegen seiner Vorbildwirkung ein guter Werbeträger sein kann.

Wenig geeignet für die Einführung von Coaching dagegen sind die Hot Calls. Diese funktionieren am besten, wenn die Nutzer bereits Coachingerfahrung haben. Außerdem gibt es nicht viele Coaches am Markt, die dieses besondere Format wirklich beherrschen und Coaching würde schnell in Verruf geraten, wenn sich die ersten Coachingerfahrungen als wenig hilfreich herumsprechen.

Fazit

Als Einstiegsformat ist jeweils das Format zu wählen, das die größte Aussicht auf Erfolg verspricht, im Sinne der Wirkung und des Zwecks, wie es im Leitsatz zum Ausdruck gebracht wurde. Es sollte darauf abgestellt werden, was den langfristigen Erfolg zu sichern am ehesten geeignet ist und nicht das Format gewählt werden, das aus anderen Überlegungen heraus besonders attraktiv erscheint. Es können auch gleichzeitig mehrere Formate angeboten werden, sodass die Führungskräfte die Wahl haben.

7.7 Die Anforderungen an einen Coach identifizieren

Ist das Coachingmodell in den oben ausgeführten Themenfeldern unter Einbeziehung der Informationen aus den Fokusinterviews entworfen, können aus dem Modell leicht die Anforderungen an einen Coach abgeleitet werden. Ein so abgeleiteter Anforderungskatalog kann genutzt werden, um den Markt nach passenden Anbietern abzusuchen.

> Anforderungen an Coaches aus dem Coachingmodell ableiten

Die Praxis zeigt immer wieder, dass die Anforderungskataloge in Unternehmen nicht konsequent darauf ausgerichtet sind, die besten Anbieter im Markt zu rekrutieren. Themen wie Alter, akademischer Abschluss, Berufserfahrung, eigene Führungserfahrung, Methodenvielfalt, zertifizierte Coachausbildung werden gern in den Anforderungskatalog aufgenommen, ohne dass es einen Nachweis darüber gibt, dass diese Faktoren erfolgsentscheidend für Coaching im Unternehmen sind. Fehlt aus Mangel an Erfahrung im Umgang mit Coaching dann noch die Beurteilungskompetenz, kann es passieren, dass sich ein Coachpool aufbaut, in dem die Coaches zwar den genannten Anforderungen entsprechen, sie aber dennoch nicht bereit und in der Lage sind, im Sinne des Coachingmodells erfolgreiche Coachings zu bieten.

Will man Coaching als Entwicklungsinstrument für Führungskräfte und für das Unternehmen nutzen, ist es evident, Coaches an Bord zu bekommen, die jedem einzelnen Coaching Entwicklungsziele als messbare Ergebnisse voranstellen können. Coaches, die einen Dialogprozess so steuern können, dass die Fokussierung auf das angestrebte Ergebnis nicht verloren geht, ohne bei aller Prozesssteuerungsabsicht dem Coachingnutzer dessen Themenhoheit aus der Hand zu nehmen. Um dem Coaching eine wünschenswerte Reputation zu verschaffen, ist es wichtig, dass die Coaches, die im Unternehmen beauftragt werden, sich nachweislich ethischer Standards verpflichtet haben, die sich in Übereinstimmung mit denen der Führungskräfte bewegen. Und es werden

> Wirklich erfolgsentscheidende Anforderungskriterien identifizieren

Coaches gebraucht, die ihre eigenen Erfolgsbedürfnisse in einem Maße transformiert haben, dass sie sie ganz selbstverständlich hinter dem Interesse, nützlich für den Coachingnutzer und das Unternehmen zu sein, verschwinden lassen können. Und nicht zuletzt sollten die Coaches, jeder für sich, regelmäßig Supervision als Mittel der Qualitätssicherung nutzen und auf Anfrage auch nachweisen können.

Die hier angesprochenen Faktoren sind für das Gelingen wertiger Coachingerfahrungen sehr viel bedeutsamer als die materiellen Anforderungen, wie ein bestimmtes Alter, die berühmte Methodenvielfalt, eigene Führungserfahrung und manches mehr. Und werden die als sinnvoll verstandenen Anforderungen dann im Coachingmodell für alle Beteiligten sichtbar hinterlegt, kann jeder Ausschau nach geeigneten Coaches in seinem Sichtfeld halten. So entstehen manchmal Kontakte zu Coaches, die die Personalentwicklung allein nicht hätte finden können.

Fazit

Einen Anforderungskatalog bezüglich Coachingkompetenz, Haltung und Coachingformat zu entwickeln, generiert eine größere Wahrscheinlichkeit, im Markt die passenden Coaches zu finden, als ein Katalog, der rein materielle Gegebenheiten als Anforderungen an einen Coach listet. Den Anforderungskatalog im Coachingmodell aufzuführen sichert Transparenz und die Mitwirkungsmöglichkeit Dritter beim Aufspüren passender Anbieter.

7.8   Selbst stricken oder externe Hilfe nutzen

Gerade in Unternehmen mit kleinem Personalbereich fehlen oft Kompetenz und Freiraum, ein unternehmensspezifisches Coachingmodell zu entwickeln. So stellt sich die Frage, ob es sinnvoll ist, diesen Themenkomplex an einen externen Anbieter auszulagern.

Externe Expertise nutzen, um zeitnah ein gutes Coachingangebot zu etablieren

Dazu sei an dieser Stelle angemerkt: Einem erfahrenen Anbieter wird es in einem überschaubaren Zeitraum gelingen, in Abstimmung mit allen Beteiligten ein zum Unternehmen passendes Coachingmodell zu entwickeln. Auch gibt es mittlerweile am Markt ein paar sehr gute Anbieter, die darauf spezialisiert sind, zu den unterschiedlichen Modellen die passenden Coaches zu finden und zwar nicht nur national, sondern bei Bedarf auch international. Und das zu einem Preis, der die Kosten zu unterschreiten vermag, die sich ergeben, wenn unerfahrene Personalkräfte sich das Know-how erst noch aneignen müssen. Insofern kann es opportun sein, diese komplexe Aufgabe an externe Anbieter zu übertragen. Ein solcher externer Anbieter findet sich unter anderem hinter der Internetadresse ▶ www.coachguide.de.

Fazit

Wenn ein Unternehmen nicht auf eine interne Personalentwicklung zugreifen kann oder wenn es in der unternehmensinternen Personalentwicklung gerade kein Beschäftigungsvakuum gibt, ist es sinnvoll, mit der

Entwicklung eines Coachingmodells und der Marktsondierung externe Anbieter zu beauftragen.

7.9   Fragen aus der Praxis

Hat so ein Coachingmodell ein Verfallsdatum?
Wie es so ist mit Modellen, die für einen speziellen Zweck entwickelt wurden, verlieren die in ihm enthaltenen Aussagen im Zuge der Umweltentwicklung an Relevanz und es kommen neue Aspekte hinzu. So auch beim Coachingmodell. Manches, was in der Einführungsphase als besonders wichtig erachtet wurde, wird als überholt erlebt, wenn sich eine gut gehende Coachingpraxis eingestellt hat, während anderes später als fehlend empfunden wird. Bei einer gut geführten Evaluationspraxis wird man auf diese Aspekte aufmerksam. Es kann sinnvoll sein, das Modell – wiederum in Abstimmung mit den Beteiligten – zu modifizieren.

Sie sprechen den sensiblen Punkt des Vertrauens an, der bei der Einführung von Coaching sicher wichtig ist. Ich weiß nicht, ob die Führungskräfte in meinem Unternehmen mir glauben würden, wenn ich mich plötzlich zum Verfechter von Coaching machte. Sollte ich mich nicht lieber aus dem ganzen Thema raushalten?
Statt sich ganz rauszuhalten, könnten Sie Ihre Überlegungen offenlegen, die Sie vom Saulus zum Paulus haben werden lassen. Und auch wenn Sie sich selbst nicht sicher sind, ob aus Ihnen ein echter Paulus geworden ist. Eine entsprechende Mitteilung von Ihnen signalisiert ein Maß an Offenheit, das den Führungskräften helfen könnte, ihre eigenen Vorbehalte zu überdenken – mehr, als es der Personalentwicklung oder einem externen Anbieter anzuregen möglich ist.

Mir will nicht ganz einleuchten, wie es einem externen Anbieter gelingen soll, die ganzen feinstofflichen Informationen ans Licht zu bringen, die von Nöten sind, um ein in der hier beschriebenen Weise passendes Coachingmodell zu formen. Können Sie mir sagen, wie viel Aufwand es dann noch von Unternehmensseite braucht, damit es gelingen kann?
Zunächst muss der externe Anbieter von der Unternehmensleitung, ggf. als Partner der Personalentwicklung, eingeführt werden. Dafür bedarf es in der Regel nicht mehr, als eines persönlichen Rundschreibens an die Mitwirkungsinteressierten. Dann bedarf es einer internetbasierten Terminkoordination für die Fokusinterviews, die der Anbieter vorbereiten wird, auf die im Unternehmen aufmerksam gemacht werden muss. Zu einem späteren Zeitpunkt muss dann der Erstentwurf von den Verantwortlichen im Unternehmen geprüft und sprachlich an den Unternehmenston angepasst werden. Und je nachdem, wieweit die Inanspruchnahme des externen Anbieters geht, ob er auch die Coaches unter Vertrag nehmen soll, das Abrechnungswesen betreuen und die Evaluation übernehmen soll, bedarf es in den ein-

zelnen Feldern verschiedener Abstimmungsgespräche. Nicht mehr, aber auch nicht weniger.

Hier wird behauptet, dass Alter, Führungserfahrung, ein gefüllter Methodenkoffer, die übereinstimmende Chemie als Anforderungen an einen Coach nicht so wichtig seien, obwohl andere Anbieter das Gegenteil vertreten. Durch was stützt sich Ihre Behauptung?
Zunächst einmal aus ganz eigener Erfahrung. Als ich selbst mit Coaching am Markt erfolgreich wurde, war ich gerade mal 30 Jahre alt. Ich konnte damals weder auf Führungserfahrung, außer einer konsequenten Selbstführung, noch auf einen prall gefüllten Methodenkoffer zugreifen. Stattdessen zählten zu meiner Ausstattung eine Coachausbildung, die ich mir in den USA organisiert hatte, viel Erfahrung im Mentaltraining, im Coaching und in verschiedenen Konzepten der Selbstreflexion, eine Affinität zur Malerei und zu Heilmethoden. Auf all das konnte ich im Coaching zurückgreifen. Aber viel wichtiger war meine im alltäglichen Leben trainierte Fähigkeit, in Möglichkeiten zu denken und andere dazu anzuleiten, ebenfalls in Möglichkeiten und Lösungen zu denken. Ich glaubte einfach an die befreiende Wirkung, die ein Denken in Möglichkeiten und Lösungen mobilisiert und so nutzte ich das Vorgehen über offenen Fragen, wie ich es in meiner Ausbildung gelernt hatte, um meine Kunden zum Denken in Möglichkeiten und Lösungen zu motivieren. Meine Kunden erreichten, was sie sich vom Coaching erhofft hatten und ich selbst wurde zum nachgefragten Coach. Seitdem habe ich einige Coaches ausgebildet und dabei beobachten können, dass es eine Begabung für Coaching gibt, die durch diszipliniertes Training zur Brillanz gebracht werden kann. Und letztlich habe ich viele Coaches am Markt kennengelernt und feststellen können, dass eigene Führungserfahrung, Alter, ein prall gefüllter Methodenkoffer weniger Garant für Qualität im Coaching ist, als eine natürliche Begabung, eine Coachausbildung, die an diese Begabung anknüpft und eine Selbstverpflichtung, hilfreich für andere sein zu können. Das in Verbindung mit einer unbelasteten Neugier gegenüber anderen Menschen macht einen guten Coach aus. Innere Reife, die durch reflektierte Erfahrung entsteht, Methoden, die beim Aufschließen von Menschen helfen, selbst einmal in ähnlicher Weise in verpflichteter Position gewesen zu sein und ein Team geleitet zu haben, schaden sicher nicht, aber Qualitätsgaranten sind das nicht.

Echte Coachingqualität erkennt man, wenn man mit einem Coachinganbieter in einen echten Coachingdialog geht. Durch Ausprobieren erfährt man, ob es wirkt und ob sich die Wirkung über einen angenehmen Weg erschließt. Und darauf kommt es letztlich an. Leider wird die Möglichkeit des Ausprobierens im Sondierungsgespräch nur selten genutzt. Stattdessen verlässt man sich auf das Ergebnis eines Chemiechecks, den man auch als Resonanzcheck betiteln könnte. Und der bringt ja bekanntlich nur das ans Licht, was das Gegenüber bereits kennt. Also im besten Fall eine Bestätigung der Vorurteile.

7.10 Checkliste Kap. 7: Überprüfung der Qualität eines Coachingkonzepts

Überprüfen Sie die Qualität Ihres Coachingkonzepts, indem Sie auf einer Skala von 0 bis 10 einschätzen, inwieweit die beschriebene Rahmenbedingung für Ihr Coachingmodell zutrifft (0 = trifft nicht zu, 10 = trifft voll zu).

Einschätzung   **Rahmenbedingung**

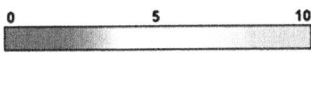

Schirmherrschaft von oben
✓ Die Unternehmensleitung macht sich sichtbar stark für die Nutzung von Coaching.
✓ Sie begrüßt die Ausgaben für Coaching als unternehmensfördernde Investition.
✓ Sie nimmt selbst Coaching in Anspruch.
(siehe Abschnitt 7.2)

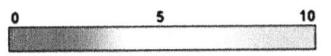

Partizipation
✓ Das Coachingmodell wurde in einem co-kreativen Prozess unter Einbeziehung der Anliegen aller Beteiligten / Interessensgruppen entwickelt.
(siehe Abschnitt 7.3)

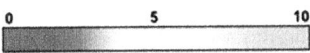

Coachingleitsatz
✓ Es ist ein Coachingleitsatz gefunden, der an die positivsten Erwartungen, wie sie sich aus den Aussagen der Interessensgruppen ergeben haben, anknüpft bzw. zum Ausdruck bringt, welche Produkterwartungen beim Nutzer provoziert werden sollen.
(siehe Abschnitt 7.4)

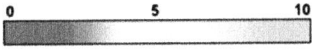

Buchungsprozedere
✓ Das Buchungsprocedere berücksichtigt alle Empfindlichkeiten der Coachingnutzer bezogen auf die sensiblen Fragen im Zusammenhang mit Coaching (z.B. Vertraulichkeit, ...)
✓ Es lässt erkennen, dass der Nutzer als kompetenter Kunde anerkannt wird.
(siehe Abschnitt 7.5)

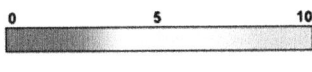

Coachingformate
✓ Es sind Coachingformate identifiziert, die zu den im Modell festgelegten Eckwerten passen und die größte Aussicht auf Erfolg im Sinne des im Leitsatz definierten Nutzens versprechen.
(siehe Abschnitt 7.6)

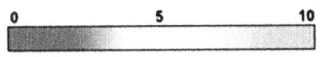

Anforderungskatalog an Coaches
✓ Es liegen aus den im Coachingmodell aufgeführten Themenfeldern sowie den Ergebnissen der Fokusinterviews abgeleitete Kriterien vor, die aufseiten der Coaches im Sinne eines passgenauen Coachingangebots erfüllt sein müssen.
✓ Dieser Anforderungskatalog wird genutzt, um im Markt die passenden Anbieter zu rekrutieren.
(siehe Abschnitt 7.7)

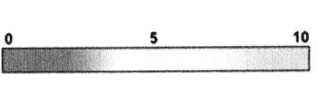

Intern oder Extern?
✓ Kompetenzen und zeitliche Freiräume für die Entwicklung eines Coachingmodells sind uneingeschränkt vorhanden.
(siehe Abschnitt 7.8)

Je häufiger Ihre Einschätzung unter einem Wert von 8 liegt, desto eher müssen Sie davon ausgehen, dass Ihr Coachingkonzept nicht die gewünschte Wirkung entfalten wird. Bei den Rahmenbedingungen, die Sie nicht mit mindestens 8 einschätzen, sollten Sie geeignete korrigierende Maßnahmen einleiten.

Eine Sogwirkung für gute Coaches erzeugen

Britt A. Wrede, Karin Wiesenthal

8.1　　Respektvolle Kontaktaufnahme　–　89

8.2　　Partnerschaftlicher Dialog auf Augenhöhe　–　90

8.3　　Zeitnaher erster Einsatz als Coach　–　91

8.4　　Transparentes, reibungsloses Verfahren　–　91

8.5　　Wertschätzende Auflösung der Geschäftsbeziehung　–　92

8.6　　Sich in der Öffentlichkeit mit Coaching zeigen　–　92

8.7　　Fragen aus der Praxis　–　93

8.8　　Checkliste Kap. 8: Sogwirkung erzeugen　–　94

© Springer-Verlag GmbH Deutschland, ein Teil von Springer Nature 2018
B.A. Wrede, K. Wiesenthal, *Coaching für Industrie 4.0*, https://doi.org/10.1007/978-3-662-56394-6_8

Zusammenfassung

Gute Coaches, die Wert auf gute Coachingergebnisse legen und darauf, dass die Wirkung, die sie mit ihrem Engagement für den Einzelnen und für das Unternehmen realisieren, die Erwartungen ihrer Auftraggeber vollumfänglich erfüllen, sind am Markt eher rar gesät. Will ein Unternehmen solche Coaches an sich binden, ist es einfacher, die Coaches auf das Unternehmen aufmerksam werden zu lassen, als diese Perlen im unübersichtlichen Markt einzeln aufzuspüren. Hat sich ein Kontakt mit einem hochwertigen Anbieter ergeben, gilt es diesen hochwertig zu pflegen. Der erste Eindruck, den ein anspruchsvoller Coach vom Unternehmen gewinnt, entscheidet darüber, ob er sich angezogen fühlt oder ob er wieder auf Distanz zum Unternehmen geht. Kommt es zu einer Zusammenarbeit, wird es dieser erste Eindruck sein, der den ersten Kontakt mit dem Coachingnutzer färbt. Im Ideal erwartete er einen selbstbewussten Coachingnutzer, der im Unternehmen eine gewisse Wertschätzung erfährt und auch die Möglichkeit zum Coaching selbst als Ausdruck dieser Wertschätzung erlebt.

Nach dem einfachen Motto „Tu Gutes und sprich darüber" lässt sich mit geringem Aufwand durch eine gute Unternehmensdarstellung und ein fundiert präsentiertes Coachingmodell eine Sogwirkung erzeugen, die gute Coaches ins Unternehmen zieht. Ist man dann noch mit der Kompetenz ausgestattet, die Coachingqualität eines Anbieters schnell zu erkennen, ist es leicht, sich ein Sortiment wirklich guter Anbieter zusammenzustellen.

Zu den Bedingungen, die erfolgreiches Coaching im Sinne des internen Coachingleitsatzes auf lange Sicht möglich machen, gehört eine entsprechende Außendarstellung, die gute Coaches ins Unternehmen zieht. Die guten Coaches sind meist keine Marketingspezialisten. Und so fällt es schwer, sie im Markt zu identifizieren. Deswegen ist es nützlich, als Unternehmen selbst dafür zu sorgen, dass die Anbieterinnen und Anbieter auf das Unternehmen aufmerksam werden.

Will man als Unternehmen eine Sogwirkung für gute Coaches generieren, muss man bei der Frage beginnen, von welchen Bedingungen sich gute Coaches anziehen lassen (vgl. ◘ Abb. 8.1) und wie man diese Bedingungen als Gegebenheiten im eigenen Unternehmen nach außen sichtbar werden lassen kann. Es gibt Unternehmen, die unter Coaches den Ruf genießen, dass sie einem Coach ermöglichen, unter guten Bedingungen Bestleistung und -perfomance zum Nutzen für die Führungskräfte und für das Unternehmen zu erbringen. Dieser Ruf wirkt anziehend. Daneben gibt es auch eine „rote Liste" von Unternehmen, bei denen gute Coaches ihre Leistung nicht von sich aus anbieten. Auf die Liste der begehrten Unternehmen zu kommen, ist ein wichtiger Schritt, um gute Coaches ins Unternehmen zu ziehen. Eine weitere Möglichkeit ist, sich in der Fachöffentlichkeit wertschätzend und fundiert über Coaching zu äußern und sich in der Öffentlichkeit mit allgemein als hochwertig anerkannten Coaches zu zeigen.

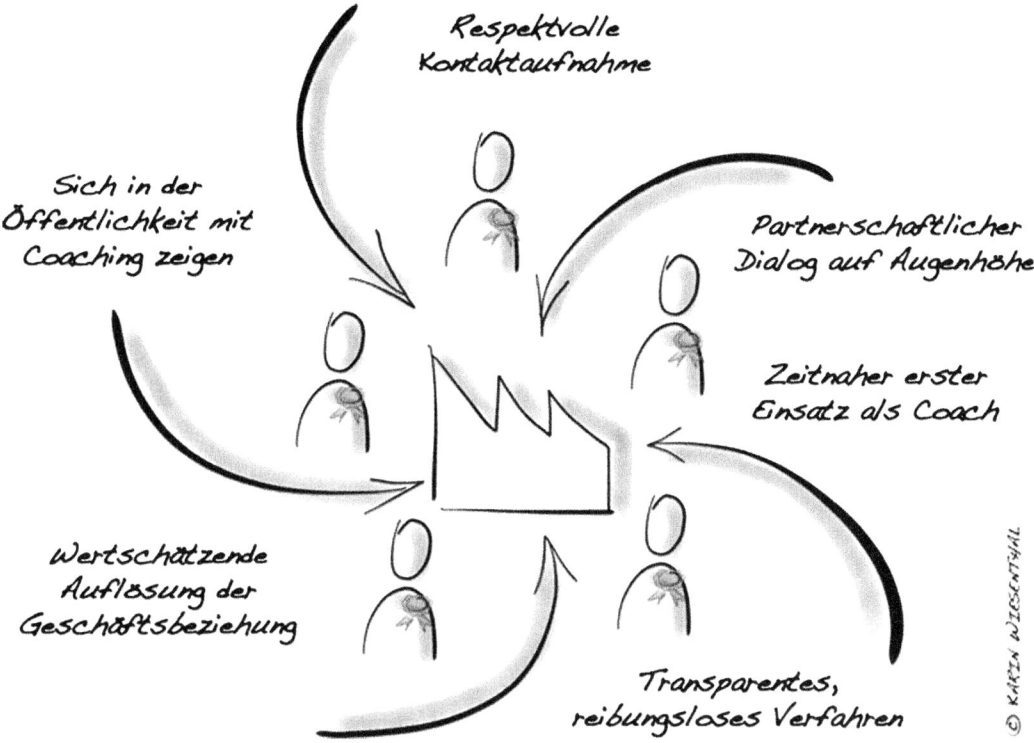

◻ Abb. 8.1 Was eine Sogwirkung bei guten Coaches erzeugt. (Mit freundlicher Genehmigung von © Britt A. Wrede, Karin Wiesenthal 2018. Alle Rechte vorbehalten)

8.1 Respektvolle Kontaktaufnahme

Coaching ist eine persönliche Dienstleistung. Eine Dienstleistung, in die der Coach seine Persönlichkeit einbringt und für die er meist ein ganz eigenes Vorgehen entwickelt hat. Was ein Coach anbietet, hält er für gut und er ist bereit, sein Leben dafür zu verwenden, es anderen zur Verfügung zu stellen. Der dafür zum Ausdruck gebrachte Respekt im ersten Kontakt spielt eine für den Erfolg der Zusammenarbeit wichtige Rolle. Respekt vermittelt sich bereits bei der Terminanfrage dadurch, dass man eine unkomplizierte Terminfindung ermöglicht. Kommt es dann zum ersten, meist telefonischen Kontakt mit einem Coach, drückt sich Respekt insbesondere über zwei Wege aus: Aufrichtiges Interesse und Verbindlichkeit.

> Respekt im ersten Kontakt spielt für den Erfolg der Zusammenarbeit eine wichtige Rolle

Dazu gehört es, dass man sich mit dem Internetauftritt und den Veröffentlichungen des Coaches soweit vertraut gemacht hat, dass man zu einigen Punkten daraus Stellung nehmen kann. Sei es die vom Coach hervorgehobene Vielseitigkeit oder seine Spezialisierung, seine Verbandszugehörigkeit oder seine erklärte Autonomie. Man kann sich aber auch einfach auf ein öffentliches Gespräch beziehen, das es über ihn bereits gibt. Es ist nicht vonnöten, dass man die letzten Veröffentlichungen des Coaches gelesen hat, aber von ihnen zu wissen, drückt in jedem Fall

Interesse und Verbindlichkeit in der Absicht aus, den Coach kennenzulernen. Außerdem wird Interesse noch dadurch bekundet, dass man ihm die Möglichkeit bietet, über sich selbst und über das, was verbindet – in diesem Fall das Coaching – zu sprechen. Verbindlichkeit wird in jedem Fall dadurch zum Ausdruck gebracht, dass man einen zeitnahen Termin für ein erstes persönliches Treffen anbietet oder sich aufrichtig darüber mitteilt, warum man vorerst von weiteren Kontakten absieht.

Interesse und Verbindlichkeit als Ausdruck von respektvoller Professionalität

Trifft ein Coach im ersten telefonischen Kontakt mit einem Unternehmen auf substantiiertes Interesse und Verbindlichkeit, weiß er dies als Ausdruck respektvoller Professionalität zu schätzen und teilt diese Erfahrung bei passender Gelegenheit mit Kolleginnen und Kollegen in seinem Umfeld.

Das gleiche trifft zu, wenn es im ersten Kontakt weniger respektvoll zugeht, was bei Mehrfachnennung zur Folge haben kann, dass andere anspruchsvolle Coaches davon abgehalten werden, sich diesem Unternehmen zu nähern.

8.2   Partnerschaftlicher Dialog auf Augenhöhe

Wird ein Coach zum Kennenlerngespräch ins Unternehmen eingeladen, ist ihm daran gelegen, möglichst viel über das Unternehmen, die Erwartungen, die das Unternehmen an Coaching knüpft, und über die Vertragsgestaltung zu erfahren. Und ihm ist daran gelegen, möglichst ergebnisoffen mit seinem Dialogpartner zu untersuchen, ob und gegebenenfalls was er für einzelne Führungskräfte und für das Unternehmen als Ganzes leisten kann. Außerdem ist ihm daran gelegen, seine eigenen Präferenzen zum Inhalt des Kennenlernens zu machen. Und auch dieser Abschnitt der Annäherung ist eine gute Gelegenheit, sich als Unternehmen auf wertige Weise zu präsentieren, in dem der Coach als wichtiger Gast behandelt wird, dem mit aufrichtigem Interesse und Verbindlichkeit begegnet wird.

Den Coach wie einen guten Gast behandeln

Die Wahl des Sitzungsraums, die Art der Bewirtung, die Anzahl und Funktion der Gesprächspartner, die ausgehändigten Unterlagen, der Umgang mit den Präsentationsunterlagen des Coaches, wie auf seine Fragen und Präferenzen eingegangen wird ... all das spricht für den Coach, der schon in vielen anderen Unternehmen als Gast empfangen worden ist, eine deutliche Sprache. Er hat Erfahrung damit, wie ein Kontakt sich entwickelt, bei dem er zu Beginn wie ein gnädig akzeptierter Lieferant behandelt wird und wie sich demgegenüber Kontakte weiterentwickeln, bei denen er zu Beginn wie ein guter Gast empfangen wird. Gibt man ihm die Möglichkeit, selbst zu prüfen, ob er im Unternehmen Bedingungen vorfindet, die ihn zu guter Qualität animieren, wird er diese Möglichkeit nutzen und ein verbindliches Angebot aussprechen.

Wenn der Coach mit einem guten Eindruck vom Unternehmen hinterlassen ist, wird er dies bei passender Gelegenheit gegenüber seinen Kolleginnen und Kollegen zum Ausdruck bringen.

So, wie er einen wenig professionellen „Chemiecheck" in schlechter Umgebung, durchgeführt von Personalfachkräften ohne Entscheidungskompetenz höflich über sich ergehen lassen wird, um sich bei passender Gelegenheit aus dem Gespräch zu verabschieden. Auch das wird im Kollegenkreis Erwähnung finden.

Fazit
Der erste Eindruck, den ein anspruchsvoller Coach vom Unternehmen gewinnt, entscheidet darüber, ob er sich angezogen fühlt oder ob er auf Distanz zum Unternehmen bleibt. Kommt es zu einer Zusammenarbeit, wird es dieser erste Eindruck sein, der den ersten Kontakt mit dem Coachingnutzer färbt. Im Ideal erwartete er einen selbstbewussten Coachingnutzer, der im Unternehmen eine gewisse Wertschätzung erfährt und auch die Möglichkeit zum Coaching selbst als Ausdruck dieser Wertschätzung erlebt.

8.3   Zeitnaher erster Einsatz als Coach

Einem Coach ist daran gelegen, möglichst zeitnah nach dem ersten Besuch im Unternehmen eine erste praktische Erfahrung der Zusammenarbeit zu machen. Ihm ist nicht daran gelegen, auf unabsehbare Zeit in einer internen Coachdatenbank des Unternehmens gelistet zu sein. Ein gefragter Coach verliert die frisch gewonnenen Eindrücke vom Unternehmen wieder aus dem Bewusstsein, wenn der Kontakt nach seinem ersten Besuch wieder versiegt. Ein Unternehmen, das durch schnelles Handeln zum Ausdruck bringt, dass ihm am Einsatz der erkannten Coachingqualität gelegen ist, zieht Anbieter an, die Verbindlichkeit zu schätzen wissen und bereit sind, selbst ein geeignetes Maß an Verbindlichkeit in den Kontakt einzubringen.

Verbindlichkeit erzeugt Verbindlichkeit

8.4   Transparentes, reibungsloses Verfahren

Worüber Coaches untereinander ebenfalls im Gespräch sind, ist die Erfahrung, die sie mit der administrativen Abwicklung ihres Angebots aufseiten des Unternehmens machen. Im Idealfall findet sich die eingangs gezeigte Verbindlichkeit im gesamten Verfahren wieder. Dazu gehört ein Ansprechpartner im Unternehmen, der sich für alle Fragen zuständig zeigt, eine zügige Auftragserteilung, bei der die besonderen Präferenzen, die der Coach in die Verhandlungen eingebracht hat, berücksichtigt werden, eine dem Nutzen entsprechende Honorarvereinbarung sowie eine nachvollziehbare und zügige Abwicklung seiner Honoraransprüche. Und es gehört auch das Einhalten der vereinbarten Verschwiegenheit dazu. Es kommt vor, dass bezüglich Verschwiegenheit bei Auftragserteilung eine eindeutige Vereinbarung getroffen wird, die von der Personalentwicklung dann im laufenden Coaching wieder aufzuheben versucht wird. In dem Fall muss der Coach das Ansinnen zurückweisen, sich doch über das Coaching zu äußern, was

Wichtige Verfahrensfaktoren: Ansprechpartner Auftragserteilung Honorar Rechnungsabwicklung Verschwiegenheit

immer zu einer vermeidbaren Beziehungsstörung zwischen ihm und der Personalentwicklung führt. Passiert das zum Coachingabschluss – ein Moment, zu dem manche Unternehmen sich gern ein Feedback geben lassen möchten – kann diese leise Störung dazu beitragen, dass beim Coach ein „unangenehmer Nachgeschmack" hinterbleibt, der die Sicht auf die mit dem Unternehmen gemachte Erfahrung eintrübt.

Fällt die gesamte Administration so aus, dass das Unternehmen sich als professioneller Vertragspartner zeigt, befördert das nicht nur die Coachingqualität, sondern erzeugt auch eine Anziehung für ebenso professionell arbeitende Coaches.

8.5   Wertschätzende Auflösung der Geschäftsbeziehung

Den Abschied würdig gestalten

Einfach nicht mehr beauftragen oder gar zum Ausdruck bringen, dass man in Zukunft lieber mit anderen Coaches zusammenarbeiten möchte und dann den Kontakt ausklingen lassen, ist sicher die schlechteste Form des Auseinandergehens. Das Beenden einer Beziehung ist eine Kunst, die im Geschäftsleben nur von wenigen Menschen gekonnt gepflegt wird. Und das, obwohl jeder schon mal erfahren hat, dass die Art und Weise, wie die Auflösung einer Beziehung gestaltet wird, darüber entscheidet, wie die Beziehung in Erinnerung bleibt. So lernen Coaches in einer guten Ausbildung den gesamten Themenkomplex einer würdigen Trennung zu verstehen und zu praktizieren, um sicherzustellen, dass die Coachingnutzer das Coaching nachhaltig in guter Erinnerung behalten und damit den Wert dieser Erfahrung für sich – weit über den Kontakt hinaus – in sich halten können.

Insofern sind erfahrene Coaches, weil ihr Geschäft voll von Abschieden ist, Profis im Feld des Auseinandergehens in Wertschätzung. Zu einem würdigen Abschluss gehört eine Einladung zum reflektierenden Gespräch über die gemeinsamen Erfahrungen, ein ausdrückliches DANKE für das vom Coach eingebrachte Engagement, eine übereinstimmende „Willenserklärung" bezogen auf das Auseinandergehen und eine Vereinbarung über den letzten Schlussakt. Ein solcher Schlussakt könnte z. B. die Übergabe einer Referenzerklärung sein, in Verbindung mit der Übergabe des Firmenlogos als Referenznachweis für die Internetseite des Coaches. Diese Referenz auf der Internetseite eines am Markt als hochwertig bekannten Coaches, zieht Aufmerksamkeit anderer guter Coaches auf das Unternehmen und erzeugt eine gewisse Sogwirkung.

8.6   Sich in der Öffentlichkeit mit Coaching zeigen

Da ein Coach sich nur sehr begrenzt in der Öffentlichkeit über die Zusammenarbeit mit einem Unternehmen äußern kann, ist es dem Unternehmen selbst überlassen, sich als attraktiver Partner im Thema Coaching zu präsentieren. Dies kann ganz einfach über Leserbriefe und redaktionelle Beiträge in der Fachpresse erfolgen, über Redebeiträge bei Fachtagungen und auch darüber, dass man sich mit bekannten Coachinggrößen im Gespräch abbilden lässt und z. B. auf der Internetseite des Unternehmens und in den sozialen Foren hinterlegt. Einfach tun, was Politiker und andere gute Selbstvermarkter auch tun, um die Aufmerksamkeit einer bestimmten Zielgruppe auf sich zu lenken.

Fazit

Nach dem einfachen Motto „Tue Gutes und sprich darüber" lässt sich mit geringem Aufwand eine Sogwirkung erzeugen, die gute Coaches ins Unternehmen zieht. Ist man dann noch mit der Kompetenz ausgestattet, die Coachingqualität eines Anbieters schnell zu erkennen, ist es leicht, sich ein Sortiment wirklich guter Anbieter zusammenzustellen.

8.7   Fragen aus der Praxis

Wie organisiere ich ein wertschätzendes Auswahlverfahren, dergestalt, dass auch die Coaches, die für uns nicht in Frage kommen, gut über unser Unternehmen sprechen?

Auch das lässt sich leicht machen. Fragen Sie den Coach vor der Verabschiedung, ob es etwas gibt, was sie für ihn tun können, auch wenn es in diesem Unternehmen gerade keinen Auftrag für ihn gibt. Mit dieser Frage drücken Sie ihm gegenüber Interesse und Verbindlichkeit aus und hinterlassen den Coach mit einer wertschätzenden Kontakterfahrung. Sie können sicher sein, dass der Coach nichts erbitten wird, was zu einem systemischen Ungleichgewicht in der Beziehung führen würde und gleichzeitig mobilisieren Sie in ihm den Wunsch, auch etwas für Sie zu tun.

Macht es Sinn, eine Agentur mit der Suche nach passenden Coaches zu beauftragen?

Es gibt derzeit ein paar seriöse Agenturen, mit denen es sicher lohnt, Kontakt aufzunehmen. Das Problem bei reinen Vermittlungsagenturen und Datenportalen ist allerdings, dass sie vom Massengeschäft leben. Dementsprechend führen diese Anbieter viele Coaches in ihren Datenbanken, die keinen gehobenen Qualitätsanforderungen entsprechen, was die Suche über sie eher mühsam macht. Leichter ist es, sich an Anbieter zu wenden, von denen man bereits weiß, dass sie gehobenen Qualitätsanforderungen gerecht werden. Solche Anbieter pflegen in der Regel Kontakt mit anderen Anbietern ihrer Klasse und sprechen gern Empfehlungen aus, weil sie auf diese Weise das Coachingniveau im Unternehmen anheben und sich selbst ein gutes Arbeitsumfeld organisieren können.

Haben Sie Erfahrung damit, wie es im Markt ankommt, wenn wir uns als Unternehmen outen, in dem das Coaching von Führungskräften eine so große Rolle spielt, dass wir darüber im Außen Mitteilung machen?

Ja. Wenn Sie diese Mitteilungen gut aufbereiten, können Sie sie als Marketingmaßnahme für ihr Unternehmen nutzen. Zum Beispiel auch, um hochwertige Fachkräfte auf das Unternehmen aufmerksam zu machen, sich als Unternehmen zu zeigen, in dem verstanden wurde, dass die Fragen der Zukunftssicherung nicht mit dem Know-how von gestern gelöst werden u. v. m. Jeder weiß, dass die Digitalisierung nur gelingt, wenn auf dem Weg dahin in die Entwicklung der Menschen im Unternehmen investiert wird.

8.8   Checkliste Kap. 8: Sogwirkung erzeugen

Machen Sie sich für einen Moment zum Coach und reflektieren Sie die folgenden Punkte:

- Wie respektvoll/gewinnend würde ich die Kontaktaufnahme durch das Unternehmen empfinden?
- Würden Rahmenbedingungen und Inhalte im Kennenlerngespräch mir ein Gefühl von Austausch auf Augenhöhe vermitteln?
- Welcher Eindruck in Bezug auf Verbindlichkeit (im Sinne von zeitnahen Einsätzen im Unternehmen) würde bei mir entstehen?
- Würde die Qualität der administrativen Abläufe mich dazu einladen, anderen positiv darüber zu berichten?
- Wie wertschätzend würde mir die Beendigung der Zusammenarbeit in Erinnerung bleiben?
- Würde die Außendarstellung des Unternehmens in Bezug auf Coaching mein Interesse wecken, für dieses Unternehmen als Coach tätig zu werden?

Die Ergebnisse Ihrer Überlegungen werden Ihnen wichtige Hinweise geben, an welchen Stellen Sie die Sogwirkung Ihres Unternehmens auf gute Coaches noch erhöhen könnten.

Teil III – Coaching im Unternehmen gut organisieren

Kapitel 9   Die Kontaktanbahnung – 97
              Britt A. Wrede, Karin Wiesenthal

Kapitel 10   Eine gute Beziehung zum Coach pflegen – 105
              Britt A. Wrede, Karin Wiesenthal

Kapitel 11   Reklamationen kompetent handhaben – 115
              Britt A. Wrede, Karin Wiesenthal

Kapitel 12   Evaluation von Coaching – 125
              Britt A. Wrede, Karin Wiesenthal

Während es in den beiden ersten Abschnitten vorrangig darum ging aufzuzeigen, was es mit Coaching auf sich hat und unter welchen Rahmenbedingungen sich das im Coaching angelegte Potenzial besonders gut entfalten kann, soll es in diesem Abschnitt um eine ganz konkrete Anleitung zur Organisation des Coachingangebots gehen, um alle wichtigen Fragen, die sich im Spannungsbogen zwischen der Kontaktanbahnung von Coach und Coachingnutzer am Anfang und einer sinnvollen Evaluation am Ende der Coachings ergeben. Elegant und gelungen ist es, wenn zu allen erfolgsrelevanten Fragen eine integrative Vorgehensweise gefunden wird, in der die unterschiedlichen Interessen berücksichtigt sind und zugunsten einer optimalen Coachingerfahrung entschieden werden.

Betrachtet man den Spannungsbogen zwischen dem ersten Kontakt von Coach und Coachingnutzer, bis hin zur abschließenden Einschätzung der Wirksamkeit der abgerufenen Coachings, ergeben sich die in ◘ Abb. III.1 dargestellten Themenfelder, für die es eine gute Handhabe braucht, damit Coaching sich als wirkungsstarkes Instrument zur Unternehmensentwicklung entfalten kann.

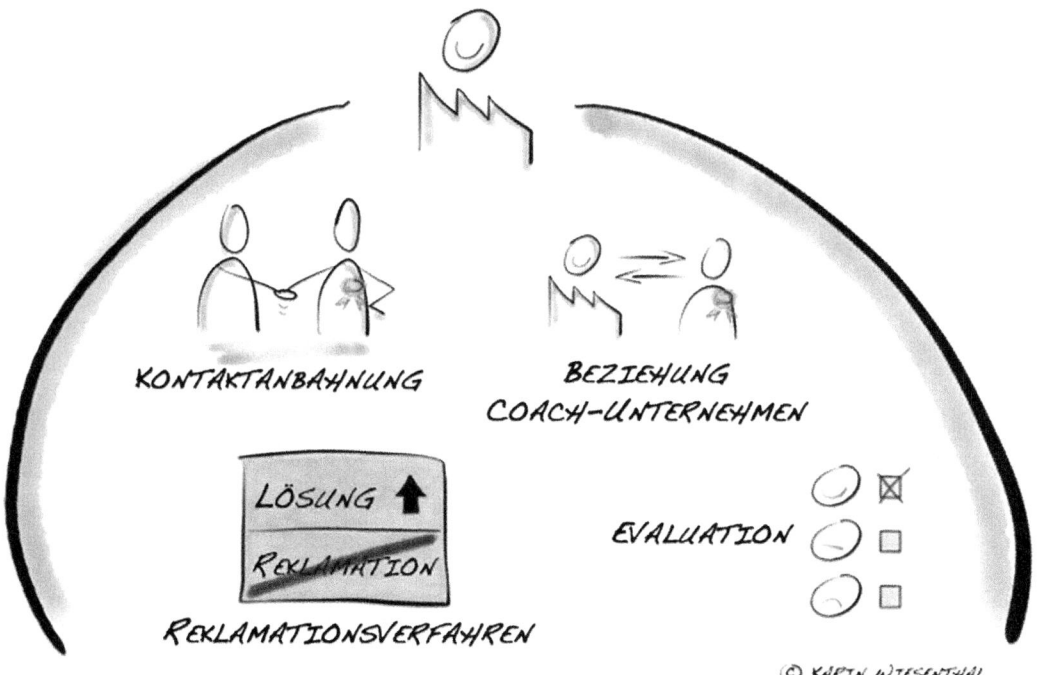

◘ **Abb. III.1** Coaching im Unternehmen gut organisieren. (Mit freundlicher Genehmigung von © Britt A. Wrede, Karin Wiesenthal 2018. Alle Rechte vorbehalten)

Die Kontaktanbahnung

Britt A. Wrede, Karin Wiesenthal

9.1   Die Personalentwicklung als professioneller
        Servicegeber bei der Kontaktanbahnung – 99

9.2   Freiheit in der Coachingvereinbarung – 100

9.3   Fragen aus der Praxis – 101

9.4   Checkliste Kap. 9 – Mitwirkungsinteresse
        des Personalbereiches vs. Interesse des Coachingnutzers
        nach größtmöglicher Vertraulichkeit – 103

© Springer-Verlag GmbH Deutschland, ein Teil von Springer Nature 2018
B.A. Wrede, K. Wiesenthal, *Coaching für Industrie 4.0*, https://doi.org/10.1007/978-3-662-56394-6_9

Zusammenfassung

Tritt die Personalentwicklung im Zusammenhang mit der Kontaktanbahnung zwischen Coach und Coachingnutzer mit professioneller Zurückhaltung in Erscheinung, stützt das ihr Image als seriöser Partner in Fragen der Personalentwicklung. Das bringt sie längerfristig auch auf gehobener Führungsebene als Partner für andere Entwicklungsfragen ins Gespräch und trägt dem Ansehen des Unternehmens bei anspruchsvollen Anbietern zu. Zu einer guten Organisation von Coaching in Unternehmen gehört eine Beziehung auf Augenhöhe zu den internen Kunden, ebenso wie zum Coachinganbieter und zur Unternehmensleitung, in deren Namen die Personalentwicklung als Vermittler tätig wird. Manchmal bedarf es einer Fürsorgehaltung, wenn diese vom Coachingnutzer abgefragt wird. In den meisten Fällen jedoch ist die Haltung eines reinen Vermittlers gefragt, der die Kontaktanbahnung zwischen Coach und Coachingnutzer organisiert, ohne sich in die Inhalte einzumischen. Und es braucht die Selbstverständlichkeit, sich nach der Kontaktanbahnung zurückzuziehen und darauf zu vertrauen, dass die beiden Hauptprotagonisten ohne weitere Einmischung zurechtkommen. Hilfreich ist es, wenn die Personalentwicklung in Rufbereitschaft bleibt, für den Fall, dass eine weitere Unterstützung angefragt wird.

Wie auch immer es dazu gekommen sein mag, irgendwann im Verfahren tritt der Moment ein, in dem Coach und Coachingnutzer sich darüber verständigen, ob sie die Zusammenarbeit aufnehmen wollen, welchen Inhalt das Coaching haben und mit welchem Ziel der Dialog geführt werden soll.

Hat sich das Unternehmen für ein Coachingmodell entschieden, in dem die größtmögliche Autonomie vorgesehen ist, werden an diesem ersten Kontakt nur der Coach und der Coachingnutzer teilnehmen (◘ Abb. 9.1).

Anders dagegen, wenn sich das Unternehmen für ein Coachingmodell entschieden hat, in dem die Personalentwicklung mit der Betreuung des Coachingangebots inklusive der Auftragsorganisation betraut ist. In dem Fall stellt sich die Frage, welche Aufgabe die Perso-

KONTAKTANBAHNUNG

◘ **Abb. 9.1** Die Kontaktanbahnung. (Mit freundlicher Genehmigung von © Britt A. Wrede, Karin Wiesenthal 2018. Alle Rechte vorbehalten)

nalentwicklung im Sinne einer guten Coachingerfahrung im Stadium der Anbahnung einer Coachingbeziehung übernehmen kann. Und was sie während eines laufenden Coachings Unterstützendes einbringen kann.

9.1 Die Personalentwicklung als professioneller Servicegeber bei der Kontaktanbahnung

Folgt man dem Grundsatz international anerkannter Standards für professionelles Coaching, der besagt, dass der Coachingnutzer die Themenhoheit innehat, dann ist davon auszugehen, dass die Personalentwicklung die inhaltliche Ausgestaltung der Coachingdialoge nicht beeinflussen kann. Ebensowenig wie ein anderer, außenstehender Dritter, z. B. die Führungskraft des Coachingnutzers, Einfluss auf den Inhalt des Coachings nehmen kann. Ein Coach wird jeden anders motivierten Versuch höflich zur Kenntnis nehmen, sich aber nicht darauf einlassen. Für ihn ist der vom Coachingnutzer eingebrachte Themenkatalog abschließend und verbindlich. Und folgt man dem ebenfalls international als Standards für professionelles Coaching anerkannten Grundsatz, der dem Coach die Prozesshoheit zuspricht, dann können weder Personalentwicklung, noch andere außenstehende Dritte Einfluss auf die Prozessgestaltung nehmen.

Wenn nun aber weder Inhalt noch Prozess Themen für ein Gespräch mit der Personalentwicklung oder der Führungskraft des Coachingnutzers sind, bleibt für die Personalentwicklung noch die Aufgabe der gegenseitigen Vorstellung.

Einen ruhigen Sitzungsraum vorzubereiten, den Coach in Empfang zu nehmen, den Coachingnutzer bei Eintreffen des Coaches im Haus zu informieren, beide einander kurz vorzustellen und sich noch mal ausdrücklich zur gewünschten Verschwiegenheit, wie sie im Coachingmodell formuliert wurde, mitzuteilen, um dann beide miteinander allein zu lassen, wenn „das Eis zu schmelzen beginnt", ist das Beste, was die Personalentwicklung in der Kontaktanbahnungsphase tun kann.

Übernimmt die Personalentwicklung die Aufgabe der gegenseitigen persönlichen Vorstellung in der hier beschriebenen oder in ähnlicher Weise, dann demonstriert sie damit deutlich, dass sie dem Coaching einen hohen Stellenwert einräumt und sie davon ausgeht, dass sich hier zwei anspruchsvolle Menschen zu einem anspruchsvollen Dialog treffen und sie selbst als Servicegeber hinter den Interessen ihrer Kunden zurücktritt. Mit einem solchen Vorgehen arbeitet die Personalentwicklung gleichzeitig an ihrem Image als professioneller Servicegeber, was sich wiederum positiv auf die Coachingqualität auswirken wird.

Zurückgenommenheit als Zeichen einer professionellen Dienstleistung

9.2 Freiheit in der Coachingvereinbarung

In dem ersten persönlichen Gespräch zwischen Coach und Coachingnutzer tauschen sich beide darüber aus, zu welchem Inhalt, mit welchem Ziel und in welcher Form das Coaching stattfinden soll. Der Coach nutzt diese Gelegenheit, eine erste Coachingintervention zu platzieren und den Coachingnutzer ein erstes Wagnis eingehen zu lassen. So können beide prüfen, ob sie eine Ebene der Zusammenarbeit finden, die verspricht, auf gute Weise hilfreich für den Coachingnutzer zu sein.

Zum Abschluss des Gesprächs treffen beide eine Vereinbarung, die besagt, dass der Coach dem Coachingnutzer ein konkretes Angebot für die Zusammenarbeit zukommen lässt, was dieser – wenn er es denn annehmen möchte – zur Unterzeichnung an die Personalentwicklung weiterleitet. In dem Angebot wird eine Annahmefrist enthalten sein, die der Coachingnutzer einfach verstreichen lassen kann, wenn er das Angebot nicht annehmen möchte, ohne sich dem Coach gegenüber diesbezüglich weiter erklären zu wollen.

Die Praxis, wie sie in vielen Unternehmen heute gang und gäbe ist, sieht oft ein anderes Vorgehen vor. Insbesondere die Abkürzung des Vertragswegs dergestalt, dass der Coach sein Angebot direkt an die Personalentwicklung schickt, ist weit verbreitet und wird nur selten hinterfragt. Das mag der Besonderheit des Vertragswesens geschuldet sein, wird aber einer sich anbahnenden Coachingbeziehung nicht gerecht, in der dem Vertrauen und der Verschwiegenheit des Coaches große Bedeutung zukommen.

Die Rolle der Personalentwicklung im Vertrag zugunsten Dritter verstehen und ausfüllen können

Bei dem Vertrag, der zwischen dem Coach und dem beauftragenden Unternehmen geschlossen wird, handelt es sich um einen unechten Vertrag zugunsten Dritter gemäß §§ 611, 328 BGB. Auftraggeber ist das Unternehmen, vertreten durch die Personalentwicklung. Leistungsempfänger ist der Coachingnutzer, dem aber keinerlei Regressansprüche zufallen. Und so liegt es nahe, jedenfalls wenn man nicht weiter über die Besonderheiten der Dienstleitung Coaching reflektiert und darüber, welche besondere Mitwirkung dem Coachingnutzer bei der Annahme der Leistung zukommt, auf die Idee zu verfallen, dass die vertragliche Ausgestaltung zwischen Personalentwicklung und Coach zu erfolgen hat. Und dann kommt man gern auch zu dem Schluss, dass der Coach sein Angebot der Personalentwicklung zu übergeben hat.

Kompromisslose Verschwiegenheit schon in der Vertragsanbahnung

Wäre da nicht der Aspekt der kompromisslosen Verschwiegenheit, die sich der Coach gegenüber jedem Dritten einzuhalten verpflichtet sieht. Und diese Verpflichtung zur Verschwiegenheit greift bereits im Stadium der Vertragsanbahnung. Vom ersten Moment an obliegt ihm die Sorge dafür, dass nichts, was zwischen ihm und dem Coachingnutzer besprochen wird, durch ihn an die Personalentwicklung weitergereicht wird. In dem Vertragsangebot sind Informationen enthalten, die Aufschluss über das erste Gespräch zwischen Coach und Coachingnutzer geben und Interpretationen über das Coachinganliegen auslösen können. Dementsprechend muss es dem Coachingnutzer selbst überlassen sein, darüber zu entscheiden, welche Formulierungen er bevorzugt und welchen Interpretationsspielraum er eröffnet sehen möchte.

Die Praxis zeigt, dass es zu dieser Frage ganz unterschiedliche Empfindlichkeiten gibt, die im Sinne einer gesicherten Vertrauensbasis zwischen Coach und Coachingnutzer berücksichtigt werden wollen. So kann es sein, dass der Coachingnutzer den Coach bittet, sich im Angebot so vage wie möglich auszudrücken, während es daneben gern eine anderslautende konkrete Themen- und Zielvereinbarung zwischen ihm und dem Coach geben darf, an die er beide gebunden wissen will.

Insofern sollte man den Vertrag als einen unechten Vertrag zugunsten Dritter behandeln, mit der Besonderheit, dass die Vereinbarung über die Art und Weise der Leistungsannahme allein den Parteien überlassen wird, zwischen denen die Leistungserbringung faktisch stattfinden wird. Hierbei ist der Coach der Lieferant und der Coachingnutzer der Leistungsempfänger. Auch hier kann die Personalentwicklung sich als professioneller Servicegeber in Szene setzen, indem sie die vage gehaltenen Formulierungen im Angebot nicht hinterfragt, sondern durch Akzeptanz zeigt, dass sie darauf vertraut, dass Coach und Coachingnutzer miteinander eine Vereinbarung getroffen haben, die dem Coachingleitsatz des Unternehmens gerecht wird.

Fazit

Tritt die Personalentwicklung im Zusammenhang mit der Kontaktanbahnung zwischen Coach und Coachingnutzer mit professioneller Zurückhaltung in Erscheinung, stützt das ihr Image als seriöser Partner in Fragen der Personalentwicklung. Das bringt sie längerfristig auch auf gehobener Führungsebene als Partner für andere Entwicklungsfragen ins Gespräch und trägt dem Ansehen des Unternehmens bei anspruchsvollen Anbietern zu.

9.3   Fragen aus der Praxis

Wie kann man sicherstellen, dass die Führungskräfte mit dem Coach nicht Coachinginhalte vereinbaren, die dem Unternehmen nicht zuträglich sind?
Gegenfrage: Welche Coachinginhalte könnten denn verabredet werden, die dem Unternehmen nicht zuträglich sind? Birgt nicht jede Entwicklung, um die sich eine Führungskraft bemüht, das Potenzial in sich, dass sie sich nützlich für das Unternehmen auswirkt? Selbst wenn der Coachingnutzer das Coaching für ganz private Themen nutzen möchte, wird sich die Bewältigung seiner persönlichen Themen vermutlich vorteilhaft auf seine Leistung oder seine Performance im Unternehmen auswirken. Und mal von dem ganz entfernten Anliegen ausgehend, dass der Coachingnutzer sein Verhältnis zum Unterneh-

men klären möchte beziehungsweise er die Stärkung in einem Vorgehen anstrebt, das sich nicht mit der gelebten Unternehmenskultur deckt, ist davon auszugehen, dass er geklärt und entschieden aus dem Coaching hervorgehen wird.

In einem guten Coaching wird sich der Coachingnutzer immer auch eine seriöse Handhabung der divergierenden Interessen erarbeiten, die sich in Übereinstimmung mit dem Unternehmen bewegt, sodass man davon ausgehen kann, dass dem Unternehmen vielleicht der kurzfristige Verlust einer Arbeitskraft ins Haus steht, gleichzeitig aber auch eine Tür zu einer Lösung geöffnet wird, die dem Unternehmen langfristig mehr nützt, als der Erhalt des Status quo. Und der Fall, dass der Coachingnutzer das Coaching dafür nutzen könnte, eine als nicht integer anzusehende Lösung für einen Konflikt zu erarbeiten, den er mit dem Unternehmen hat, ist ein rein hypothetischer Fall. Auch wenn der Coach sich nicht als Moralapostel aufspielen würde, würde er doch so ein Anliegen nutzen, um herauszuschälen, von welchen begrenzenden Annahmen sich der Coachingnutzer gefangen sieht, wenn er in einem nicht integren Vorgehen den einzigen Ausweg sieht.

Wenn die Personalentwicklung nichts von den Coachinginhalten weiß und auch der Vorgesetzte des Coachingnutzers keinen Einfluss darauf nehmen kann, warum soll das Coaching dann überhaupt über das Unternehmen organisiert werden?
Gute Frage. Wir Coaches fragen uns und die Coachingnutzer auch immer wieder, woran es liegt, dass Führungskräfte mit einem ganz ansehnlichen Einkommen sich ihr Coaching lieber über das Unternehmen organisieren lassen als es selbst in die Hand zu nehmen. Die Antwort, die am häufigsten gegeben wird, ist, dass man nicht wisse, wie man einen seriösen Coach am Markt finden könne und wie man es hinbekomme, dass sich das Ergebnis des Coachings dann auch gut wieder ins Unternehmen integrieren ließe. Und erst an ganz untergeordneter Stelle werden die Kosten genannt.

Das bedeutet, dass der Personalentwicklung eine Selektionskompetenz zugesprochen wird, auf die sich die Führungskräfte gern verlassen mögen!

Bei uns im Unternehmen geht es ja eher hemdsärmelig zu. Wenn ich mir daneben einen Coach vorstelle, frage ich mich, ob solche Typen wirklich in unser Unternehmen passen?
Dazu möchte ich gern mit einer Geschichte antworten. Wir haben vor nicht langer Zeit das Coaching für ein Leitungsgremium eines Unternehmens der Stahlindustrie organisiert. In den Vorabinterviews wurde durchgehend der Wunsch formuliert, einen Coachpool zusammenzustellen, in dem gestandene männliche Anbieter gelistet seien, die einerseits mit den Gegebenheiten des Stahlmarktes vertraut und andererseits erfahren im Umgang mit Ingenieuren sein sollten. Gehört haben wir, dass im Unternehmen – insbesondere auf der Führungsebene, für die das Coaching organisiert werden sollte – die weibliche

Komponente fehlte. Ohne die Weiterentwicklung rezeptiver und integrativer Fähigkeiten, so wollte uns scheinen, würde sich das Unternehmen langfristig auf „Aus-Kurs" manövrieren. So haben wir einen Pool zusammengestellt, dem auch Frauen angehörten, die in den „eher weicheren Themen" stark sind. Und was passierte? Die Frauen waren schneller ausgebucht, als wir erwartet hatten, während die männlichen Anbieter, die der Vorgabe aus den Interviews entsprachen, auf ihre Beauftragung lange warten mussten. Manchmal ist eben einfach passgenau, was komplett unpassend scheint.

Wie lässt sich das mit der kompromisslosen Verschwiegenheit denn in der Praxis gut regeln? Unser Einkauf verwaltet die Verträge und hat somit Einblick in die Vertragsinhalte.
Eine Möglichkeit wäre, einen Rahmenvertrag mit einem Anbieter abzuschließen, in dem beispielsweise jährlich ein bestimmtes Coachingkontingent zum freien Abruf vereinbart wird. In diesem Rahmenvertrag wird genau festgelegt, für welche Personengruppe im Unternehmen und zu welchen Konditionen das Coaching im Unternehmen bereitgestellt wird. Die Mitglieder der betreffenden Personengruppe, die vom Coaching profitieren sollen, erhalten sogenannte Coaching-Schecks, von denen sie dem Coach jeweils einen aushändigen, wenn sie eine Sitzung abrufen. Auf der Grundlage dieser Schecks rechnet der Coach mit dem Unternehmen die von ihm erbrachte Leistung vollkommen anonymisiert ab.

Die zwischen dem Coach und dem Coachingnutzer getroffene Abrede wird protokolliert und dem Coachingnutzer überlassen, sodass er selbst einen Beleg für die Sitzungserbringung in seinen Unterlagen hat. Und damit auch ex-post nicht auszumachen ist, wer wann wieviel Coaching in Anspruch genommen hat, werden den potenziellen Nutzern jährlich unaufgefordert neue Schecks zugestellt. Der Rahmenvertrag kann so gefasst sein, dass er nicht nur einen Coach betrifft, sondern dieser auch frei darin ist, andere Anbieter als Unterbeauftragte in den Vertrag mit aufzunehmen, sodass gesichert ist, dass für jede Coachinganfrage ein passender Anbieter tätig werden kann, ohne dass jeweils ein neues Vertragswerk fällig wird.

9.4 Checkliste Kap. 9 – Mitwirkungsinteresse des Personalbereiches vs. Interesse des Coachingnutzers nach größtmöglicher Vertraulichkeit

Das Spannungsfeld zwischen Kontrollinteresse des Unternehmens, das in der Regel vom Personalbereich wahrgenommen wird, und dem Interesse des Coachingnutzers nach größtmöglicher Vertraulichkeit lässt sich am ehesten auflösen, wenn die Kontrollinteressen zugunsten von Vertrauen zurückgefahren werden können.

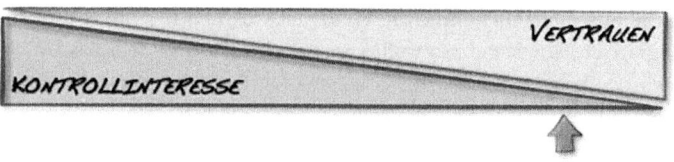

Prüfen Sie, wie in Ihrem Unternehmen ein Verfahren gefunden werden kann, das den Pfeil möglichst weit in das rechte Drittel bringt. Klären Sie hierzu die folgenden Fragen:

- Welche Kontrollen sind wirklich erforderlich?
- Woraus ergibt sich die Wichtigkeit einer Kontrolle?
- Sind die Gründe für eine Kontrolle aus dem Wunsch motiviert, die Coachingqualität zu steigern?
- Was müsste passieren, um an den Stellen auf Vertrauensbasis zu agieren, an denen heute kontrolliert wird?

Eine gute Beziehung zum Coach pflegen

Britt A. Wrede, Karin Wiesenthal

10.1   Den Coach mit allen wichtigen
         Informationen versorgen – 107

10.2   Den Kontakt ruhen lassen – 108

10.3   Die Kontaktpunkte wertig und im Interesse
         des Coaches managen – 109

10.4   Den Coach einladen und weiterempfehlen – 110

10.5   Fragen aus der Praxis – 111

10.6   Checkliste Kap. 10: Beziehungspflege
         Personalentwicklung – Coach – 112

© Springer-Verlag GmbH Deutschland, ein Teil von Springer Nature 2018
B.A. Wrede, K. Wiesenthal, *Coaching für Industrie 4.0*, https://doi.org/10.1007/978-3-662-56394-6_10

Zusammenfassung

Wie weit ein Coach dabei geht, sich die Interessen des Unternehmens zu eigen zu machen, hängt ganz entscheidend von der gelebten Beziehungsqualität zwischen ihm und den Menschen im Unternehmen ab. Sein Beziehungsangebot ist rein professioneller Natur. Niemals wird er sich familiär mit einzelnen Personen im Unternehmen machen. Umso mehr bedarf es eines entsprechenden Beziehungsangebots vonseiten der für das Coaching zuständigen Personen im Unternehmen. Jedenfalls dann, wenn das Unternehmen in den Vorzug kommen will, auch von den Themen zu erfahren, die sich dem Coach als mögliche Entwicklungsfelder des Unternehmens als Ganzes während der von ihm durchgeführten Coachings gezeigt haben. Auch das ist im Coaching als Potenzial angelegt, wenn mehr als ein Coaching im Unternehmen durchgeführt wird. Tauchen Themen vermehrt auf, die sich als Leistungs- und Performancehindernisse bei mehr als einer Führungskraft darstellen, dann kann es sinnvoll sein, das System, das dieses Hindernis hervorbringt, genauer zu beleuchten. Ein Coach kann einen entsprechenden Hinweis geben, wenn er sicher sein kann, dass dieser professionell und im Sinne der vereinbarten Verschwiegenheit aufgenommen wird und zur Unternehmensentwicklung genutzt wird. Und er wird diesen Hinweis nur geben, wenn das Beziehungsgefüge tragfähig ist.

Mit Blick auf die gute Beziehung zwischen Coach und Unternehmen, sollte an allen Berührungspunkten mit dem Coach ein Dialog auf Augenhöhe (◘ Abb. 10.1) und ein verbindliches Verhalten gepflegt werden, vergleichbar mit einem förderlichen Nahtstellenmanagement, wenn man sichergehen will, dass es an einer Nahtstelle zwischen zwei Hoheitsgebieten nicht zu unnötigen Verlusten kommt. Und neben der Beziehungspflege an den typischen Kontaktpunkten ist Beziehungspflege auch auf weniger persönlichem Weg möglich, in dem man den Coach zu Veranstaltungen einlädt, bei denen das Unternehmen in Erscheinung tritt. Zu bedenken und gut zu managen sind insbesondere die in ◘ Abb. 10.2 dargestellten typischen Kontaktpunkte.

BEZIEHUNG
COACH–UNTERNEHMEN

◘ **Abb. 10.1** Beziehung Coach – Unternehmen. (Mit freundlicher Genehmigung von © Britt A. Wrede, Karin Wiesenthal 2018. Alle Rechte vorbehalten)

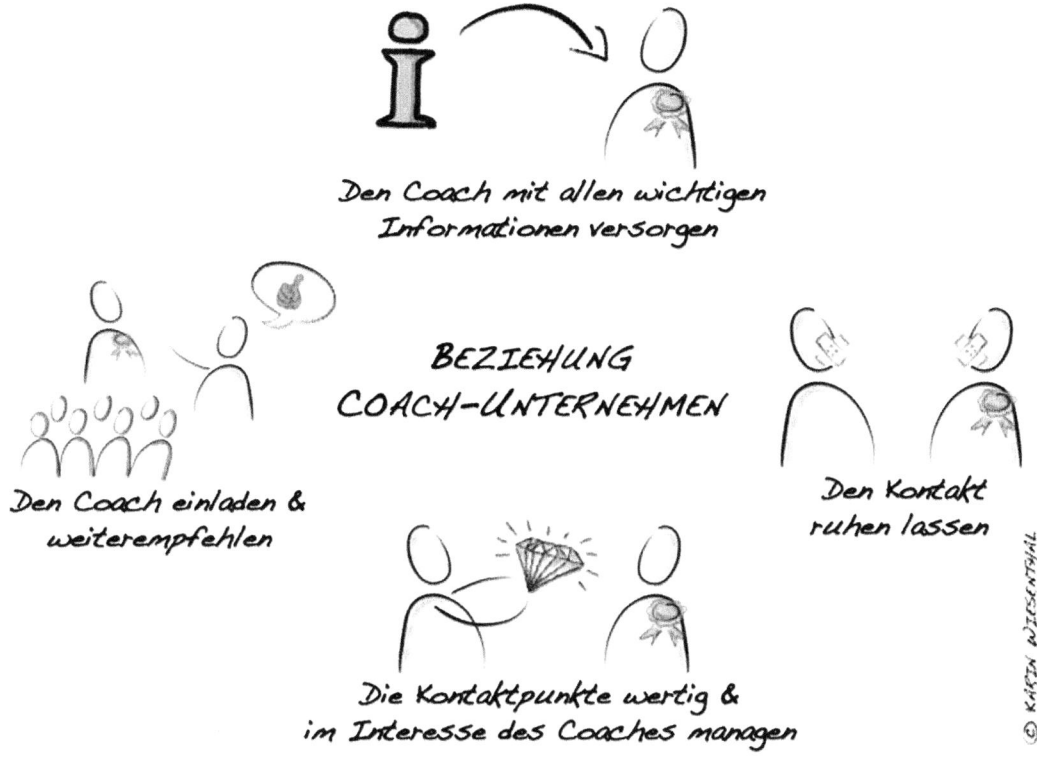

Den Coach mit allen wichtigen
Informationen versorgen

BEZIEHUNG
COACH-UNTERNEHMEN

Den Coach einladen &
weiterempfehlen

Den Kontakt
ruhen lassen

Die Kontaktpunkte wertig &
im Interesse des Coaches managen

© KARIN WIESENTHAL

❏ **Abb. 10.2** Typische Kontaktpunkte, die gut zu managen sind. (Mit freundlicher Genehmigung von © Britt A. Wrede, Karin Wiesenthal 2018. Alle Rechte vorbehalten)

10.1 Den Coach mit allen wichtigen Informationen versorgen

Die wohl wichtigsten Informationen für einen Coach sind die, welche im Coachingmodell enthalten sind. Insbesondere sagt ihm der Coachingleitsatz etwas darüber, welche Erwartungen das Unternehmen an das interne Coachingangebot knüpft. Auch ist es hilfreich für ihn zu erfahren, welches Ansehen die Personalentwicklung beziehungsweise seine Kontaktperson aus der Personalentwicklung bei den Führungskräften genießt, für die er sein Angebot bereitstellen soll. Und es ist hilfreich, wenn er etwas darüber erfährt, wie es dazu kam, dass das Unternehmen ihn als Coach angefragt hat.

Diese Informationen helfen dem Coach, die Erwartungen, die vonseiten des Unternehmens an seine Arbeit geknüpft werden, zu verstehen, um dann „sehenden Auges" seine vielleicht zu einem früheren Zeitpunkt bereits erklärte Bereitschaft zur Zusammenarbeit zu bestätigen oder wieder Abstand davon zu nehmen.

Im Zusammenhang mit der Personengruppe, für die das Coaching bereitgestellt werden soll, kann es hilfreich sein, wenn der Coach Einsicht in das Organigramm nehmen darf, um den systemischen Kontext

Informationen helfen dem Coach, den systemischen Kontext zu verstehen

erfassen zu können, in dem sein Coaching angeboten werden wird. Es macht einen Unterschied, ob ein Coaching im Unternehmen flächendeckend allen Führungskräften angeboten wird oder nur den Führungskräften eines bestimmten Unternehmensbereiches oder denen einer bereichsübergreifenden Führungsebene oder gar nur einer bestimmten Person. Zu jeder Variante wird es ein passendes Motiv und ein entsprechendes „Flurgespräch" im Unternehmen geben. Es kann hilfreich sein, wenn der Coach mit beidem annähernd vertraut ist. Ihn treibt die Frage, ob es etwas gibt, was er wissen sollte, weil es sich zu einem späteren Zeitpunkt auf das Coaching auswirken könnte. Den Coach interessiert alles, was seine Kontaktperson ihm mitteilen könnte, er aber nicht erfragen kann, weil er nicht weiß, was er nicht weiß. Die Praxis hat gezeigt, dass genau diese Frage – „Gibt es etwas, von dem ich nicht weiß, dass ich nicht weiß, was aber möglicherweise eine Wirkung auf den Coachingprozess haben könnte?" – manches ans Licht bringt, was er nicht hätte erfragen können.

So weiß seine Kontaktperson im Unternehmen eher davon, wenn z. B. von einem erfolgreich verlaufenden Coaching eine Beförderungsentscheidung abhängig gemacht wird. Oder wenn der Vorstand dazu neigt, ungeduldig zu werden, wenn die Erfolge aus dem Coaching für ihn nicht unmittelbar nach dem Coachingauftakt erkennbar werden. Auch weiß die Kontaktperson, wenn sie selbst das ganze Coachingmodell für schlecht befindet und nicht vorhat, sich nach den darin enthaltenen Leitgedanken zu verhalten. All das sind sogenannte Schattenthemen, die erst zum Vorschein kommen, wenn der Coach sich auf die Suche nach Informationen macht, die für den Coachingerfolg bedeutsam sein könnten, von denen aber niemand ihm gegenüber ungefragt Mitteilung machen würde. Und für den Coach macht es einen Unterschied, ob er von diesen Schattenthemen weiß oder nicht.

Fazit
Den Coach mit allen wichtigen Informationen zu versorgen, bevor sein Coachingangebot im Unternehmen zur Verfügung gestellt wird, ist eine einfache und sehr wirkungsvolle Möglichkeit der Beziehungsgestaltung. Aufrichtigkeit auch hinsichtlich möglicher Schattenthemen kann dem Coach helfen, sich besser auf den Kontext einzustellen, in dem sein Coaching angeboten wird. Und es kann helfen, einen möglichen Schatteneffekt zu neutralisieren, bevor er sich negativ auf das Coachingergebnis auswirkt.

10.2   Den Kontakt ruhen lassen

Kontaktenthaltsamkeit fördert das Vertrauen in die Einhaltung der Verschwiegenheit

Im Idealfall haben der Coach und seine Kontaktperson im Unternehmen während der laufenden Coachings keinen Dialogkontakt. Dies wird dem Coachingnutzer auch so mitgeteilt. Nur so kann sichergestellt werden, dass der Coachingnutzer sich hinsichtlich der Einhaltung der Verschwiegenheit ganz sicher sein kann. Und gleichzeitig gewährleistet diese Praxis, dass der Coach sich nicht bei einer ihm unverfänglich erscheinenden Frage „verplappert".

Es ist sehr förderlich für die Beziehung zwischen Coach und Unternehmen, wenn der Coach von niemandem im Unternehmen gebeten wird, von dieser Regel abzuweichen. Auch nicht zwecks Teilnahme an einem Round-Table-Gespräch, bei dem auch der Coachingnutzer eingeladen ist, in dem das Coaching zum Thema gemacht werden soll. Die Akzeptanz dieser Prämisse drückt einerseits Respekt bezüglich der Beziehung zum Coach aus. Und gleichzeitig hilft sie dem Coach dabei, sich die Akzeptanz aufseiten der Führungskräfte langfristig zu erhalten.

Fazit
Wenn man so will, beinhaltet eine gute Beziehungspflege auch einen Unterlassungspart, der von beiden Seiten eingehalten wird. Im Idealfall übernimmt die Personalentwicklung selbst Verantwortung dafür, dass sich dieses Vorgehen positiv auf die Verbindung zum Coach auswirkt, indem sie an allen Kontaktpunkten professionell und verbindlich den Interessen des Coaches entspricht.

10.3 Die Kontaktpunkte wertig und im Interesse des Coaches managen

Der Coach überlässt alle Gesprächskontakte, die sich im Anschluss an die Beauftragung mit der Personalentwicklung oder sonstigen Dritten im Unternehmen ergeben, dem Coachingnutzer. Im Sinne der Beziehungspflege ist es hilfreich, die Anliegen zeitnah und verbindlich zu beantworten, sodass der Coachingnutzer das Ergebnis ebenso zeitnah im Dialog mit seinem Coach weiterverarbeiten kann.

Es gibt aber einen Kontaktpunkt, den der Coach nicht an den Coachingnutzer überträgt und das betrifft den Vorgang der Honorarüberweisung. Es kann sein, dass vereinbart ist, dass der Coachingnutzer als Rechnungsadressat vereinbart wurde, weil er selbst die Korrektheit der Abrechnung zu bestätigen hat, bevor die Rechnung im Unternehmen zur Überweisung freigegeben werden kann. Aber selbst wenn dem so ist, wird das Honorar nicht an den Coachingnutzer überwiesen und von ihm an den Coach weitergeleitet, sondern es wird in der Regel direkt an den Coach überwiesen.

Im Sinne einer guten Beziehungspflege ohne unmittelbaren Kontakt des Coaches ins Unternehmen ist es, wenn es dem Coach überlassen bleibt, in welchen Intervallen er jeweils eine Teilrechnung vorlegt und das in der Rechnung genannte Zahlungsziel nicht überschritten wird. Dieses Vorgehen drückt einen angemessenen Respekt gegenüber der Tatsache aus, dass der Coach in Vorleistung gegangen ist und somit das Risiko einer ausbleibenden Gegenleistung in sein Geschäft geholt hat. Kommt es an dieser Stelle zu Unregelmäßigkeiten, ist er es, der in die Zwickmühle gerät. Er kann den Coachingnutzer nicht weiter

Schlecht gemanagte Kontaktpunkte in vertraglichen Angelegenheiten stören das Coaching

bedienen, obwohl dieser alles getan hat, um die Leistung in Empfang nehmen zu können und der Coach selbst sich auch verpflichtet sieht, dem Coachingnutzer einen angemessenen Coachingprozess zu bieten. Hier stößt der Coachingvertrag an die Grenzen des unechten Vertrags zugunsten Dritter. Faktisch hat der Coachingnutzer keinen Rechtsanspruch darauf, dass das Unternehmen seiner vertraglich geregelten Zahlungspflicht termingerecht nachkommt, eben so wenig, wie er einen Anspruch auf die Coachingleistung geltend machen kann, wenn der Coach sich aus der Coachingverbindung wegen einer Vertragsverletzung durch den Auftraggeber löst. Unter Berücksichtigung dieser Besonderheit des Vertragsverhältnisses ist es von Vorteil für die Beziehungspflege, wenn die Kontaktperson im Unternehmen es übernimmt, für die termingerechte Einhaltung aller Vereinbarungen zu sorgen und die Coachingbeziehung von allen denkbaren Unregelmäßigkeiten freizuhalten.

Fazit

Dem Coachingnutzer zeitnah alle seine Anliegen zu beantworten und dafür zu sorgen, dass der Coachingprozess selbst nicht durch Unregelmäßigkeiten in der Vertragsabwicklung gestört wird, ist eine Möglichkeit der Beziehungspflege zwischen Coach und Unternehmen, die sich positiv auf den Coachingprozess und dessen Ergebnis auswirkt. Darüber hinaus stellt es ein einfaches Mittel dar, über das sich das Unternehmen ein vorteilhaftes Image bei anspruchsvollen Coaches organisieren kann.

10.4   Den Coach einladen und weiterempfehlen

Der Coach interessiert sich für das Unternehmen, in dem er seine Dienstleistung anbietet. Er taucht meist gern gedanklich in das Universum seiner Auftraggeber und Coachingnutzer ein, um sich ein bisschen darin umzuschauen und Atmosphäre aufnehmen zu können. Und ein Coach interessiert sich für die Kolleginnen und Kollegen, die ebenfalls für das Unternehmen tätig sind.

Einladungen und Empfehlungen stärken Bindung, die sich positiv auf das Coaching auswirkt

Im Sinne einer kontinuierlichen Beziehungspflege könnte es hilfreich sein, den Coach zu öffentlichen Unternehmenspräsentationen einzuladen, wie z. B. zu einer Messe, einem Tag der offenen Tür, zu Fachvorträgen, auf Tagungen … Und ebenso unaufwendig und vorteilhaft für die Beziehung kann es sein, wenn die Coaches hin und wieder zu speziellen Coach- und Beraterevents ins Unternehmen eingeladen werden. Solche Events könnten z. B. eine spezielle Betriebsbesichtigung sein, oder Round-Table-Diskussionen, in denen man zu speziellen Entwicklungsfragen des Unternehmens miteinander im Dialog ist. Solche Veranstaltungen hätten den Vorteil, dass das Unternehmen selbst von den Gesprächsinhalten eines Fachdialogs auf hohem Niveau profitieren könnte, der sonst nirgend unentgeltlich zur Verfügung gestellt wird. Außerdem ergibt sich bei solchen Events die

Möglichkeit, den Coach mal in Interaktion mit seinen Kolleginnen und Kollegen und bei einer Betriebsführung auch in Interaktion mit Mitarbeitenden im Unternehmen zu erleben.

Jeder Coach mag gelebte Wertschätzung. Ausdruck einer solchen Wertschätzung ist die Empfehlung in andere Unternehmen. Kann der Coach wahrnehmen, dass solche Empfehlungen ausgesprochen wurden, wird er sich bemühen, dem neuen Interessenten gegenüber positiv über das empfehlende Unternehmen zu sprechen – selbstverständlich unter Einhaltung des Verschwiegenheitsgebotes – und er wird seine innere Selbstbindung gegenüber dem empfehlenden Unternehmen verstärken.

Fazit

Die hier beschriebenen Möglichkeiten der Beziehungspflege sind von Unternehmensseite mit geringem Aufwand zu leisten. Die Aktivitäten entsprechen im Aufwand denen, die einem Unternehmen, dem an einem guten Ansehen im Markt gelegen ist, ohnehin gut zu Gesicht stehen. Reagiert der Coach auf diese Beziehungspflege damit, dass er den Kontakt zum Unternehmen auch in den sozialen Netzwerken sichtbar werden lässt, dann hat sich das Unternehmen mit geringem Aufwand einen nach innen wie außen wirksamen Werbeträger organisiert, was wiederum die Coachingqualität befördert.

10.5   Fragen aus der Praxis

Entspricht es einer gängigen Praxis, mit einem Coach auch schon vor Vertragsschluss eine Vertraulichkeitsvereinbarung zu treffen?
Nein, leider nicht. Es würde manch ein Gespräch über die Interna eines Unternehmens erleichtern, wenn dem so wäre. Ich kann nur sagen, wenn es dem aufrichtigen, offenen Dialog dient, legen Sie zu Beginn des Gesprächs eine vorbereitete Vereinbarung vor. Jeder professionelle Coach wird sie gern unterschreiben und sich daran gebunden fühlen.

Wer könnte als Kontaktperson in Frage kommen, wenn es wie bei uns im Unternehmen keine Personalentwicklung gibt?
Es könnte die Person sein, die mit der Vertragsabwicklung beauftragt ist. Auch wenn diese bezüglich Coaching wenig Kompetenz besitzt, kann sie damit beauftragt werden, die Anliegen des Coachingnutzers an die richtige Stelle zu leiten oder selbst zu bedienen. Ebenso, wie sie Ansprechpartner für den Coach sein kann, wenn es zu Unregelmäßigkeiten in der Vertragsabwicklung kommt. Sollten mehrere Coachings gleichzeitig im Unternehmen abgerufen werden, kann es hilfreich sein, einen externen Anbieter mit der Organisation zu beauftragen, sodass sich auf beiden Seiten nur jeweils ein Gesprächspartner ergibt.

Den Coach als Werbeträger zu nutzen, scheint mir eine verwegene Idee. Gibt es dazu bereits Erfahrungen in der Praxis?

Selbstverständlich. Erfolgreiche Coaches haben Kontakte in viele Unternehmen mit ähnlichen Kulturmerkmalen. Und weil sie aus der Motivation kommen, hilfreich zu sein, geben sie gern Informationen weiter, die zur Weiterleitung freigegeben sind. Auch gibt es unter Coachkolleginnen und -kollegen Empfehlungslisten, die ausgetauscht werden, über die meist nicht nur Erfahrungen im Zusammenhang mit dem Coaching selbst weitergereicht werden, sondern auch Informationen zu den Produkten und den Öffentlichkeitsaktivitäten von Unternehmen. Ich selbst habe von der Qualität mancher Markenprodukte erst dadurch erfahren, dass mir die Produkte in Unternehmen begegnet sind, in denen ich als Coach tätig war. Und so finden sich heute in meinem häuslichen und auch meinem beruflichen Umfeld einige Produkte wieder, auf die ich sonst nicht aufmerksam geworden wäre. Und gern empfehle ich diese Produkte meinen Kundinnen und Kunden und sonstigen Besuchern weiter, wenn ich darauf angesprochen werde. Und das umso lieber, wenn mich diese Produkte an eine gute Beziehung zum Unternehmen erinnern. Und wenn es sich bei den Besuchern um Führungskräfte des entsprechenden Unternehmens handelt, dann ist als Reaktion stets der Stolz auf das eigene Unternehmen eine den Coachingdialog befördernde Grundstimmung.

10.6   Checkliste Kap. 10: Beziehungspflege Personalentwicklung – Coach

Inwieweit nutzen Sie die nachfolgenden Möglichkeiten für eine gute Beziehungspflege zum Coach? Ihre Einschätzungen zu den Punkten werden Ihnen aufzeigen, hinsichtlich welcher Aspekte Sie die Beziehungspflege zwischen Unternehmen und Coach ggf. noch ausbauen könnten.

Wir versorgen den Coach mit allen wichtigen Informationen, bevor sein Coachingangebot im Unternehmen zur Verfügung stellen. Wir kommunizieren aufrichtig auch hinsichtlich möglicher Schattenthemen, um dem Coach zu helfen, sich besser auf den Kontext unseres Unternehmens einzustellen. So nehmen wir Einfluss auf das Coachingergebnis, indem wir helfen, einen möglichen Schatteneffekt rechtzeitig zu neutralisieren.

☐ regelmäßig ☐ hin & wieder ☐ (fast) nie

Wir nehmen absichtsvoll Einfluss auf die Gestaltung aller Kontaktpunkte, die sich aus der Verbindung zum Coach ergeben und sorgen dafür, dass sie professionell, verbindlich und im Interesse eines reibungslosen Coachingprozesses geregelt werden.

☐ regelmäßig ☐ hin & wieder ☐ (fast) nie

Im Vertrauen auf die gute Beziehung lassen wir den Kontakt – im Sinne der Einhaltung der Verschwiegenheit – ruhen.

☐ regelmäßig ☐ hin & wieder ☐ (fast) nie

Wir sind dem Coachingnutzer ein hilfreicher Ansprechpartner und versorgen ihn zeitnah mit den erforderlichen Informationen, sodass er diese ebenso zeitnah im Dialog mit seinem Coach weiterverarbeiten kann.

☐ regelmäßig ☐ hin & wieder ☐ (fast) nie

Wir nutzen das Coaching als ein einfaches Mittel, über das sich das Unternehmen ein vorteilhaftes Image bei anspruchsvollen Coaches organisieren kann.

☐ regelmäßig ☐ hin & wieder ☐ (fast) nie

Wir sehen die Coaches, die bei uns im Unternehmen tätig sind, als Partner an und laden sie zu öffentlichen Veranstaltungen ein, in denen sie sich Einblicke in die Unternehmenspraxis verschaffen können, wie z.B. zur Messe, einem Tag der offenen Tür, Fachvorträgen auf Tagungen.

☐ regelmäßig ☐ hin & wieder ☐ (fast) nie

Wir organisieren Dialogräume für die in unserem Unternehmen tätigen Coaches, in denen sich die Coaches miteinander bekannt machen können und wir Kenntnis erlangen über wiederkehrende Themen im Unternehmen, von denen wir nicht erfahren würden, wenn nicht Externe sie sehen würden.

☐ regelmäßig ☐ hin & wieder ☐ (fast) nie

Reklamationen kompetent handhaben

Britt A. Wrede, Karin Wiesenthal

11.1   Ein niedrigschwelliges, seriöses
        Reklamationsverfahren – 117

11.2   Regressansprüche gegenüber dem Coach – 119

11.3   Vorbeugen ist besser als heilen – 121

11.4   Fragen aus der Praxis – 122

11.5   Checkliste Kap. 11: Reklamationen
        kompetent handhaben – 123

© Springer-Verlag GmbH Deutschland, ein Teil von Springer Nature 2018
B.A. Wrede, K. Wiesenthal, *Coaching für Industrie 4.0*, https://doi.org/10.1007/978-3-662-56394-6_11

Zusammenfassung

Zu einem guten Coachingmodell gehört auch eine Reklamationsregelung. Diese sollte im Sinne einer guten Coachingerfahrung für die beiden Hauptprotagonisten ausfallen. Für den Coachingnutzer ist es wichtig, dass das vorgesehene Verfahren so niedrigschwellig ist, dass er im Falle eines gewünschten Rückzugs aus einer bereits begonnenen Coachingerfahrung schnell und ohne weitere Erklärung wieder aus dem Coachingkontakt austreten kann. Dieses Interesse des Coachingnutzers korrespondiert mit dem Interesse des Coaches, der dem ethischen Grundsatz verpflichtet ist, dass er das Coaching seinerseits vorzeitig zum Abschluss bringt, wenn er bemerkt, dass der Coachingnutzer nicht in der gewünschten Weise von dem Coaching profitiert. Enthält das Coachingmodell außerdem eindeutige Haftungsregelungen, die schnell und unbürokratisch abgewickelt werden können, hat das Unternehmen für den Fall, dass einer der beiden Protagonisten das Coaching vor Ablauf der vertraglich geregelten Laufzeit beenden möchte, eine gute Basis für einen Coachwechsel hin zu einer wünschenswerten Coachingerfahrung gelegt. Wird der Vorgang von der Personalentwicklung professionell gehandhabt, trägt dies gleichzeitig zum positiven Image der Personalentwicklung bei.

Werden vom Unternehmen nur Coaches beauftragt, die das Coachingmodell nachvollzogen und erklärt haben, den möglichen Coachingerwartungen gerecht werden zu können, ist es unwahrscheinlich, dass es zu Reklamationen wegen Schlechterfüllung kommt. Dennoch kommt es vor, dass der Coachingnutzer oder auch der Coach nach Arbeitsaufnahme feststellen, dass die Zusammenarbeit für den Coachingnutzer nicht in der gewünschten Weise hilfreich ist. In diesem Fall ist das Coaching sofort und ohne großen Aufwand für den Coachingnutzer zu beenden (◘ Abb. 11.1). Aufseiten des Coaches ergibt sich das Gebot zur Beendigung schon aus seinen Ethikstandards. So jedenfalls, wenn der Coach Mitglied in einem Dachverband ist, der sich auf die international anerkannten Standards für professionelles Coaching vereinbart hat. Dabei spielt es keine Rolle, worin die Tatsache begründet ist, dass der Coachingnutzer das Coaching als nicht erwartungsgemäß hilfreich erlebt. Der Coachingnutzer hat ein berechtigtes Interesse daran, dass er schnell und ohne Verlust aus dieser Arbeitsverbindung aussteigen kann. Und auch der Coach sollte nicht als verbrannt gelten, weil es

◘ Abb. 11.1 Reklamationsverfahren. (Mit freundlicher Genehmigung von © Britt A. Wrede, Karin Wiesenthal 2018. Alle Rechte vorbehalten)

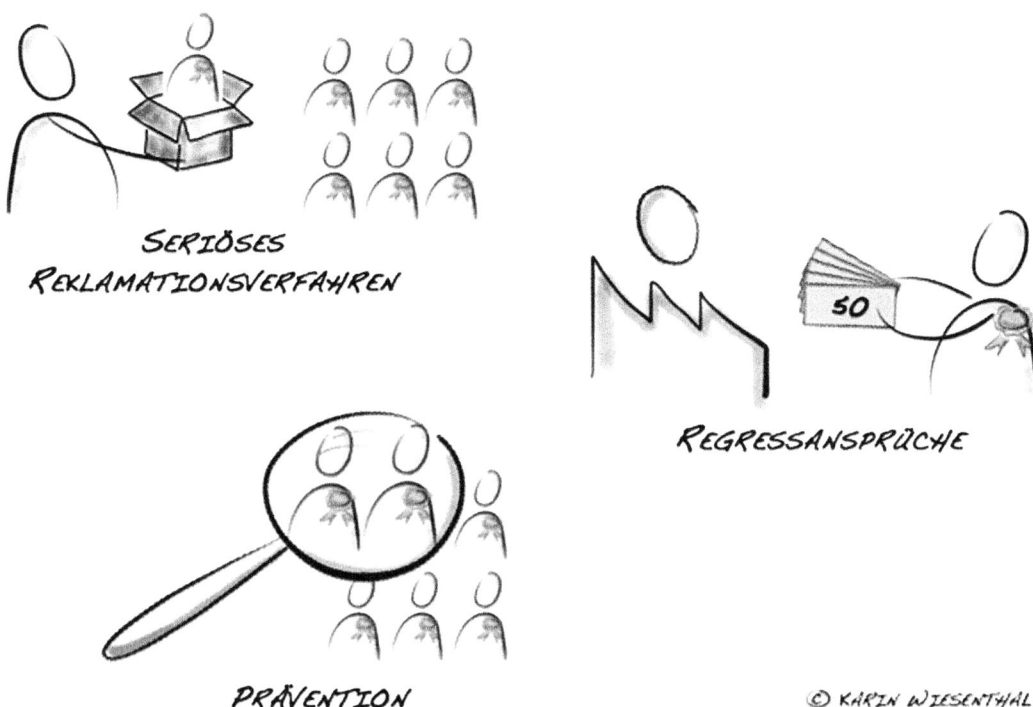

SERIÖSES
REKLAMATIONSVERFAHREN

REGRESSANSPRÜCHE

PRÄVENTION

© KARIN WIESENTHAL

☑ **Abb. 11.2** Aspekte einer kompetenten Reklamationshandhabung. (Mit freundlicher Genehmigung von © Britt A. Wrede, Karin Wiesenthal 2018. Alle Rechte vorbehalten)

zur vorzeitigen Auflösung einer Coachingbeziehung gekommen ist, ebenso wie dem Vermittler dieses Dialogs nicht Unprofessionalität bei der Anbahnung unterstellt werden sollte. Vielmehr könnte dieser Vorgang wie ein sehr professioneller Umgang mit divergierenden Interessen verstanden werden, wie sie in einem Dialog zwischen zwei fremden Menschen vorkommen können.

Ein kompetenter Umgang mit diesen Situationen stellt sicher, dass auch Reklamationen vom Coachingnutzer als wertig erfahren werden und erfordert die Berücksichtigung einiger Aspekte in der Handhabung (vgl. ☑ Abb. 11.2).

11.1 Ein niedrigschwelliges, seriöses Reklamationsverfahren

Niedrigschwellig ist ein Verfahren, wenn es ohne Mühe und ohne Verlierer zu produzieren anzuwenden ist und die Beteiligten danach so gestellt sind, als habe es diesen Reklamationsfall nicht gegeben. Seriös ist es, wenn es sich an der Maxime orientiert, dem Coachingnutzer zu einer hochwertigen Coachingerfahrung zu verhelfen. Eine Coachingerfahrung, die ihm den angestrebten Erkenntnis- und Einflusszuwachs zur Verfügung stellt. Ähnlich wie es beispielsweise bei

Das Retourverfahren von Online-einkäufen als Vorlage für ein kundenfreundliches Reklamationsverfahren

Onlineeinkäufen mittlerweile gang und gäbe ist. Niemand muss dem Lieferanten gegenüber erklären, warum er sich zur Rücksendung der gelieferten Ware entschieden hat. Der Käufer muss weder der Ware, noch dem Lieferanten einen Mangel anheften, noch muss er seine ursprünglich getroffene Wahl nachträglich zu einer falschen Entscheidung erklären. Alle Beteiligten bleiben frei von Makel, während der Kunde seine Freiheit nutzt, sich neu zu entscheiden. In Anlehnung an ein derart kundenfreundliches Reklamationsverfahren könnte man die Reklamation eines Coachingnutzers abwickeln.

Für den Fall, dass sich das Unternehmen für ein anonymes Buchungsverfahren entschieden hat, bei dem der Coachingnutzer den Coach beispielsweise über ein Portal ausgewählt hat, kann die Auflösung der Arbeitsbeziehung ohne großen Aufwand abgewickelt werden. Coachingnutzer und Coach vereinbaren, wie sie vorgehen wollen. Wenn das Prozedere abgeschlossen ist, wählt sich der Coachingnutzer einen anderen Coach aus dem Angebot aus, mit dem er sein Coachinganliegen weiterverfolgt. Da es zum Startprozedere eines professionellen Coaches gehört, dass er den Interessenten dazu befragt, ob er zu dem vorgestellten Coachinganliegen schon einmal ein Coaching in Anspruch genommen hat und mit welchem Ergebnis dieses Coaching abgeschlossen wurde, wird der Coachingnutzer in jedem Fall zur Reflexion des ersten Coachings angehalten, sodass die Gefahr eines „unproduktiven Coachinghoppings" nicht gegeben ist. Jedenfalls nicht ohne entsprechendes Bewusstsein aufseiten des Coachingnutzers. Selbst wenn ein Coachingnutzer mehrere Dialoge beginnt, die er nicht bis zum vereinbarten Abschlusstermin in Anspruch nimmt, kann man davon ausgehen, dass diese Art und Weise der Angebotsnutzung eine Ausnahme darstellt, die ein solides System vertragen kann.

Anders ist es, wenn die Personalentwicklung als Vermittler des Coachings in Erscheinung getreten ist und ein Coachwechsel nur über Einbeziehung der Personalentwicklung möglich ist. In dem Fall fällt die Aufgabe der Reklamationsabwicklung der Personalentwicklung zu. Sie muss die enttäuschten Erwartungen der beiden Hauptprotagonisten managen und den Coachingnutzer zu einem neuen Anlauf ermutigen und ihn in Kontakt mit einem anderen Anbieter bringen. Wenn man das Retourverfahren beim Onlineeinkauf als Vorlage nutzt, kann die Personalentwicklung einen guten Job machen, indem sie den Coachingnutzer ermutigt, es mit einem weiteren Coach zu versuchen, bis sich eine Coachingbeziehung ergibt, die seinen Erwartungen gerecht wird. Dafür muss die Personalentwicklung sich keine Informationen über den Grund der vorzeitigen Beendigung einer Coachingbeziehung einholen. Es muss nicht einmal über diese Coachingbeziehung gesprochen werden, jedenfalls nicht mehr, als dass der Coachingnutzer nicht fortsetzen möchte und wie der Coach darüber in Kenntnis gesetzt wird.

Den Coachingnutzer anzuhalten, die Beziehungsauflösung mit dem Coach selbst zu gestalten, stellt eine Intervention dar, die aus

Coachingnutzer zu neuem Anlauf ermutigen und schnellen Zugang zu einem anderen Coach ermöglichen

der Coachingperspektive sinnvoll scheinen mag. Selbst für die Auflösung der Beziehung aktiv zu werden, kann dem Coachingnutzer dabei helfen, sich einen wichtigen Erkenntniszuwachs mit neuem Handlungsfreiraum im Themenkomplex der Kommunikation unpopulärer Entscheidungen zu eröffnen. Deswegen wird diese Option bereits Teil der Vereinbarung, zwischen Coachingnutzer und Coach sein. Entscheidet sich der Coachingnutzer dennoch dafür, diesen Part an die Personalentwicklung zu übertragen, ist es eine zulässige Entscheidung, von dieser Coachingintervention keinen Gebrauch zu machen. In dem Fall ist es im Sinne der Maxime, den Coachingnutzer eine gute Coachingerfahrung machen zu lassen, wenn die Personalentwicklung es übernimmt, den Coach über das Ende der Coachingbeziehung in Kenntnis zu setzen.

Ist diese Frage zwischen Personalentwicklung und Coachingnutzer geklärt und hat der Coachingnutzer die Personalentwicklung beauftragt, ihm einen neuen Kontakt zu vermitteln, ist die Kontaktanbahnung mit einem anderen Coach das Beste, was die Personalentwicklung für den Coachingnutzer tun kann.

Die Praxis hat gezeigt, dass es für alle Beteiligten reibungslos verläuft, wenn sie bei Beginn eines Coachings Kenntnis darüber haben, wie ein Reklamationsverfahren abläuft. Insofern ist es eine gute Möglichkeit, wenn dem Themenfeld im Coachingmodell eine Passage zukommt.

> Das Reklamationsverfahren als einen Regelungspunkt im Coachingmodell aufnehmen

Hat das Unternehmen einen externen Anbieter mit dem Management von Coaching beauftragt, so wird dieser ein für die Nutzer niedrigschwelliges Reklamationsverfahren anbieten und dem Nutzer unaufwendig Zugang zu einem anderen Anbieter verschaffen. Ein solcher Anbieter wird die Nutzer in regelmäßigen Abständen um ein Feedback bitten. Ein Feedback, das ihm Informationen über einen möglichen Verbesserungsbedarf verschafft und sich sowohl auf das Coachingmodell, als auch auf die eingesetzten Coaches bezieht. Der Anbieter wird von sich aus aktiv und einen Coach aus dem Auftrag nehmen, bei dem es mehrfach zu einer vorzeitigen Beendigung des Coachings gekommen ist.

11.2 Regressansprüche gegenüber dem Coach

Der Dienstleistungsvertrag zwischen Coach und Unternehmen verpflichtet den Coach zur absoluten Geheimhaltung. Das betrifft alle Informationen, von denen er bezogen auf das Unternehmen und bezogen auf alle Menschen im Unternehmen durch seine Tätigkeit als Coach Kenntnis erlangt. Darüber hat er stets zu schweigen und sämtliche Daten so aufzubewahren, dass sie für keinen Dritten zugänglich sind. Im Vertrag mit dem Coach ist die Haftungssumme für einen Vertrauensschaden eindeutig geregelt, wenngleich beiden Parteien bewusst ist, dass damit nur grob fahrlässiges Verschulden und Vorsatz abzudecken sind. Denn die Ursächlichkeit im Zusammenhang mit

> Grobfahrlässig oder vorsätzlich herbeigeführter Vertrauensschaden

einem Vertrauensschaden bei leichter Fahrlässigkeit nachzuweisen, wird kaum möglich sein. Ein weiterer Missstand, der zu Haftungs-überlegungen Anlass gibt, ist der, dass eine Führungskraft, ermutigt durch das Coaching, eine Entscheidung trifft, die dem Unternehmen großen Schaden zufügt. Da im Coachingauftrag geregelt wird, dass der Coachingnutzer allzeit allein verantwortlich für die Ableitungen ist, die er aus seinem Erkenntniszuwachs für seinen Tätigkeitsbereich trifft, scheidet eine Haftung für solche Schäden von vornherein aus. Es sei denn, dass nachzuweisen ist, dass der Coachingnutzer sich in einem psychischen Ausnahmezustand befand, der seine Urteilsfähig-keit stark beeinträchtigte und die Gefahr von Fehlentscheidungen begünstigt haben könnte. Und wenn der Coach darum wusste, dass er allein von dieser psychischen Disposition Kenntnis hatte und er selbst eine eindeutige Entscheidungsempfehlung ausgesprochen hatte, könnte dies zur Begründung eines Schadensersatzanspruchs führen.

Ein solcher Fall würde in der aktuellen Rechtsprechung über eine analoge Anwendung des Therapeutengesetzes verhandelt. Bisher ist allerdings kein Urteil bekannt geworden, in dem der Coach auf-grund eines auf einer Fehlentscheidung basierenden Schadens zum Schadensersatz verpflichtet wurde. Es ist davon auszugehen, dass der Nachweis der Kausalität und der Garantenpflicht immer einen ganz erheblichen Aufwand darstellt, wenn man versucht, einen Coach für eine schadensursächliche Entscheidung des Coachingnutzers in An-spruch zu nehmen.

Haftung in Höhe des vertraglich geregelten zukünftigen Honorar-anspruchs

Was den Fall der vorzeitigen Beendigung eines Coachings betrifft, so ist eine übliche Regelung im Coachingvertrag die, dass der Coach mit seinem zukünftigen Honoraranspruch haftet. Er erhält also aus dem Vertrag nur die bereits erbrachten Leistungen honoriert und verliert darüber hinaus alle weiteren Zahlungsansprüche. Darüberhi-nausgehende Ansprüche werden in der Regel im Vertrag von vornhe-rein ausgeschlossen. Die Verschwiegenheitsverpflichtung, die mit dem Vertrag begründet wird, endet natürlich nicht mit der Beendigung der Coachings. Sie gilt unendlich fort.

Welcher Haftungsanspruch sich auch ergeben mag, es ist immer ein Anspruch den das Unternehmen dem Coach gegenüber geltend machen muss und nicht der Coachingnutzer. Wie bereits oben ausge-führt, handelt es sich beim Coachingvertrag um einen sogenannten unechten Vertrag zugunsten Dritter, aus dem der Dritte – hier der Coachingnutzer – keinen eigenen Rechtsanspruch ableiten kann. In-sofern obliegt die Geltendmachung allein dem Unternehmen, das sich der Personalentwicklungsverantwortlichen bedienen kann.

Neben diesen Coaching spezifischen Haftungsansprüchen finden natürlich auch alle gesetzlichen Regelungen der Haftung aus Vertrags-verletzung Anwendung.

Fazit

Regressansprüche gegenüber einem Coach unterliegen dem Hindernis der Beweislast und dem Nachweis einer Garantenpflicht gegenüber dem verletzten Rechtsgut. In jedem Fall obliegt die Geltendmachung des Ersatzanspruchs dem Unternehmen und nicht dem Coachingnutzer. Vertraglich zu regeln ist eine Haftung in Höhe des Honoraranspruchs bei vorzeitigem Ende des Coachings. Ebenfalls vertraglich zu regeln ist, dass der Coach eventuell verursachte Schäden über eine Berufshaftpflichtversicherung regulieren lassen kann und jedenfalls der Schaden, der von dieser Versicherung reguliert werden würde, ihm anzulasten ist.

11.3 Vorbeugen ist besser als heilen

Im Sinne der Maxime, nach der dem Coachingnutzer eine gute Coachingerfahrung zukommen soll, ist die Schadensregulierung immer nur eine Ersatzmaßnahme. Der Fokus sollte auf der Vorbeugung liegen, die darauf ausgerichtet ist, gute Erfahrungen hervorzubringen und unerwünschte Erfahrungen nicht entstehen zu lassen.

Um unerwünschten Coachingerfahrungen vorzubeugen, ist es hilfreich, bei der Coachauswahl große Sorgfalt walten zu lassen. Zum einen gilt es zu prüfen, ob die vom Unternehmen in Erwägung gezogenen Anbieter schlüssig darlegen können, dass sie willens und in der Lage sind, die vom Unternehmen formulierten Erwartungen an das Coaching zu erfüllen. Ein weiterer Schritt ist, sich im Markt über den Coach zu informieren. Zu welchen Themen ist der Coach, mit welchen Aussagen positiv oder negativ in Erscheinung getreten. Auch kann es hilfreich sein, sich bei „befreundeten" Unternehmen über einen Coach zu informieren. Einen Internetauftritt kompetent interpretieren zu können, ist ebenfalls sehr nützlich. Für ein Unternehmen, das mit der Einführung von Coaching noch ganz am Anfang steht, kann es in diesem Zusammenhang sehr nützlich sein, sich die Kompetenz eines erfahrenen Drittanbieters einzuholen. Einem erfahrenen Coach, der viele Jahre praktiziert, der mit den Gegebenheiten des Marktes vertraut ist, fällt es leicht, die Spreu vom Weizen zu unterscheiden und ohne großen Aufwand die Frage zu beantworten, ob ein Anbieter zum Coachingmodell und zu der Zielgruppe passt, für die das Coaching angeboten werden soll.

Daneben gibt es spezielle Agenturen, die Coaches in Unternehmen vermitteln. Gute Agenturen führen eine Liste von Anbietern, die als nicht empfehlenswert angesehen werden. Auch dort könnte man sich über einen Anbieter informieren. Mit wachsender eigener Erfahrung kann es nützlich sein, dass im Unternehmen selbst eine Liste von Coaches geführt wird, die im Unternehmen nicht empfohlen werden sollten, weil sie nicht zum Coachingmodell des Unternehmens passen.

„Trau, schau wem."

Fazit

Eine auf die Erwartung, die das Unternehmen an Coaching knüpft, ausgerichtete Sorgfalt bei der Coachauswahl walten zu lassen ist die beste Schadensprävention, die vonseiten des Unternehmens aufgebracht werden kann. Fehlt im Unternehmen eine auf Erfahrung basierende Unterscheidungskompetenz, ist es sinnvoll und nützlich, diese von außen einzuholen.

11.4 Fragen aus der Praxis

Wenn nicht über Reklamationen, wie komme ich dann zu einer „Nicht-Empfehlungsliste" von Coaches?
Der sicherste Weg ist, sich bei einem Coach des Vertrauens oder einem befreundeten Unternehmen über einen zweifelhaft scheinenden Anbieter zu informieren.

Ist Reklamation nicht vermeidbar, wenn die Personalentwicklung bei der Prüfung der Passung von Coachingnutzer und Coach seriös vorgegangen ist?
Letztlich ist es wohl auch bei sehr genauer Überprüfung im Vorfeld nicht auszuschließen, dass die beiden Hauptprotagonisten ein Störgefühl in der Zusammenarbeit empfinden. Die Treffsicherheit ist wohl vergleichbar mit der, die sich einstellt, wenn man den besten Freund und die beste Freundin zusammenführen will, weil man selbst das Potenzial dieser Verbindung für sehr erfüllend einschätzt. Und oft zeigt sich dann, dass die beiden nicht gewillt sind, dies ebenso zu erkennen. Da kommen Maßstäbe zur Anwendung, die in einer Weise persönlich sind, dass sie von einem außenstehenden Dritten nicht auszumachen sind.

Wie sieht es mit dem Regressanspruch aus, wenn das Honorar im Voraus entrichtet wurde?
Der Anspruch wird auch in dem Fall vertraglich geregelt sein. Allein die Durchsetzbarkeit des Anspruchs dürfte schwierig werden. Es kommt zu einer Umkehr der Beweislast, bei der der Nutzer nachweisen muss, dass der Coach die zugesagte Leistung nicht oder nicht in mittlerer Qualität und Güte erbracht hat, was immer dann schwierig wird, wenn der Coach seine Leistung zum vereinbarten Termin am vereinbarten Ort dargeboten hat, Rücktrittsgrund also die Coachingqualität ist.

Woran erkenne ich eine gute Coachagentur?
Eine gute Agentur erkennen Sie daran, dass sie sich vorab mit ihrem Unternehmen vertraut macht. Werden bei Kontaktaufnahme Fragen aufgeworfen über das Coachingmodell, die Zielgruppe des Coachingangebots und die „NoGos" im Zusammenhang mit Coaching in Ihrem Unternehmen, dann können Sie schon davon ausgehen, es mit einer Agentur zu tun zu haben, die einen seriösen Ansatz verfolgt. Im nächsten Schritt wäre es dann sicher hilfreich, das Angebot der Agentur anhand einiger Probeanfragen zu testen.

11.5　Checkliste Kap. 11: Reklamationen kompetent handhaben

Wenn Sie hinter jede der nachfolgenden Aussagen in Bezug auf Ihr Reklamationsverfahren einen Haken machen können, dann haben Sie gute Voraussetzungen geschaffen, dass mögliche Reklamationen kompetent gehandhabt werden und auch diese Situation vom Coachingnutzer als wertvolle Erfahrung erlebt wird.

Das Reklamationsverfahren ist im Coachingmodell beschrieben. ☐

Allen Beteiligten ist das Reklamationsverfahren und die dazu vorgesehenen Schritte im Vorfeld bekannt.

Das Reklamationsverfahren ist so angelegt, dass alle Beteiligten frei von Makel bleiben, während der Coachingnutzer seine Freiheit nutzt, sich neu zu entscheiden; dies schließt ein, dass der Coachingnutzer weder den bisherigen Coachingkontakten, noch dem Coach einen Mangel anheften muss, noch muss er seine ursprüngliche Wahl getroffene Wahl nachträglich zu einer falschen Entscheidung erklären. ☐

Die Reklamationsabläufe ermöglichen dem Coachingnutzer einen schnellen, unaufwendigen Zugang zu einem anderen Coach. ☐

Dort wo die Reklamationsabwicklung der Personalentwicklung zufällt, ermutigt diese den Coachingnutzer, es mit einem weiteren Coach zu versuchen, bis sich eine Coachingbeziehung ergibt, die seinen Erwartungen gerecht wird, ohne dass sich der Coachingnutzer zu der vorzeitigen Beendigung der Coachingbeziehung erklären muss. ☐

Entscheidet der Coachingnutzer, den Part der Beziehungsauflösung zum Coach an die Personalentwicklung zu übertragen, übernimmt diese es - im Sinne der Maxime, den Coachingnutzer eine gute Coachingerfahrung machen zu lassen - den Coach über das Ende der Coachingbeziehung in Kenntnis zu setzen. ☐

Evaluation von Coaching

Britt A. Wrede, Karin Wiesenthal

12.1   Wirksamkeitsprüfung bei Coachingabschluss – 127

12.2   Feedbackbögen liefern nur begrenzt valide Daten – 128

12.3   Externe, anonymisierte Evaluationsverfahren – 129

12.4   Die Wirkung von Coachingprogrammen erkennen – 129

12.5   Fragen aus der Praxis – 131

12.6   Checkliste Kap. 12: Die Wirksamkeit
von Coachings evaluieren – 131

© Springer-Verlag GmbH Deutschland, ein Teil von Springer Nature 2018
B.A. Wrede, K. Wiesenthal, *Coaching für Industrie 4.0*, https://doi.org/10.1007/978-3-662-56394-6_12

Zusammenfassung

Um den Wert, den das Coachingangebot im Unternehmen für den Nutzer einerseits und für das Unternehmen andererseits hat, zu ermitteln, bedarf es einer Untersuchung der erzielten Wirkung, die ins Verhältnis zu der gewünschten Wirkung gesetzt werden muss. Und das daraus ermittelte Ergebnis ist wiederum ins Verhältnis zum geleisteten Aufwand zu setzen. Die sich daraus ergebende Nutzen-Kosten-Bilanz bietet eine solide Grundlage für die Entscheidung, ob der Einsatz von Coaching als ein probates Mittel für die Entwicklung von Mensch und Unternehmen angesehen wird, in das weiterhin zu investieren ist. Da Coaching als eine sehr persönliche Dienstleistung dem Gebot der Verschwiegenheit unterliegt, ist im Coachingmodell genau festzulegen, wie eine Datenerhebung erfolgen kann, ohne dass sich Rückschlüsse auf die handelnden Personen ziehen lassen. Darüber, dass das Unternehmen ein Interesse an der Ermittlung der mit Coaching erzielten Wirkung hat und zur Ermittlung dieser Wirkung auf die Mithilfe der Coachingnutzer angewiesen ist, sollten die Coachingnutzer, als eine Bedingung für die Kostenübernahme vor Beginn des Coaching Kenntnis erhalten. Digitale Plattformen von externe Anbietern leisten zur Evaluation unter Einhaltung strenger Vertraulichkeit mittlerweile gute Dienste.

Die im Modell zugrunde gelegten Maxime als Bewertungsmaßstab

Unternehmen haben ein Interesse daran zu überprüfen, ob die Coachings, die sie in Auftrag gegeben haben, im Sinne ihrer Erwartung nützlich waren und ob es sich lohnt, auch zukünftig in Coaching zu investieren, sei es im Sinne einer Individualförderung oder auch im Sinne einer Unternehmensentwicklung. Für eine aussagekräftige Bewertung der Investition ist zunächst einmal der Maßstab bedeutsam, mit dem gemessen werden soll. Auch hier kommt wieder das Coachingmodell zum Tragen. Es liefert Informationen darüber, welche Erwartungen von den einzelnen Interessengruppen an das interne Coachingangebot geknüpft wurden (◘ Abb. 12.1). Und ein weiterer Maßstab für die Bewertung einzelner Coachings ist der Abgleich von den mit einem Coaching angestrebten Ergebnissen im Verhältnis zu den tatsächlich erreichten Ergebnissen.

Wurden viele Coachings, oder gar Coachingprogramme in einem Geschäftsbereich oder auf einer Führungsebene durchgeführt, ist zu erwarten, dass die Gesamtwirkung mehr ist als die Summe aller Ein-

◘ Abb. 12.1 Evaluation. (Mit freundlicher Genehmigung von © Britt A. Wrede, Karin Wiesenthal 2018. Alle Rechte vorbehalten)

○ **Abb. 12.2** Bewertungskriterien und Verschwiegenheitssicherung als Garanten für valide Daten. (Mit freundlicher Genehmigung von © Britt A. Wrede, Karin Wiesenthal 2018. Alle Rechte vorbehalten)

zelwirkungen. In dem Fall kommt es nämlich zu einer Dynamik, die sich förderlich auf die Haltung und das Verhalten aller auswirkt, die sich im Zuständigkeitsbereich der Führungskräfte aufhalten, die vom Coachingangebot Gebrauch gemacht haben. Diesen Effekt für Dritte nachvollziehbar sichtbar machen zu können, ist für ein Unternehmen, in dem Coaching auch zukünftig zur Unternehmensentwicklung genutzt werden soll, evident.

Bei der Auswahl eines geeigneten Evaluationsverfahrens ist noch einmal auf die Besonderheit der Vertraulichkeitsvereinbarung einzugehen, wie sie für Coaching üblich und sinnvoll ist. Der Coachingnutzer soll zu keinem Zeitpunkt aufgefordert werden, sich inhaltlich über sein Coachinganliegen, seine Ziele und die Coachingthemen zu äußern. Es ist sehr wahrscheinlich, dass er, wird er nachträglich dazu aufgefordert, keine valide Aussagen machen wird. Jedenfalls dann nicht, wenn er davon ausgehen muss, dass die Aussagen seiner Person zugeordnet werden können (vgl. ○ Abb. 12.2).

12.1 Wirksamkeitsprüfung bei Coachingabschluss

Es gehört zum Abschluss eines Coachings, dass der Coachingnutzer im Dialog mit dem Coach Bilanz zieht und sich Rechenschaft über die Wirksamkeit des Coachings ablegt. Zum einen wird geprüft, wie viele der eingangs formulierten Ziele der Coachingnutzer während der Dauer seines Coachingprozesses realisiert hat.

Zur Bilanzierung gehen beide von einem kausalen Zusammenhang zwischen dem Coaching und der Zielerreichung aus. Ist ein Ziel erreicht, war das Coaching bezogen auf die Freisetzung des Potenzials erfolgreich, das für dieses Ziel eingebracht werden musste. Ist ein Ziel nicht erreicht, muss davon ausgegangen werden, dass das zielrelevante Potenzial nicht freigesetzt wurde. Bezogen auf dieses Ziel war das Coaching dann nicht erfolgreich. Insofern ergibt der Abgleich von angestrebtem und erreichtem Ergebnis eine eindeutige Aussage über den Erfolgsquotienten, der sich in Prozent ausdrücken lässt. Im nächsten

Erfolgsquotient, Erkenntnisgewinn, Haltungs- und Verhaltensänderungen als Indikatoren für Wirksamkeit

Schritt wird erfasst, welche neuen Erkenntnisse der Coachingnutzer in den Dialogen mit seinem Coach gewonnen hat und welche Handlungsableitungen er aus diesen neuen Erkenntnissen gezogen hat. In einem dritten Schritt wird geprüft, ob der Coachingnutzer mit seinem veränderten Vorgehen Ergebnisse erreicht hat, die neben den eingangs formulierten Zielen bedeutsam für ihn sind. Und zum Abschluss wird geprüft, welche Haltungs- und Verhaltensänderungen der Coachingnutzer darüber hinaus an sich bemerken konnte oder ihm aus seinem Umfeld zurückgespiegelt wurden.

Ausgestattet mit dieser Effektenliste verabschiedet sich der Coachingnutzer aus dem Coaching. Es steht ihm frei, mit wem er diese Information über die Wirksamkeit des Coachings teilt.

Fazit

Durch die Bilanz im Abschlussgespräch ist der Coachingnutzer umfänglich vertraut mit der Wirkung seines Coachings. Für das Unternehmen könnten Teilaspekte der Bilanz interessant sein, weil sie Auskunft darüber geben, welche Fähigkeiten und Fertigkeiten, Einstellungen und Haltungen als Ressourcen für zukünftige Ziele im Unternehmen verfügbar sind.

12.2   Feedbackbögen liefern nur begrenzt valide Daten

Über Feedbackbögen lassen sich alle Daten erfassen, die sich nicht auf die Coachinginhalte beziehen. Als da sind Fragen zur Organisation von Coaching im Unternehmen, zur geleisteten Coachingqualität und zum Coach. Zu all diesen Fragen kann sich der Coachingnutzer äußern, ohne etwas von sich persönlich preisgeben zu müssen. Die Angaben kann das Unternehmen nutzen, um das Coachingmodell und den Kriterienkatalog für die Coachauswahl zu modifizieren. Fragen jedoch, die sich auf die Wirksamkeit des Coachings beziehen, wird ein Coachingnutzer dann nicht wahrheitsgemäß beantworten, wenn er Gefahr läuft, dass seine Antworten nicht in Übereinstimmung mit den Erwartungen ausfallen, die das Unternehmen an Coaching knüpft. Insofern liefert die Auswertung zu diesen Themenfeldern keine validen Daten.

Denkbar ist, dass die Personalentwicklung sich das Feedback zum Coachingangebot im Rahmen einer vollkommen anonymisierten Kundenbefragung einholt.

Will man auch die Wirksamkeitseinschätzung der beauftragten Coaches nutzen, gilt das gleiche. Ein Coach wird sich gern zu den unpersönlichen Fragen mitteilen, niemals aber zu den Inhalten und den Sitzungsintervallen, der Dauer der Sitzungseinheiten etc. Alles, was Rückschlüsse oder auch nur eine Phantasie über das Coaching selbst aktivieren könnte, unterliegt bei ihm der kompromisslosen Verschwiegenheit. Nur so kann er gewährleisten, dass sich der Coachingnutzer bezüglich Vertraulichkeit sicher sein kann.

Fazit

Über Feedbackbögen und Kundenbefragungen kann sich die Personalentwicklung Informationen einholen, die einen Hinweis auf die Einschätzung ihrer Kunden bezüglich ihrer, im Zusammenhang mit dem Coachingangebot erbrachten Dienstleistung geben. Nicht geeignet sind diese Instrumente, um valide Aussagen über durch Coaching verfügbar gewordene Fähigkeiten, Fertigkeiten, Haltungen und Einstellungen zu erhalten.

12.3 Externe, anonymisierte Evaluationsverfahren

Es gibt mittlerweile digitale Evaluationsplattformen. Die Betreiber speisen alle Daten, zu denen die Auswertung erfolgen soll, in ein digitales Programm ein und lassen die Coachings dann danach auslesen. Der Auftraggeber erhält im Ergebnis ein Auswertungsdokument, aus dem sich alle wichtigen Informationen ablesen lassen. Seriöse Anbieter haben ihre Auswertungsprogramme so eingestellt, dass sie erst bei einer bestimmten Mindestanzahl – meist fünf Coachings – aktiviert werden können. Die Daten werden vollkommen anonymisiert beim Coachingnutzer abgefragt und in das Programm eingegeben. Hilfreich ist es, wenn der Coachingnutzer zu Beginn des Coachings darum weiß, dass das Unternehmen einen solchen Service in Anspruch nimmt und er nach Abschluss seines Coachings von diesem Anbieter angefragt wird. Auch diese Information könnte bereits im Coachingmodell erwähnt werden, sodass es alle Interessengruppen darum wissen, dass die Beteiligung an der Auswertung eine Bedingung zur Gewährung von Coaching ist. Damit demonstriert das Unternehmen außerdem ein seriöses Interesse an dem Themenkomplex Coaching. Die Praxis hat gezeigt, dass die Coachingnutzer gern bereit sind, sich mit ihrer Coachingerfahrung in so ein anonymisiertes, digitales Auswertungsverfahren einzubringen.

Hat ein Unternehmen einen externen Anbieter mit der Organisation von Coaching beauftragt, kann diese Leistung in der Regel ebenfalls über diesen Anbieter abgefragt werden.

Fazit

Ein extern durchgeführtes, digitalisiertes Evaluationsverfahren bietet die größte Wahrscheinlichkeit, auch über die Wirkung der durchgeführten Coachings Informationen zu erhalten.

12.4 Die Wirkung von Coachingprogrammen erkennen

„Wenn es wirkt, dann merke ich es, wenn ich die Teilnehmer nach der ersten Sitzungseinheit aus dem Raum kommen sehe. Hat eine Erweckung eingesetzt oder nicht?" Diese Äußerung machte einst ein Vorstand, als er dazu befragt wurde, woran er merken würde, dass die

Durchführung eines gebuchten Coachingprogramms erfolgreich sein würde. Mit dieser Äußerung hat er alle Evaluationsbemühungen ad absurdum geführt und gleichzeitig den Nagel auf den Kopf getroffen.

Eine erste Wirkung zeigt sich tatsächlich unmittelbar mit Programmstart. Die Teilnehmenden sind von diesem Moment an Mitglieder einer Runde, die sich über einen ungewöhnlichen Dialog schon in der ersten Sequenz auf eine Art und Weise mit ihren Vorhaben zeigen und befassen, dass sie voller Zuversicht im Hinblick auf ihre Selbstwirksamkeit aus der ersten Sitzungssequenz herauskommen. Diese Zuversicht kann man schon als eine Art Erweckungserlebnis bezeichnen. Daneben gibt es aber auch Fakten.

Protokollierte Ergebnisbilanz und sichtbare Selbstwirksamkeit

Bei der Einschreibung in das Coachingprogramm teilen die Teilnehmenden mit, an welchen Zielen sie mithilfe des Coachingprogramms arbeiten wollen und welche konkret messbaren Ergebnisse sie bis zum Programmabschluss erreicht haben werden. Bei Programmabschluss wird in ähnlicher Weise bilanziert, wie im Einzelcoaching. Im Coachingprogramm wird das Bilanzgespräch mit jedem öffentlich in der Runde geführt, sodass allen am Ende der Evaluationssequenz der Ergebnisquotient des Programms bekannt ist. Was den Erkenntniszuwachs, die Einstellungs- und Haltungsänderung betrifft, teilt jeder das mit, was er in der Runde teilen möchte. Der Ergebnisquotient und die genannten Effekte, die von allen für das Abschlussprotokoll freigegeben werden, werden anschließend ins Unternehmen zurückgemeldet.

Langfristig wird man die Wirkung eines Coachingprogramms daran erkennen, dass die Teilnehmenden sich mit sichtbarer Selbstwirksamkeit in ihre Aufgaben einbringen und auf neue Anforderungen einstellen, bereit und in der Lage sind, einen konstruktiven Dialog auch über unpopuläre Umstände zu führen, sich nicht mehr an der Gerüchteküche und an den kollektiven Beschwerden beteiligen, weniger krankheitsbedingten Arbeitsausfall zeigen, in kürzerer Zeit mehr erledigt bekommen, die Mitarbeiterbeurteilungen auf der Ebene darunter besser ausfallen, der Weiterbildungsbedarf dieser Menschen unter dem Durchschnitt liegt u. v. m. All das kann man beobachten, ohne eine akribische Evaluation anzusetzen. Wurde das Programm dann noch so besetzt, dass einige der Teilnehmenden an konkreten Umsatzzielen arbeiten, dann lässt sich das Coachingprogramm als eine – sich innerhalb der Programmlaufzeit amortisierende – Investition ansehen.

Fazit

Will man die Effekte eines Coachingprogrammes ermitteln, bedarf es dafür in der Regel keines aufwendigen Evaluationsverfahrens. Ist die gewünschte Wirkung im Vorfeld eindeutig formuliert, lassen sich die ersten Erfolgsindikatoren zeitnah nach Programmstart schon ausmachen. In einem, mit allen Teilnehmenden abgestimmten Abschlussprotokoll werden dem Unternehmen nach Programmende die gesicherten Ergebnisse übermittelt.

12.5   Fragen aus der Praxis

Warum haben Coachingnutzer solche Angst davor, dass im Unternehmen Inhalte aus ihrem Coaching bekannt werden?
Es ist nicht die Angst davor, dass bekannt wird, was wirklich stattgefunden hat. Es ist die Angst vor unqualifizierten Interpretationen, die dem Coachingnutzer zu einem späteren Zeitpunkt zum Nachteil gereichen könnten.

Ist so ein externes Evaluationsverfahren teuer?
Nein. Man kann davon ausgehen, dass eine Pauschale für die Dateneingabe anfällt und die Kosten je Coachingprozess ungefähr inklusive der Einrichtungsgebühr denen einer Coachingsitzung entsprechen. Je mehr Coachings evaluiert werden, desto günstiger wird es.

Wie passt eine öffentliche Bilanzierung im Coachingprogramm mit dem Gebot der Verschwiegenheit zusammen?
Zunächst einmal sei gesagt, dass die am Coachingprogramm teilnehmenden Personen über die Laufzeit des Programms so vertraut mit den Vorhaben der anderen geworden sind, dass es kaum noch unbekannte Aspekte gibt. Insofern wissen alle Teilnehmer über den Stand in allen Vorhaben Bescheid. Da bei Programmstart eine von jedem Teilnehmer unterschriebene Verschwiegenheitserklärung eingeholt wird, vertrauen die Teilnehmer untereinander in den vertraulichen Umgang aller mit den im Rahmen des Programms öffentlich gewordenen persönlichen Informationen.

Im Protokoll, dass im Anschluss an das Programm ins Unternehmen gegeben wird, werden die Daten so anonymisiert verarbeitet, dass sie keine Rückschlüsse auf einzelne Teilnehmer zulassen.

12.6   Checkliste Kap. 12: Die Wirksamkeit von Coachings evaluieren

Wollen Sie eine fundierte Aussage darüber treffen, ob auch in Zukunft in Coaching investiert werden sollte, benötigen Sie ein geeignetes Evaluationsverfahren. Im Wesentlichen sind hierzu zwei Schritte erforderlich:

Schritt 1: Stellen Sie sicher, dass im Coachingmodell festgehalten ist, welche Erwartungen von den einzelnen Interessengruppen an das Coachingangebot geknüpft werden, denn diese sind die Kriterien, anhand derer Sie eine Evaluation vornehmen.

Schritt 2: Finden Sie ein Verfahren, mit dem Sie die Informationen zu diesen Messkriterien – unter vollständiger Wahrung der Verschwiegenheit – bei den Beteiligten erheben können. In der Regel ist ein externes, vollständig anonymisiertes Verfahren hier am besten geeignet.

Teil IV – Was Coaching auf den unterschiedlichen Hierarchieebenen für Unternehmens- entwicklungs- und Transformations- prozesse leisten kann

Kapitel 13   Entwicklungs- und Transformationsprozesse
              in Unternehmen – 137
              Britt A. Wrede, Karin Wiesenthal

Kapitel 14   Coaching in Veränderungsprozessen auf
              Topmanagementebene – 147
              Britt A. Wrede, Karin Wiesenthal

Kapitel 15   Coaching in Veränderungsprozessen
              auf Bereichsleiterebene – 159
              Britt A. Wrede, Karin Wiesenthal

Kapitel 16   Coaching auf Abteilungsleiterebene – 171
              Britt A. Wrede, Karin Wiesenthal

Kapitel 17   **Blitzlicht-Coaching und Hot Calls
auf Mitarbeiterebene** – 181
Britt A. Wrede, Karin Wiesenthal

Kapitel 18   **Coaching im Personalbereich** – 189
Britt A. Wrede, Karin Wiesenthal

Eine bisher wenig beachtete und daher noch offene Frage ist, wie Coaching als ein die Zukunftstauglichkeit von Unternehmen förderndes Instrument genutzt werden kann. Um sich einer praktikablen Antwort anzunähern, gilt es zunächst einmal, die in Unternehmen zu beobachtenden Veränderungsdynamiken differenziert zu betrachten und in die weiterführende Frage einzutauchen, welche Herausforderungen sich daraus jeweils für die Menschen in Unternehmen ergeben. Um sich dann in die Frage zu begeben, was Coaching auf den einzelnen Funktionsebenen (vgl. ◘ Abb. IV.1) unterstützend leisten kann. Für jede Ebene gibt es spezifische Besonderheiten, die bei der Wahl von geeigneten Coachingangeboten für die jeweilige Hierarchieebene zu berücksichtigen sind, damit die Mobilisierung von Können, Wissen und Wollen für das Veränderungsvorhaben gelingen kann.

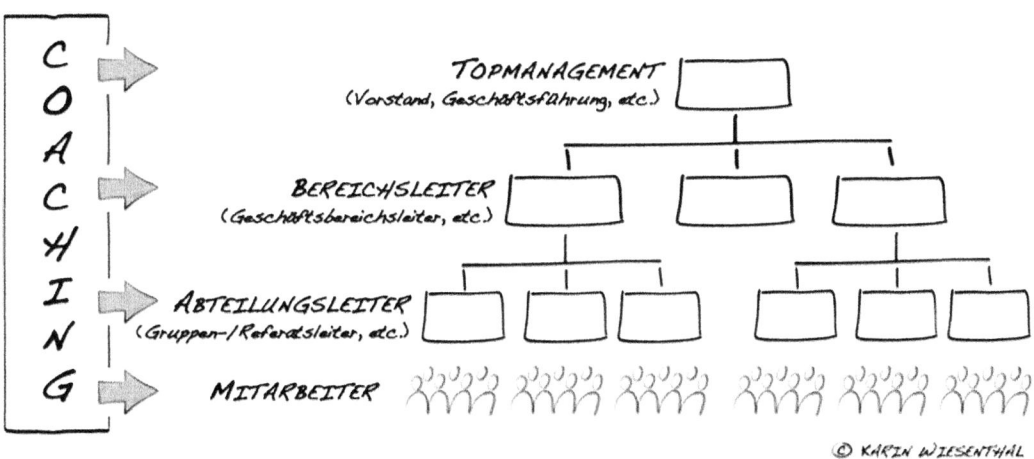

◘ Abb. IV.1 Hierarchieebenen, auf denen sich die Anforderungen in Veränderungsprozessen unterschiedlich darstellen. (Mit freundlicher Genehmigung von © Britt A. Wrede, Karin Wiesenthal 2018. Alle Rechte vorbehalten)

Entwicklungs- und Transformationsprozesse in Unternehmen

Britt A. Wrede, Karin Wiesenthal

13.1   Die unterschiedlichen Veränderungsdynamiken von Entwicklungs- und Transformationsprozessen – 138

13.2   Die unterschiedlichen Anforderungen an ein Coaching in Entwicklungs- und in Transformationsprozessen – 141

13.3   Fragen aus der Praxis – 144

13.4   Checkliste Kap. 13: Entwicklungs- und Transformationsprozesse in Unternehmen – 146

© Springer-Verlag GmbH Deutschland, ein Teil von Springer Nature 2018
B.A. Wrede, K. Wiesenthal, *Coaching für Industrie 4.0*, https://doi.org/10.1007/978-3-662-56394-6_13

Zusammenfassung

Bisher wurde Coaching in Unternehmen hauptsächlich als Mittel der Individualförderung genutzt. Inwieweit der Einsatz von Coaching den Entwicklungsprozess eines Unternehmens befördert, ist bisher wenig untersucht. Und die Frage, was Coaching für bereits auf den Weg gebrachte Transformationsprozesse leisten kann, ist bisher gänzlich unbeantwortet geblieben. Es gibt nur wenige Anbieter von Coaching, die ihre Leistung und die damit erzeugte Wirkung überhaupt in den Kontext der Veränderungsprozesse des Unternehmens stellen, in dem sie tätig sind. Auch gibt es wenige Anbieter, die bereit und in der Lage sind, ihre Leistung absichtsvoll in den Dienst eines die Gesamtorganisation betreffenden Veränderungsprozesses zu stellen. Um sich einer Antwort der offenen Frage anzunähern, wie Entwicklungs- oder Transformationsprozesse eines Unternehmens durch Coaching positiv zu beeinflussen sind, ist zunächst die Unterscheidung dieser beiden Veränderungsdynamiken zu reflektieren. Und es ist außerdem zu bedenken, dass es Coachingansätze gibt, die Entwicklungsprozesse mobilisieren und andere Coachingansätze, die eher auf Bewusstseinstransformation ausgerichtet sind.

13.1 Die unterschiedlichen Veränderungsdynamiken von Entwicklungs- und Transformationsprozessen

Der in Mode gekommene Begriff des Changeprozesses ist als ein undifferenzierter Sammelbegriff für jegliche Veränderungsdynamiken in Unternehmen anzusehen. Bei differenzierter Betrachtung zeigen sich insbesondere zwei derzeit für Unternehmen bedeutsame Veränderungsdynamiken (vgl. ◌ Abb. 13.1). Eine, die sich aus der laufenden Anpassung an die sich ändernden Umweltbedingungen ergibt und einfach als Entwicklung bezeichnet werden kann. Die andere Dynamik ist eine eher impulsgesteuerte, die eine Anpassung an eine zu erwartende Zukunft anstrebt. Inkludiert diese Zukunftsanpassung eine Strukturveränderung der Organisation selbst, wird diese Dynamik als Transformation und der sich darauf beziehende Prozess als Transformationsprozess bezeichnet. Eine dritte Variante, die aus der Biologie als Mutation bekannt ist und eine sprunghafte Änderung der Struktur bezeichnet, wird als Veränderungsdynamik in Unternehmen nicht zu finden sein.

Die Differenzierung zwischen den Veränderungsdynamiken ist für die Frage, welchen Input Coaching leisten kann, deswegen bedeutsam, weil sie unterschiedliche Anforderungen an das Bewusstsein der in diesen Dynamiken agierenden Menschen stellen, weswegen auch das Coaching unterschiedlich ausfallen muss.

Entwicklung verändert Einzelaspekte des Unternehmens

Versteht man Entwicklung als einen linearen Verlauf, der sich wie von selbst einstellt, wenn man der Ursache-Wirkung-Kette ihren Lauf lässt, dann ließe sich als Entwicklung eines Unternehmens der Pro-

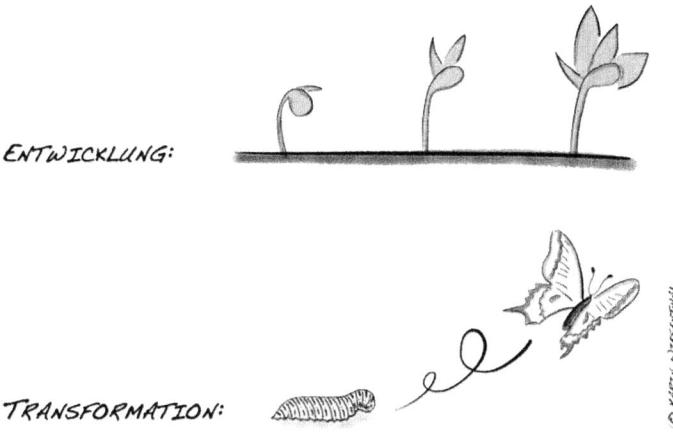

ENTWICKLUNG:

TRANSFORMATION:

© KATJA WIESENTHAL

◘ **Abb. 13.1** Entwicklung vs. Transformation. (Mit freundlicher Genehmigung von © Britt A. Wrede, Karin Wiesenthal 2018. Alle Rechte vorbehalten)

zess bezeichnen, der sich ergibt, wenn man die Summe aller Impulse, die innerhalb einer Unternehmung gesetzt werden, in ihrer Wirkung weiterführt und als Ursache für die jeweils nächste Wirkung nutzt. Bei dieser Art von Änderungsdynamik verändern sich immer wieder Einzelaspekte der Unternehmung, indem zeitgemäße Modernisierungen integriert werden. Die Struktur des Unternehmens selbst bleibt dabei jedoch erhalten. Gesteuert werden solche Entwicklungsprozesse über die Inhalte und die Qualität der eingebrachten Impulse, als Reaktion auf die sich jeweils aktuell ändernde Umweltgegebenheiten.

Wenn also in der Industrie Arbeitsabläufe den modernen Technologien und Produkte den sich ändernden Kundenbedarfen angepasst werden oder Coaches ihre Dienstleistung – wie aktuell zu beobachten – über Onlinekanäle anbieten, bildet diese Anpassung einen ganz typischen Entwicklungsprozess ab, bei dem die Struktur des jeweiligen Unternehmens sich nicht verändert. Wenn in der Automobilindustrie Produktionsprozesse und Produkte den Neuerungen des aktuellen Zeitgeistes angepasst werden, stellt das noch keine Transformation dar.

Als Transformation dagegen wird eine langfristige, auf zukünftige Markterwartungen ausgerichtete Änderungsdynamik bezeichnet, bei der das betreffende Objekt, also das Unternehmen, seine Struktur und damit sich selbst verändert. Der Ausgangspunkt für einen Transformationsprozess ist in der Unternehmenswelt immer das Ergebnis einer Marktbeobachtung. Es wird eine Gegebenheit am Markt beobachtet und diese in Bezug zum eigenen Geschäft gesetzt und assoziiert, von welcher Relevanz sie für das Geschäft in Zukunft sein könnte. Da jede Transformation in erster Linie eine investive Herausforderung darstellt, wird sie akribisch vorbereitet. Man untersucht zunächst mit eigenen Bordmitteln, ob man die sich darstellende Zukunftsanpassung als Unternehmen überhaupt leisten könnte. Chancen und Risiken werden geprüft und vor allem wird geprüft, wie man den Transformati-

Transformation verändert die Form des Unternehmens

onsprozess im laufenden Betrieb neben den zu erhaltenden Abläufen installieren muss, damit er keine Störung verursacht.

Am Beginn eines transformatorischen Prozesses sieht ein Unternehmen sich von einer langfristig zu erwartenden, grundsätzlichen Marktveränderung betroffen, bei der in der Regel Teilbereiche des bestehenden Geschäftsmodells drohen, den sich ändernden Bedingungen anheim zu fallen. Und bevor eine adäquate Strategie für die Handhabe solcher Prozesse entwickelt werden kann, ist das Unternehmen aufgefordert, sich zunächst auf den Kerngedanken des aktuellen Geschäfts zu besinnen, zu prüfen, für welchen Aspekt es zukünftig als Anbieter am Markt teilnehmen will und kann, um, ausgehend von diesen Parametern, zu vollkommen neuen, zukunftstauglichen Geschäftsmodellen zu finden.

So, wie sich Unternehmen der Autoindustrie bereits Ende der 1980er-Jahre auf den Grundsatz der Mobilität besannen, um von dort ausgehend nach zukunftstauglichen Produkten und adäquaten Unternehmensformen Ausschau zu halten. Diese Unternehmen liegen heute ganz vorn in der Möglichkeit zur Massenproduktion von Elektromobilen und der Bereitstellung einer dafür nötigen Infrastruktur. Gleichzeitig sind sie am Car Sharing beteiligt und allem, was sonst noch möglich ist, wenn man sich von dem Leitsatz, den Coca Cola einst prägte – „Überall eine Coke auf Armeslänge entfernt" – inspiriert fühlt zu der Idee „mobility at your fingertips". Ein Teil der neuen Produkte wird andere eigene Produkte verdrängen, sodass man von einer Kannibalisierung sprechen kann. In der Autoindustrie ist derzeit zu beobachten, dass die vorbereiteten Veränderungen Formänderung der Unternehmen bedingen werden. Ähnlich, wie es in der Nachrichten- und Informationsbranche stattgefunden hat. Insofern ist bei diesen Veränderungsgeschehen die Bezeichnung Transformationsprozess angezeigt.

Entwicklung UND Transformation als parallele Herausforderung

Im Zuge der beiden Megatrends Globalisierung und Digitalisierung stehen Unternehmen vor der ständigen Herausforderung, mit vorhandenem, reduzierten Personalbestand transformatorische Prozesse voranzutreiben und gleichzeitig die aktuellen Geschäfte rentabel und stabil zu halten. Um das Geschäft auf eine Zukunft vorzubereiten, von der man hinsichtlich digitaler Möglichkeiten noch keine präzise Vorstellung entwickeln kann, gilt es in Produktinnovationen zu investieren, die eine reelle Chance zukünftiger Markttauglichkeit zu haben scheinen, auch wenn diese in Art und Ausprägung erst Step by Step sichtbar werden und das aktuelle Geschäftsmodell möglicherweise zerstören werden.

Die Herausforderung in diesem Spannungsfeld von Anpassung an die aktuellen Marktanforderungen einerseits und an die zukünftig zu erwartenden Marktanforderungen andererseits besteht wohl darin, dass die Zukunft aus den Mitteln der Gegenwart bewirtschaftet werden muss, man ein Gespür für den richtigen Zeitpunkt zur Einführung neuer Produkte behält und es schafft, alle Betroffenen zu Beteiligten werden zu lassen.

Neu ist all das nicht, vielmehr hat es vergleichbar transformierende Veränderungsprozesse für die gesamte Industrie in der Geschichte immer einmal gegeben. Wenn es auch als Geschehen selbst nicht neu ist und es auch nicht unvorhersehbar ist, was gerade in der Industrie geschieht, so ist es als Erfahrung für den Einzelnen doch neu. Und die Geschwindigkeit, mit der sich die Bezugspunkte ändern, ist sicher auch neu. Sie fordert in einer immer kürzer andauernden Gegenwart immer häufiger zum Loslassen vertrauter Denk- und Verhaltensmuster auf.

13.2 Die unterschiedlichen Anforderungen an ein Coaching in Entwicklungs- und in Transformationsprozessen

Ein Coachingdialog nimmt immer Einfluss auf das Bewusstsein des Coachingnutzers. Im Coaching geht es darum, dass der Coachingnutzer im Dialog über Erkenntniszuwachs zur Selbstermächtigung findet. Einer bewussten Haltung, in der er die Zuständigkeit für die Zielerreichung zu sich holt. Darüber mobilisiert der Coachingnutzer sein Wollen und ein in ihm ruhendes Potenzial, das relevant für den zum Ziel führenden Kausalverlauf ist. Ist sein Wollen und sein zielrelevantes Potenzial mobilisiert, wird er mit einer gewissen Leichtigkeit und Eleganz das für die Zielerreichung nötige Verhalten in den Verlauf einbringen und das von ihm angestrebte Ergebnis wird zum angestrebten Termin hervorgebracht.

Als ein ganz spezielles, auf Bewusstseinsveränderung ausgerichtetes Dialogformat eignet sich Coaching sowohl im Kontext von Entwicklungsvorhaben, als auch in Veränderungsprozessen, die eher transformatorischen Charakters sind. Jede größere Veränderung erfordert eine Bewusstseinsanpassung. Insbesondere bei den Kräften, die diese Veränderungsprozesse vorausschauend steuern wollen.

Aus Sicht des Coaches bringen die beiden Dynamiken jedoch unterschiedliche Anforderungen an seine Leistung hervor. Der Unterschied der Anforderung betrifft die Impulse, die er in den Dialog einbringt und die Auswirkungen, die diese auf die Bewusstseinsveränderung des Coachingnutzers haben.

Coaching zur Entwicklung Bei einem Coaching, in dem es um Entwicklungsabsichten geht, versucht der Coach das unbewusste Wissen des Coachingnutzers anzuregen, sodass es für den Coachingnutzer erkennbar wird. Das heißt, ein solches Coaching lässt etwas von dem Wissen des Coachingnutzers, das in seinem Gedächtnis gespeichert ist, ohne dass es ihm bewusst ist, für ihn nutzbar werden. Um den Coachingnutzer an dieses unbewusste Wissen heranzuführen, füttert der Coach zunächst die Dialoge mit Fragen und Denkanregungen, die dem Coachingnutzer helfen, an schon bewusstes Wissen anzuknüpfen, dieses dann auf eine Weise neu zu kombinieren, dass er ei-

Coaching ist für beide Veränderungsdynamiken geeignet

Coaching für Entwicklung mobilisiert unbewusstes und ungenutztes Wissen

nen veränderten Blick auf seine Einflussmöglichkeit in der betreffenden Angelegenheit bekommt. So findet er über den Dialog mit dem Coach zu einer Sichtweise, die ihm neue Verhaltensoptionen möglich erscheinen lässt. In dem Maße entwickelt sich das Bewusstsein des Coachingnutzers im Coaching weiter und damit korrespondierend seine Einflussmöglichkeit.

Diese Art von Coaching entspricht dem, was derzeit am Markt vor allem nachgefragt wird und was in Personalentwicklungen der meisten Unternehmen als nützlich für die Führungskräfte angesehen wird.

Coaching zur Transformation Bei einem Coaching, das im Kontext transformatorischer Bemühungen geführt wird, der Coachingnutzer also Prozesse zu forcieren hat, von denen er nicht sicher sagen kann, wann sie ausgereift sind und wann sie in welche Ergebnisse münden werden, arbeitet der Coach mit Anregungen, die dem Coachingnutzer helfen sollen, mental zu Wissbarem vorzudringen, von dem er zu Beginn nicht einmal weiß, dass er nicht weiß. Die Suchbewegung in dieser gänzlich offenen Dimension ist vergleichbar mit der, in der man sich einst als Kind befand, als man nicht wusste, dass man nicht wusste, was Lesen ist, bis man es das erste Mal selbst erfuhr. In dem Augenblick, in dem Lesen das erste Mal gelingt, findet eine Bewusstseinstransformation statt.

Bei einem Coaching, das auf eine Bewusstseinstransformation ausgerichtet ist, können sich Coach und Coachingnutzer nicht an einem imaginierten Kausalverlauf orientieren. Auch hilft es nicht, wenn der Coach Fragen aufbringt, die sich an fixen Parametern orientieren. Seine Fragen und Anregungen müssen so offen ausfallen, dass sie einen weiten Assoziationsraum für den Coachingnutzer aufmachen. Beide – Coach und Coachingnutzer – bewegen sich in diesem Assoziationsraum eher über experimentelle Gedankenspiele. Dabei regt der Coach immer wieder an, in der offenen Frage zu verweilen, bis sich aufseiten des Coachingnutzers Erkenntnisse einstellen, die ihm eine neue Zukunftsdimension eröffnen, von der er vorher nicht wusste, dass er diese nicht einmal zu denken in der Lage war. Der Vorgang dieser im Coaching provozierten Bewusstseinserweiterung ähnelt dem, den ein Kind durchläuft, das versucht, lesen zu lernen. Und wie man ein Kind in diesem Stadium der Suchbewegung nur immer wieder ermutigen kann, sich den Wunsch, lesen zu können, zu erhalten und sich mit den Wörtern und den Buchstaben auseinanderzusetzen und darauf zu vertrauen, dass diese Auseinandersetzung irgendwann dazu führen wird, dass Lesen passiert, verhält es sich auch im Coaching, wenn transformatorische Prozesse gefördert werden sollen. Man ermutigt den Coachingnutzer in der Frage, zu bleiben, bis sich ihm eine neue Erkenntnis zeigt, die ihm die weiteren Schritte im Prozess weisen.

Bewusstseinstransformation ist eher etwas, das passiert, als etwas, das man absichtsvoll erzeugen kann. Das hilfreiche an dieser Art Coachingdialog ist der inspirierende, ermutigende Effekt, der dem Coachingnutzer erlaubt, zuversichtlich darein zu vertrauen, dass seine

Coaching für Transformation ermutigt zum Betreten eines weiten Assoziationsraums

Suche nach etwas Zukunftsweisendem, etwas, das nützlich für die Zukunft des Unternehmens sein wird, erfolgreich sein kann.

Derart bewusstseinstransformierende Coachings beginnen in der Regel damit, dass man im Dialog miteinander das Wagnis eingeht, das herkömmliche Produkt des Unternehmens und alle Rahmenbedingungen infrage zu stellen, um sich des nicht wegzudenkenden Geschäftskerns bewusst zu werden, diesen auf eine höhere Abstraktionsebene zu bringen, um dieses Abstraktionskonstrukt im nächsten gedanklichen Schritt als einen Entwurf in die Zukunft zu projizieren. Ausgehend von dieser Zukunftsprojektion wird er dann das sich ihm darstellende Unternehmensgerippe mit zeitgemäßen Aspekten anreichern, die sichtbar werden, wenn er sich in der imaginierten Zukunft umsieht. Über so eine „Phantasiereise" kann man sich auch mit einem im linearen Denken verhafteten Dialogpartner einen Zugang in die Dimension des Wissbaren eröffnen. Daneben gibt es diverse kreative Mittel, die in den Dialog aufgenommen werden können, um dem Coachingnutzer zu helfen, sich mental von den bekannten Formen zu lösen und neue in sich auftauchen zu lassen.

Praxisbezug

Der Stahldistributeur, der in die Frage eintauchte, welches Produkt einmal den Stahl in der Welt ersetzen könnte, taucht in die Frage ein, was das Kernstück seines Geschäfts ist und dann in die Frage, wie die Anforderungen an die Verfügbarkeit von Stabilität bei tragenden Bauelementen, Autos etc. in Zukunft aussehen könnten.

Der Badkeramikhersteller, der sich durch die Globalisierung und die sich ändernden Werte der Endverbraucher der Frage nicht verschließen kann, durch was die Vorgänge, die heute ein Bad in jeder Wohneinheit nötig machen, zukünftig überflüssig werden könnten. Er muss sich darauf besinnen, was der Kernaspekt seiner Badprodukte ist, diesen dahingehend abstrahieren, dass er den damit gebotenen Erfahrungsinhalt und -wert für Mensch (oder Gesellschaft) bewusst hat, den er auch in Zukunft liefern will, um sich dann in die Frage hineinzubewegen, wie sein zukünftiges Produkt aussehen kann, wenn niemand mehr Wert auf die begrenzte Nutzung der Einzelzellen legt, die wir heute Bad nennen.

Oder der Autohersteller, der in diese Fragen eintaucht und Mobilität als die Dimension hinter der Dimension Auto erkennt, um dann zu forschen, was könnten interessante Mobilitätsprodukte sein, die in Zukunft vom Endverbraucher genutzt werden wollen.

In solchen Dialogen geht es immer darum, einen co-kreativen Raum zu öffnen und offen zu halten, in dem Fragen ausgebrütet werden können, die Erkenntnisse zu Tage bringen, für die man nicht einmal eine konkrete Frage hätte formulieren können. In Unternehmen, die immer schon große Forschungs- und Entwicklungsbereiche hatten, ist die Idee vom lernenden, sich entwickelnden Unternehmen mit Transformationserfahrungen in einzelnen Bereichen weniger fremd, als in Unternehmen, in denen es solche Forschungs- und Entwicklungsabteilungen nicht gab beziehungsweise nur mit dem Auftrag, reaktiv Produktentwicklung für sich ändernde Kundenbedarfe zu betreiben.

Diese Art von Coaching wird trotz vielerorts sichtbarer Transformationsbemühungen, aktuell am Markt noch wenig erkannt und genutzt. Mag es daran liegen, dass der Sinnzusammenhang zwischen grenzauflösender Bewusstseinserweiterung im Coaching und Grenzauflösung als Bedingung für Transformation noch nicht verstanden ist.

13.3   Fragen aus der Praxis

Gehen Sie davon aus, dass alle Unternehmen aller Branchen aufgefordert sind, sich stark zu verändern? Wird nichts von dem, was sich bewährt hat, Bestand haben?
Von welchen Annahmen ich ausgehe, ist recht bedeutungslos. Bedeutsam ist, dass Ihr Unternehmen zu einem lernenden Unternehmen wird, das in der Lage ist, die Zeichen der Zeit aufzunehmen, zu verarbeiten und Rückschlüsse für einen Zukunftsentwurf daraus abzuleiten. Vielleicht reicht es schon, wenn Sie einfach nur den Trendscouts zuhören und daraus Ihre Schlussfolgerungen ziehen. Auf diese Weise werden Sie selbst erkennen können, wann es für Ihr Unternehmen angezeigt ist, sich zu erneuern. Und wenn das Unternehmen dann gut darauf vorbereitet ist, weil allen Beteiligten die Vergänglichkeit des Gegenwärtigen allzeit bewusst ist, dann hat Ihr Unternehmen eine Chance, auch größere Veränderungen transformatorischer Qualität in einem akzeptablen Zeitraum zu meistern.

Es wird im Zusammenhang mit den beiden Megatrends Digitalisierung und Globalisierung immer ganz selbstverständlich von einer Beschleunigung der Entwicklung gesprochen, aber ist es nicht so, dass Entwicklung permanent stattfindet und es eine Beschleunigung in diesem Zusammenhang nicht geben kann?
Eine interessante Frage, auf die es angesichts der Belastung, die von dieser subjektiven Wahrnehmung für den Einzelnen ausgeht, lohnt, eine Antwort zu suchen.

Ohne an dieser Stelle ins Philosophische abzugleiten, kann man wohl sagen, dass Gegenwart immer der Zeitraum ist, in dem man keine Veränderung bemerkt. Diese Zeiträume konnten im Kontext Unternehmen, wenn man beispielsweise auf die Zeit vor der Industrialisierung blickt, einst viele Jahre angedauert haben. Heute ist der Zeitraum in dem wir keine Veränderung merken, kürzer, sodass das Erleben von Gegenwart sich verkürzt hat. Die wahrgenommene Beschleunigung bezieht sich also nicht auf die tatsächliche Bewegungsbeschleunigung von Entwicklungsgeschehen, sondern auf das subjektive Erleben kürzer andauernder Gegenwartsmomente.

Die größte Herausforderung in unserem Unternehmen, in dem traditionell eine starke Bewahrermentalität zu finden ist, besteht darin, die

Menschen zum Mitdenken zu bewegen, sie zu Beteiligten in den Ver-
änderungsprozessen zu machen. Gibt es dafür einen Hebel, der sich als
besonders effektiv erwiesen hat?
Ja, der Dialog!

Und damit ist nicht simpler Informationsaustausch gemeint und
schon gar nicht sind damit missionarische Apelle gemeint. Vielmehr
sind Gespräche gemeint, die dazu anregen, die Gegebenheiten der Umwelt und den eigenen Bezug dazu ergebnisoffen zu reflektieren. Sich
gegenseitig beim Erkenntnisgewinn zu unterstützen und am Erkenntnisgewinn des anderen zu partizipieren, um so zu einer gemeinsamen
Sicht auf das, was ist und das, was werden kann und soll, zu finden.

Ich kann mir nicht vorstellen, dass wir bei uns im Unternehmen „co-
kreative Räume" mit einem Coach öffnen können, in denen die Füh-
rungskräfte und Mitarbeiter bereit sind, an ihrem Bewusstsein erwei-
ternd zu arbeiten.
Gut bemerkt. So, wie diese Frage klingt, scheint das Unternehmen
nicht gewohnt zu sein, sich dem Nichtwissen und dem Lernen zuzu-
wenden. Und so, wie in der Frage beschrieben, geht es vermutlich auch
nicht. Aber denkbar wäre vielleicht, einen Zukunftszirkel einzurichten,
in dem Fachkräfte sich zusammen mit der Unternehmensleitung darüber einlassen, wohin die Reise gehen könnte. Es haben sich dazu sehr
zeitgemäße Methoden herausgeschält, mittels derer sich auch eher
digital getackte Menschen darauf einlassen können, kreativ zu werden.

Wenn Sie den Zukunftszirkel wie eine Projektgruppe verbindlich
machen und immer wieder Inspirationen von außen hinzuholen, dann
kann sich aus diesem kleinen Ansatz schnell eine Welle der Selbstermächtigung ergeben, in der die Fachkräfte zu Entwicklungspartnern der
Unternehmensleitung werden. Und so werden andere angezündet und
die Organisation beginnt einen vielleicht längst fälligen Lernprozess.

Eigentlich brauchen doch aber nicht die ein Coaching, die sich bewegen
wollen und können, sondern die, die verharren und nur bewahren wollen?
So könnte man meinen. Aber ist es nicht hilfreicher für die Entwicklung der Organisation, wenn diejenigen, die sich auf den Weg in eine
geänderte Zukunft machen wollen, von der wir alle nicht wissen, wie
sie aussehen kann, Unterstützung erfahren, um die mit den Veränderungen einherkommenden Herausforderungen gut meistern zu
können? Eine Frage, die im Coaching dieser Kräfte aufkommt, wird
ohnehin die sein, wie jeder an seinem Platz die Kollegen motiviert bekommt, unter den sich ändernden Rahmenbedingungen hochwertige
Leistung zu erbringen. Und da kommen dann die anderen ins Spiel,
wenn die Welt beginnt, eine andere zu werden.

Ist davon auszugehen, dass ein Coach in der Lage ist, zu erkennen, wann
sein Engagement die Unternehmensentwicklung und wann einen Trans-
formationsprozess fördern soll? Und kann ich davon ausgehen, dass ein
Coach sich bezüglich dieser Frage selbst organisiert?

Leider nein. Zu beiden Fragen. Wir müssen immer wieder feststellen, dass die Annahme, Coaching sei ein Instrument zur Einzelfallhilfe so unhinterfragt ist, dass nur wenige Coaches Ihre Arbeit überhaupt in den Kontext der Unternehmensentwicklung stellen. Auch gibt es wenig Unterscheidungskompetenz bei Coaches zwischen Entwicklung und Transformation. Und dementsprechend gering ist die Anzahl der Coaches am Markt, die für sich einen Ansatz gefunden haben, Ihre bewusstseinsverändernde Arbeit absichtsvoll auf die Beförderung von transformatorischen Unternehmensbestrebungen auszurichten. Sie finden solche Coaches vermutlich eher im höherpreisigen Segment und vermutlich sind sie eher in kleinen, innovativen Beratungsgesellschaften anzutreffen, aus denen heraus sie ihre Arbeit mit Gleichgesinnten im Team anbieten.

13.4 Checkliste Kap. 13: Entwicklungs- und Transformationsprozesse in Unternehmen

Wenn Coaching in einem Prozess zur Unternehmensveränderung zum Einsatz kommt, so ist zunächst zu unterscheiden, welche Art der Veränderungsdynamik mit dem Veränderungsprozess einhergeht, da sich daraus unterschiedliche Anforderungen an das Coaching ergeben. Diese unterschiedlichen Erfordernisse sollten bei der Auswahl der Coaches sowie der Coachingformate präsent sein und beachtet werden.

	Entwicklungsprozess	**Transformationsprozess**
Veränderungsdynamik	Geht es um zeitgemäße Modernisierungen und Gegenwartanpassung an eine sich ändere Umwelt in Form eines – auf einer Ursache-Wirkung-Kette basierenden – Entwicklungsprozesses, bei dem die Struktur des Unternehmens selbst erhalten bleibt?	Geht es darum, Bedarfe und Möglichkeiten aus der Zukunft zu adaptieren und das Unternehmen an die zukünftigen Marktanforderungen anzupassen in einer Weise, dass sich die Unternehmensstruktur verändern wird?
Anforderung an Coaching	**Mobilisieren des unbewussten Wissens** des Coachingnutzers durch Fragen und Denkanregungen, die dem Coachingnutzer helfen, an schon bewusstes Wissen anzuknüpfen. Um dieses dann auf eine Weise neu zu kombinieren, sodass er einen veränderten Blick auf seine Einflussmöglichkeit in der betreffenden Angelegenheit bekommt und ihm neue Verhaltensoptionen möglich erscheinen.	**Aufspannen eines weiten Assoziationsraums** für den Coachingnutzer durch offene Fragen, Anregungen und experimentelle Gedankenspiele sowie durch die Ermutigung, in einer gänzlich offenen Suchbewegung zu bleiben, bis sich bei ihm Erkenntnisse einstellen, die ihm eine neue Zukunftsdimension eröffnen, von der er vorher nicht wusste, dass er diese nicht einmal zu denken in der Lage war.

Coaching in Veränderungsprozessen auf Topmanagementebene

Britt A. Wrede, Karin Wiesenthal

14.1   Spezielle Anforderungen an das Topmanagement in Veränderungsprozessen – 148

14.2   Besonderheiten des Coachings auf Topmanagementebene – 152

14.3   Fragen aus der Praxis – 155

14.4   Checkliste Kap. 14: Coaching auf Topmanagementebene organisieren – 157

© Springer-Verlag GmbH Deutschland, ein Teil von Springer Nature 2018
B.A. Wrede, K. Wiesenthal, *Coaching für Industrie 4.0*, https://doi.org/10.1007/978-3-662-56394-6_14

Zusammenfassung

„Als Orientierungsgeber ein Klima für Innovation im Unternehmen erzeugen und lebendig halten können", so könnte die große Überschrift lauten, mit der die Führungsaufgabe dieser Ebene in Veränderungsprozessen auf den Punkt zu bringen ist. Einer Dialogkultur den Boden bereiten, die das Wissen, Können und Wollen der Fachkräfte im Unternehmen für die Entwicklung zukunftstauglicher Produkte und Perspektiven mobilisiert und ein Gespür dafür wach zu halten, wann rezeptive Teilhabe und wann aktive Prozesssteuerung angesichts einer wahrgenommenen oder gewünschten Veränderungsdynamik gefordert ist, sind nur zwei wichtige Aufgabenfelder, die sich ergeben, wenn man das Unternehmen für Innovationen aufschließen will. Coaching kann dabei helfen, sich für diesen Anforderungskatalog absichtsvoll und zielgerichtet bereit zu machen.

14.1   Spezielle Anforderungen an das Topmanagement in Veränderungsprozessen

Das Topmanagement eines Unternehmens ist die Ebene, auf der beide Veränderungsdynamiken parallel entschieden und gesteuert werden. In Konzernen und in Unternehmen mit großen Forschungs- und Entwicklungsbereichen wird die Auseinandersetzung mit möglichen Zukunftsszenarien ins Unternehmen delegiert. Im Mittelstand obliegt das Einfangen möglicher Tendenzen, der Anstoß und das Monitoring transformierender Impulse oft der Unternehmensleitung selbst. Während die laufenden Geschäftspraktiken optimiert werden, müssen parallel selbsttransformierende Veränderungen ins Gespräch gebracht, praktisch eingeleitet und sogar disruptive Geschäftsideen entschieden und verfolgt werden. Nicht selten gegen den Widerstand einer Belegschaft, die dem bisherigen Geschäftsmodell sehr verhaftet ist und von Sorge um die eigene Zukunft Rückhalt bei ihrer Interessenvertretung sucht.

Das Topmanagement ist Orientierungsgeber für den Umgang mit Veränderung

Könnten alle Mitglieder der Unternehmensleitung sich auf ergebnisoffene Veränderungsprozesse einlassen, böten sie nach außen Orientierung für den Umgang mit Veränderung. Das ist in Unternehmen, in denen Forschung und Entwicklung nicht integraler Bestandteil der Unternehmensidentifikation ist, besonders wichtig, wenn man die Belegschaft dafür aufschließen will, in Entwicklung und Transformation die Öffnung hin zu Nachhaltigkeit bietender Veränderung zu erkennen. Nicht selten geht der Weg zu dieser Offenheit für Neues über erfolgreiche Entwicklungsprozesse, bei denen Fachkräfte aus dem Unternehmen selbst den Anstoß gaben und ihre Ideen erfolgreich am Markt zum Vorteil für das Gesamtunternehmen platzieren konnten. So eine Erfahrung transformiert das Bewusstsein aller im Unternehmen. Nach und nach werden sich große Teile der Belegschaft dessen bewusst, dass es bei dem Schritt in eine neue Dimension auf ihr Wissen, Können und Wollen ankommt und dass die Unternehmensleitung ihre aktive Mitwirkung an der Entwicklung des Unternehmens braucht. Eine gefühlte Erfahrung dieser Art mobilisiert oft unvermutete kreative Potenziale bei den Fachkräften und den Mitarbeitern, die ihre berufliche Zukunft gern mit dem Unternehmen verbunden sehen wollen.

In so einem Umfeld der aktiven Teilnahme, in dem die Mitarbeiter erleben, wie ihre Orientierungsgeber selbst Teil eines transformierenden Prozesses sind, in dem sie sich zwar sicher auf einen erkennbaren Horizont zubewegen, aber offensichtlich nicht wissen, wie es dahinter weitergehen wird, können by the way auch überholte Fixpunkte leichter losgelassen werden. Wie beispielsweise der psychologische Vertrag, der noch in vielen Unternehmen einen stillschweigend vereinbarten Anspruch auf Teilhabe bei guter Leistung beinhaltet. Oder die Selbstverständlichkeit, mit der vonseiten der Belegschaft von einer dauerhaften Bestandskraft des Unternehmens und damit der Arbeitsplätze ausgegangen wird. Solche unbewussten psychologisch absichernden Grundannahmen könnten leichter losgelassen und durch die Bereitschaft zur Mitwirkung an etwas zukunftsweisend Neuem ersetzt werden, wenn man beobachtet, dass die Orientierungsgeber als Einheit neue Sicherheit anbieten und wenn man selbst einen aktiven Part in dieser Erneuerung übernehmen kann.

Außerdem mobilisiert eine solche Einbindung in den Erneuerungsprozess die Fachkräfte im Unternehmen zum Mitdenken. Eine wesentliche Ressource beim Aufspüren neuer, zukunftstauglicher Geschäftsfelder, die sich nur im Dialog auf Augenhöhe aufschließen lässt. Wenn vom Topmanagement Dialogräume organisiert, angeregt oder jedenfalls begrüßt werden, in denen Ideen fundiert kommuniziert und weiterentwickelt werden und Entwicklungslabors eingerichtet werden, in denen zukunftstauglich scheinende Ideen zur Ausreifung gebracht werden können, dann kommt eine Dynamik im Unternehmen auf, die einen guten Raum für Transformationsmomente liefert.

Dass Coaching auf Topmanagementebene einen Beitrag für die Entwicklung einer Organisation als Ganzes leisten kann, zeigen viele Beispiele der Praxis. Allein schon, dass ein Vorstandsmitglied, bei dem der Personalbereich angesiedelt ist, über seine eigene Coachingerfahrung das im Unternehmen gebotene Führungskräftecoaching kompetent beurteilen kann, macht einen großen Unterschied für das Gesamtunternehmen. Basierend auf einer eigenen Erfahrung kann er dafür sorgen, dass die Coachingqualität dahingehend verändert wird, dass im Coaching Fragen aufgebracht werden, die den Coachingnutzern helfen, Verantwortung für das Gelingen des Unternehmens in Zukunft zu übernehmen.

Im Kontext einer Veränderungsdynamik, die von der Unternehmensleitung zu managen und kraftvoll zu kommunizieren ist, kann Coaching auf der Topmanagementebene einen stark unterstützenden Beitrag für einen positiven Schwung der Dynamik leisten.

Denkbar sind Coachingdialoge, die das gesamte Managementteam gemeinschaftlich mit einem Coachteam führt (vgl. ◨ Abb. 14.1). Vor allem dann, wenn im Managementteam keine einheitliche Sicht auf die

❏ **Abb. 14.1** Topmanagementcoaching im Team. (Mit freundlicher Genehmigung von © Britt A. Wrede, Karin Wiesenthal 2018. Alle Rechte vorbehalten)

Notwendigkeit transformierender Veränderungsprozessen gegeben ist. Wenn nur einer die Zeichen der Zeit erkannt hat und es allein an ihm ist, die Konsequenzen daraus zu ziehen und vollkommen neue Ansätze ins Unternehmen zu transportieren, wird sein Beharren gern als persönlicher Spleen abgetan und die Bedeutung seiner Prioritätensetzung nicht nachvollzogen, was dem nötigen Veränderungsklima stark entgegenarbeitet.

Gegenseitige Inspiration durch gemeinschaftliche Bewusstseins-veränderungsprozesse

Coachingdialoge, an denen das gesamte Managementteam teilnimmt haben den Vorteil, dass alle zusammen Raum zum Assoziieren haben und sich gegenseitig inspirieren können. Darüber hinaus, was ganz wesentlich ist, können alle im gemeinschaftlich geführten Coachingdialog wechselseitig immer wieder das Energieniveau anheben, wenn es angesichts der überwältigend vielen unbekannten Größen, die plötzlich ins Kalkül kommen, abzusinken droht. Und zusätzlich sichert die gleichzeitige Teilnahme aller an den Coachingdialogen die Transparenz bezüglich des kollektiven Bewusstseinsveränderungsprozesses.

Im Kontext transformierender Veränderungen auf der Topmanagementebene sind ganz typische Themen:

- sich Freiraum für Dialog und Entwicklung einräumen,
- Forschung und Entwicklung im Unternehmen neu organisieren,
- die Dialogkultur im Unternehmen so verändern, dass alle eingeladen sind, sich hierarchieübergreifend am Zukunftsdialog zu beteiligen,
- als Vorstand effizient und effektiv entscheiden,
- ein gemeinsames Zukunftsbild aufspannen, in dem transformatorische Prozesse ihren Platz haben,
- im co-kreativen Dialog Zukunft aus der Zukunft entwerfen – wie geht das, wenn die Gestaltungsparameter als zum Teil unbekannte Größen daherkommen,

- miteinander durchlässig für die Strömungen des Zeitgeistes werden und darin eine neue Stabilität finden,
- disruptive Ansätze begrüßen und zur Reife bringen können,
- als starkes Team die Seriosität der Veränderungsdynamik zu verkörpern und in Richtung Belegschaft, als auch in Richtung Aufsichtsgremium demonstrieren,
- Reflexion und Definition der Rolle des Topmanagements im Veränderungsgeschehen,
- Partizipation und Vertrauen vs. Kontrolle,
- Ermächtigung vs. Führung,
- eine Strategie/Kultur für den Umgang mit Niederlagen entwickeln.

Schafft es die Unternehmensleitung durch Aufwerfen solcher Fragestellungen, in einem offen geführten Coachingdialog zu gemeinschaftlich getragenen Antworten zu finden, strahlt die sich dadurch veränderte Atmosphäre ohne weitere Statements unmittelbar auf die nächste Ebene ab. Werden dann noch die nötigen Dialogforen gut moderiert eingeführt, dann kann davon ausgegangen werden, dass sich der Wind der Veränderung im ganzen Unternehmen fortsetzt. Und auf diese wenig aufwendige Weise kann ein Coaching des Topmanagementteams für die Veränderung des Unternehmens als Ganzes genutzt werden.

Gelingen wird das allerdings nur, wenn das Coaching von allen gemeinschaftlich beauftragt wird und die Motivation darin besteht, einen mobilisierenden Impuls in die Organisation zu bringen.

Ist ein solcher Auftrag nicht möglich, weil einige Mitglieder des Managementteams die Notwendigkeit der Selbsttransformation nicht erkennen können, sind auch nebeneinander geführte Einzelcoachings denkbar.

Einzelcoaching als Alternative

Typische Themen in solchen Einzelcoachings sind z. B.:
- Kommunikation mit den Kollegen auf der Leitungsebene – wie sensibilisiere ich die Kollegen für die Notwendigkeit der Unternehmensveränderung,
- hierarchieübergreifende Kommunikation mit möglichst vielen Stakeholdern im Unternehmen,
- Reflexion der eigenen Rolle als Promotor im Veränderungsgeschehen,
- Zielvereinbarungen bei Transformations-„Projekten",
- Durchlässigkeit vs. Kontrolle,
- Vernetzung mit Gleichgesinnten anderer Unternehmen im Sinne von Best-Practice-Inspirationen,
- Vertrauen in die eigene Kraft, Fehlentwicklungen handhaben zu können,
- Umgang mit der Angst vor Verlusten,
- gute Selbstsorge in Zeiten zunehmender Anforderungen.

14.2 Besonderheiten des Coachings auf Topmanagementebene

„hidden agenda"-Kultur ist auf Topmanagementebene alltäglich

Beim Coaching eines Topmanagementebene stehen die operativen Themen und die aktuell zu entscheidenden Fragen immer im Vordergrund. Jede Zusammenkunft wird genutzt, um in den offenen Entscheidungsthemen Fortschritte zu machen. Und die Kultur der „hidden agenda" ist auf dieser Ebene Standard. Das heißt neben den offensichtlichen Interessen werden immer auch Individualinteressen verfolgt, die nicht mitgeteilt sind und es wird um den Ausbau der persönlichen Macht gerungen. „Die Oberhand haben" hat erste Priorität, damit eine Mehrheit für eigene Positionen und Interessen stets leicht organisiert werden kann. Der Erwerb von Reputationspunkten steht dem nur mit wenig Abstand nach. Souverän mit Fokus auf die Organisationsinteressen ist oft nur der/die Vorsitzende des Gremiums.

Und dennoch oder vielleicht auch gerade deshalb ersuchen die Vorsitzenden gern um ein Coaching, an dem alle gleichzeitig teilnehmen. Wie oben bereits erwähnt, ist es besonders sinnvoll, dass das Topmanagementteam in einen gemeinschaftlichen Reflexionsprozess investiert, wenn es um die Ausrichtung des Topmanagements auf eine vereinheitlichte Strategie in Veränderungsprozessen geht.

Die Ausrichtung des Unternehmens an die Anforderungen, die mit den beiden Megatrends Globalisierung und Digitalisierung einherkommen, verändert sukzessive das ganze Erscheinungsbild eines Unternehmens und bedarf in der Regel einer Kulturanpassung, die nicht sich selbst überlassen werden sollte. Wie man auf höchster Ebene damit umgeht, wenn sich am Horizont zu zeigen beginnt, dass ein ganzer Unternehmensbereich einer Disruption zum Opfer fallen wird, und wie die Haltung der Unternehmensleitung dazu ins Unternehmen kommuniziert wird, hat entscheidenden Einfluss darauf, wie sich die Unternehmenskultur diesen Trends anpasst. Man kann dazu von oben nach unten eine Opfergeschichte präsentieren, in der um Verständnis dafür geworben wird, dass die Unternehmensleitung gerade nicht anders kann, als Mitarbeitern, Lieferanten und Kunden schmerzhafte Erfahrungen zuzufügen. Doch weil die Unternehmensleitung in allen Fragen als Orientierungsgeber fungiert, wird sich durch diese Argumentation eine Kultur von Opfern unter Opfern entwickeln, in der auf jede spürbare Veränderung mit Widerstand reagiert wird.

Praxisbezug

Wie in dem folgenden Beispiel, in dem lediglich der Vorstandsvorsitzende die Zeichen der Zeit erkannt hat und mit viel Kraftaufwand den Aufsichtsrat und seine Kolleginnen und Kollegen auf Vorstandsebene davon zu überzeugen versuchte, dass nicht nur die Abläufe, sondern auch die Produkte auf Digitalisierungspotenziale untersucht werden müssen. Er schaffte es nicht einmal, im Unternehmen als Neuerung einzuführen, dass der Produktkatalog für den Endverbraucher in digitaler Form erscheint, geschweige denn, dass es ihm gelang, einen funktionierenden

Multi-Channel-Vertrieb auf den Weg zu bringen. Beides Basics, die notwendig sind, um den Anschluss an einen sich digitalisierenden Markt nicht gänzlich zu verpassen.

Es ist sicher kein Zufall, dass es sich bei diesem Unternehmen um ein global agierendes Familienunternehmen handelt, bei dem Marktführerschaft über viele Generationen Tradition war. Viele Führungskräfte des Unternehmens kultivieren ihre Hoffnung auf den Erhalt dieser Tradition und wehren Neuerungen, die diese Tradition in Frage stellen können, erst einmal ab. Sie sind zum Umdenken nur zu motivieren, wenn der Tradition durch Festhalten an überholten Strukturen Gefahr droht. Wenn sich der Vorstand aber auf diese Argumentationsschiene begibt, betreibt er automatisch Opfermehrung und verstärkt so die Widerstandskultur.

Und weil die Einführung der digitalen Produktbewerbung ebenso wenig in seinen Zuständigkeitsbereich fällt, wie der Aufbau eines Multi-Channel-Vertriebs, ist davon auszugehen, dass die Bremse für diese Neuerungen bereits auf der Vorstandsebene gezogen ist.

Aber, wie soll es angesichts der Blockierungen bei solchen trivialen Entwicklungsanpassungen möglich sein, ernsthaft miteinander über Produktinnovationen zu sprechen und gedanklich in eine Zukunft einzutauchen, von der man nicht weiß, wie sie aussehen wird und welche Rolle darin das eigene Unternehmen noch spielen wollen könnte?!

Was hier beschrieben wird, ist kein Einzelfall. Überall auf den Vorstandsebenen in mittelständischen Unternehmen sieht man einsame Vordenker, die sich um Zukunftsdialoge bemühen und nur mit viel Anstrengung das Thema auf der Agenda halten können.

Besondere Sitzungsformate　Um unter den oben genannten Besonderheiten einer Vorstandskultur Coaching zur Unterstützung einer positiven Entwicklungs- und Transformationsdynamik durchführen zu können, bedarf es eines Sitzungssettings, das sich evident von dem unterscheidet, wie es in Vorstandssitzungen üblich ist. Schon allein, um die Assoziationen an das typische Verhalten untereinander zu unterbrechen, aber auch um ganz bewusst das lineare Denken abstellen und sich eher der kreativen Hirnareale bedienen zu können.

So könnte ein Coachingdialog am Lagerfeuer, eine Visionsarbeit mit künstlerischen Mitteln, eine Ausdrucksarbeit, die den eigenen Körper als Takt- und Resonanzgeber nutzt, um die gesuchte Form darzustellen, und manch anderes Setting hilfreich sein, die kreativen Anteile der Vorstände auf eine Zeitreise zu schicken, um in der Zukunft nach Unternehmensoptionen Ausschau zu halten. Aber auch eine länger angelegte Lernreise kann ein sinnvolles Setting sein, bei der das gesamte Team sich als „Forschergruppe" versteht und einzelne Mitglieder zu Expeditionszwecken immer mal an Orte schickt, die inspirierend für den Innovationsprozess des eigenen Unternehmens sein könnten, um etwas von diesen Orten ins Unternehmen zu bringen. Wird so eine Lernreise systematisch betrieben und von Coaches gut moderiert begleitet, ergibt sich nach und nach ein Erfahrungspool im

Kreative Sitzungssettings als Musterunterbrechung

Unternehmen der die Transformationsdynamik sowohl auf Bewusstseinsebene, als auch auf materieller Ebene anzukurbeln geeignet ist. Und wenn dann noch für gute Sichtbarkeit im Unternehmen gesorgt wird, können viele Menschen im Unternehmen daran partizipieren und sich motiviert fühlen, selbst auch auf Lernreise zu gehen.

Der Grundsatz der Exklusivität Mehr noch als auf anderen Ebenen im Unternehmen gilt auf der Ebene des Topmanagements der Grundsatz, der besagt, dass ein Coach im Unternehmen nur auf einer Hierarchieebene und dort möglichst auch nur für eine Person zuständig ist. Ein Coach, der im Dialog mit dem Gesamtteam tätig ist, führt parallel keine Einzelcoachings mit Teilnehmenden dieser Runde. Für gewünschte Einzelcoachings steht jedem Topmanager je ein eigener Coach zur Verfügung.

Nur so kann gewährleistet werden, dass die Coaches nicht für verdeckte Einzelinteressen aus der Runde instrumentalisiert werden und dass das Gebot der absoluten Verschwiegenheit nicht schon allein deswegen hinterfragt wird, weil ein Coach mehreren Mitgliedern der Runde in gleicher Weise verpflichtet ist.

Auch das Buchungsprozedere ist besonders Bei einem Coaching auf Topmanagement-Ebene kann die Personalentwicklung, die ansonsten Coaching im Unternehmen organisiert, in der Regel wenig dazu beitragen, den passenden Coach für den Vorstand zu finden und ihn für den Auftrag gewinnen. Es ist davon auszugehen, dass die Personalentwicklung nur wenig über den Auftrag selbst berichten kann. Folglich weiß sie auch wenig darüber, welche Themen im Coaching behandelt werden sollen und welche Kompetenzerwartungen an den Coach gestellt werden. Darüber hinaus fehlt ihr vermutlich auch die Kompetenz, unter den Anbietern im Markt die herauszufinden, die in Frage kommen könnten. Ein Coach, der auf dieser Ebene tätig ist, weiß um die Schwierigkeiten, die sich bei einem Anbahnungsverfahren, das zwischen ihm und der Personalentwicklung geführt wird, ergeben. Er nimmt weder an einem von der Personalentwicklung durchgeführten Auswahlverfahren teil, noch diskutiert er seine Konditionen mit dem Einkauf. Folglich erwartet er ein Anbahnungsverfahren, das direkt zwischen dem Vorstandsassistenz und seinem Büro anberaumt wird.

Fazit

Ein Coaching auf der Topmanagementebene strahlt auf ganz vielfältige Weise ins Unternehmen. Neben der Strahlwirkung, die sich positiv auf die Lernbereitschaft der Fach- und Führungskräfte im Unternehmen auswirkt, hat es immer auch stabilisierende Wirkung, wenn Mitarbeiter bemerken, dass die Firmenleitung sich aus der Rolle des Lernenden den Fragen der Zukunft stellt. Das vermittelt Seriosität und Sicherheit. Und neben diesen Wirkaspekten ergibt sich auch ein Zuwachs an Unternehmensintelligenz (Wissen, Können und Wollen), der nicht zu unterschätzen ist, wenn man in einer ungewissen Zukunft einen Platz einnehmen möchte.

14.3 Fragen aus der Praxis

Wenn es im Vorstand keine Sensibilität für weitreichende Unternehmensveränderungen gibt, wie wahrscheinlich ist es dann, dass ein Coaching zu diesem Thema von allen gemeinsam beauftragt wird?
Nicht nur zu diesem Themenkomplex ist es schwierig, eine Gesamtbeauftragung des Teams für ein Coaching zu bekommen. Meist ist es der Vorstandsvorsitzende, der es gern sähe, dass es zu einem gemeinsamen Coaching kommt. Er ist es meist, der einen Coach zu einer ersten Sondierungssitzung einlädt und mit dem Gesamtteam im Beisein des Coaches erst mal die Frage auf der Metaebene zu klären versucht, inwiefern ein Coaching bei der Bewältigung der neunen Herausforderungen behilflich sein könnte.

Der Coach hilft in diesem Klärungsprozess gern mit einer sogenannten zirkulären Frage an die anderen Vorstände, wie es dazu gekommen sein könnte, dass der Vorsitzende um ein Coaching ersucht und wie die anderen zu dieser Überlegung stehen. Man klärt auf, wie alle die aktuelle Situation einschätzen und welche Herausforderungen erkannt und bisher nicht angegangen sind. Und so tastet man sich miteinander langsam über die erkannten Herausforderungen an die Kultur des Miteinanders und an die Frage heran, was anders sein müsste, damit alle sich in einen voranbringenden Zukunftsdialog einlassen könnten. Und dann wird miteinander beraten, ob es sinnvoll und nützlich für die einzelnen Personen und für die Gesamtorganisation sein könnte, wenn man sich dieser Themen in einem ersten gemeinsamen Coaching annehmen würde. In der gemeinsamen Aufarbeitung der zu Anfang noch eher operativen Themen wird irgendwann im Prozess die Frage nach einem miteinander abgestimmten Zukunftsbild aufkommen, wo dann die Chance besteht, den Bogen so weit aufzuspannen, dass für alle erkennbar wird, dass es transformatorischer Veränderungsprozesse bedarf, wenn die als möglich erkannte Zukunft für das Unternehmen reale Perspektive werden soll.

Und weil alle Beteiligten meist unerfahren im Coaching sind und alle gern jede Begegnung dafür nutzen, ihre operativen Themen voranzubringen, wird der Coach sich die Erlaubnis einholen, Gespräche über das Alltagsgeschäft zugunsten der Coachingthemen zurückzustellen.

Wie können denn die Kräfte aus dem Vorstandssekretariat einen geeigneten Coach aufspüren? Sie sind mit dem ganzen Thema doch viel weniger vertraut, als die Personalentwicklung?
Ihr Sekretariat könnte die Personalleitung bitten, ein paar Adressen zu identifizieren beziehungsweise jemanden zu benennen, der am Markt dafür bekannt ist, dass er mit dieser recht kleinen Anbieterszene vertraut ist. Um dann in einem ersten Sondierungstelefonat abzuklären, wer von den aufgespürten Anbieterinnen und Anbietern eine beeindruckende Kompetenzvermutung auslöst und glaubhaft erklären kann, ausreichend Erfahrung im Coaching von Vorstandsteams zu

haben und darüber hinaus bereit und in der Lage ist, zeitnah für das Unternehmen tätig zu werden.

Mit den so selektierten Anbieterinnen und Anbietern wird ein persönliches Telefonat, gern per Videokonferenz vereinbart, bei dessen Ausgang entschieden wird, ob man sich einmal für ein ausführliches, persönliches Gespräch treffen möchte.

Sie betonen ausdrücklich, dass es ein Coach sein sollte. Sie erwähnen nicht die Möglichkeit eines Beraters oder eines Moderators, warum?
Coaches sind es gewohnt, jedenfalls wenn sie vorstandserfahren sind, Entwicklungsprozesse von Gruppen zu moderieren. Aber Moderatoren und Berater sind nicht erfahren im Umgang mit Coachinginterventionen. Coachingimpulse legen es darauf an, Denkgewohnheiten zu unterbrechen und zwar so radikal, dass es die Ebene berühren kann, auf der der Dialogpartner mit seiner Art zu denken so stark identifiziert ist, dass heftiger Widerstand in ihm geweckt wird, wenn seine Art zu denken hinterfragt wird. Doch manchmal braucht es diese Art von Grenzüberwindung, um sich im Dialog eine neue Sicht auf die Gegebenheiten und mögliche Zukunftsszenarien zu eröffnen. Solche Dialogpassagen offensiv herbeizuführen und dann zu lancieren, ist die originäre Aufgabe eines Coaches. Die Praxis hat mich gelehrt, dass es hilfreich ist, wenn das Coachteam sich aus Coaches und Moderatoren zusammensetzt, sodass weniger herausfordernde Dialogsequenzen von einem anderen Prozessbegleiter übernommen werden können.

Und was spricht dafür, dass der Auftrag von mehreren Coaches ausgeführt wird?
Gerade in Teams auf Topmanagementebene ist es hilfreich, wenn unterschiedliche Kompetenzen, Mentalitäten etc. von außen hereingeholt werden. So ist es beispielsweise für Teams, in denen die weibliche Komponente unterrepräsentiert ist, hilfreich wenn das Coachteam von einer Frau angeleitet wird. Um die weiblich gefärbten Interventionen im Dialog präsent zu haben. Um diese aber nicht dem Stempel „zu esoterisch" anheimfallen zu lassen, ist es hilfreich, wenn ein Mann diese Impulse verstärkt, sodass sie von den männlichen Vorständen aufgenommen werden können. Und damit nicht „gecoacht" wird, wo Moderation gewünscht und nicht moderiert, wo ein Coachingimpuls hilfreich sein könnte, ist es gut, beide Kompetenzen an Bord zu haben.

Aus der Coachperspektive gibt es daneben auch noch das Moment des Selbstschutzes. Als Coach geht der Dialog nur in offener Empfangsbereitschaft und da passiert es schon mal, dass dem Coach kurz der Atem wegbleibt, wenn jemand aus der Runde ihn schneidend abwertet, weil er das Team mit unangenehmen Wahrheiten konfrontiert. Und dann ist es gut, wenn ein Kollege den Ball aufnimmt und weiterspielt, während der andere sich kurz orientiert.

14.4 Checkliste Kap. 14: Coaching auf Topmanagementebene organisieren

Die Antworten auf die nachfolgenden Fragen werden Ihnen wichtige Hinweise geben für die Organisation von Coaching auf Topmanagementebene:

I. Besteht auf der Topmanagementebene ein gemeinschaftliches Bewusstsein bezüglich
   a. der Veränderungsdynamik von Entwicklungs- und Transformationsprozessen?
   b. der eigenen Verantwortung und Beitragsmöglichkeit für einen positiven Schwung in dieser Dynamik und für eine hilfreiche Orientierung für den Umgang mit Veränderung?
   c. der wenig aufwendigen Weise, wie Coaching auf Topmanagementebene für die Veränderung des Unternehmens als Ganzes genutzt werden kann?
   d. Und woran wird dies jeweils erkennbar?

II. Besteht auf Topmanagementebene die gemeinschaftliche Bereitschaft, sich zu einem Vorreiter der Veränderung zu machen und
   a. die eigene Bewusstseins- und Verhaltensänderung als mobilisierenden Impuls in die Organisation zu bringen?
   b. sich als Lernende unter Lernenden zu zeigen?
   c. sich in zukunftsweisenden Fragestellungen auf ergebnisoffene Prozesse einzulassen?
   d. Coachingdialoge – gemeinschaftlich oder einzeln geführt – als kraftvolles Instrument für die eigene Bewusstseins- und Verhaltensänderung zu nutzen?

III. Ist sichergestellt, dass den nachfolgenden Besonderheiten angemessen Rechnung getragen wird?
   a. Auswahl von Coaches, die mit Coaching in Topmanagementteams und hierzu hilfreichen Settings vertraut sind.
   b. Gewährleistung der Exklusivität, d. h. für gewünschte Einzelcoachings steht jedem Topmanager je ein eigener Coach zur Verfügung.
   c. Gestaltung eines Anbahnungsverfahrens/Buchungsprozederes, das im Topmanagementumfeld (z. B. Vorstandsassistenz) angesiedelt ist.

Coaching in Veränderungsprozessen auf Bereichsleiterebene

Britt A. Wrede, Karin Wiesenthal

15.1   Spezielle Anforderungen für Bereichsleiter
        in Veränderungsprozessen – 160

15.2   Besonderheiten des Coachings
        auf Bereichsleiterebene – 161

15.3   Fragen aus der Praxis – 166

15.4   Checkliste Kap. 15: Coaching
        auf Bereichsleiterebene organisieren – 168

© Springer-Verlag GmbH Deutschland, ein Teil von Springer Nature 2018
B.A. Wrede, K. Wiesenthal, *Coaching für Industrie 4.0,* https://doi.org/10.1007/978-3-662-56394-6_15

Zusammenfassung

Auf der Ebene der Geschäftsbereichsleiter entscheidet sich, welches Klima und welche Kultur sich im Unternehmen ausbreiten. Hier wird das WIE im Umgang mit den operativen Zielen entschieden, der Umgang mit Fehlentwicklungen und der Umgangston, in dem Ziele und Erwartungen kommuniziert werden. Hier werden Entscheidungen selektiert und damit Einfluss auf die faktische Strategieentwicklung genommen. Auch entscheidet sich auf dieser Ebene, mit welcher Kraft und Einstellung Vorstandentscheidungen umgesetzt werden. Insofern spielt die Haltung der Bereichsleiter zu anstehenden Veränderungen eine bedeutsame Rolle für die Unternehmens- und interne Kulturentwicklung. Diese Haltung über Coaching zu beeinflussen ist eine Aufgabe, die viel Fingerspitzengefühl erfordert. Einerseits trifft man auf dieser Funktionsebene nicht oft Menschen, die einen Sinn in einer wirklich reflektierenden Weiterentwicklung erkennen und sich dafür die nötige Zeit einräumen mögen und andererseits sind die, die in selbstreflektierender Weiterentwicklung einen Wert erkennen, nicht unbedingt bereit, dies innerhalb des Unternehmens sichtbar werden zu lassen. Zu sehr noch wird auf dieser Ebene die Inanspruchnahme eines Coachings als Ausdruck einer persönlichen Schwäche interpretiert.

15.1 Spezielle Anforderungen für Bereichsleiter in Veränderungsprozessen

Auf der Bereichsleiterebene findet man in der Regel Menschen, die in diese Ebene aufgestiegen sind, weil sie emsig und redlich an der Realisierung der Ziele gearbeitet haben, die sie in ihren Zielvereinbarungen stehen hatten. Menschen also, deren Erfolg bis dato daran geknüpft war, zu erfüllen, was die Ebene über ihnen als sinnvoll geplant hatte. Auch wenn nicht alle ambitioniert sind, weiter aufzusteigen, so ist ihnen doch gemein, dass ihnen die Auseinandersetzung mit den operativen Fragen des Geschäfts dringender ist, als die Auseinandersetzung mit der Unternehmenskultur und möglichen Zukunftsszenarien für das Gesamtunternehmen oder gar bestimmten Produktfeldern. Solche Überlegungen werden nur angestellt, wenn es dafür einen Auftrag gibt oder einen ganz konkreten Anlass.

In der Hauptsache ist man darum bemüht, das Wissen, Können und Wollen der Führungskräfte im eigenen Geschäftsbereich für die Realisierung der Quartalszahlen, Halbjahres- und Jahresziele zu mobilisieren und sich mit den Umständen auseinanderzusetzen, die der jeweiligen Zielerreichung im Weg stehen könnten. Ansonsten ist man damit befasst, selbst einzugreifen, wo eine zu große Zahlenabweichung droht und dafür Sorge zu tragen, dass die gesetzlichen Vorschriften allerorts beachtet werden beziehungsweise wie man hinderliche Regularien umgehen kann. Die Motivation für all das speist sich meist nicht aus einer Identifikation mit dem Unternehmen, sondern aus einer Identifikation mit der übernommenen Aufgabe. Bezogen auf ihre Aufgabe fühlen sich Bereichsleiter kompetent und haben stets mehr

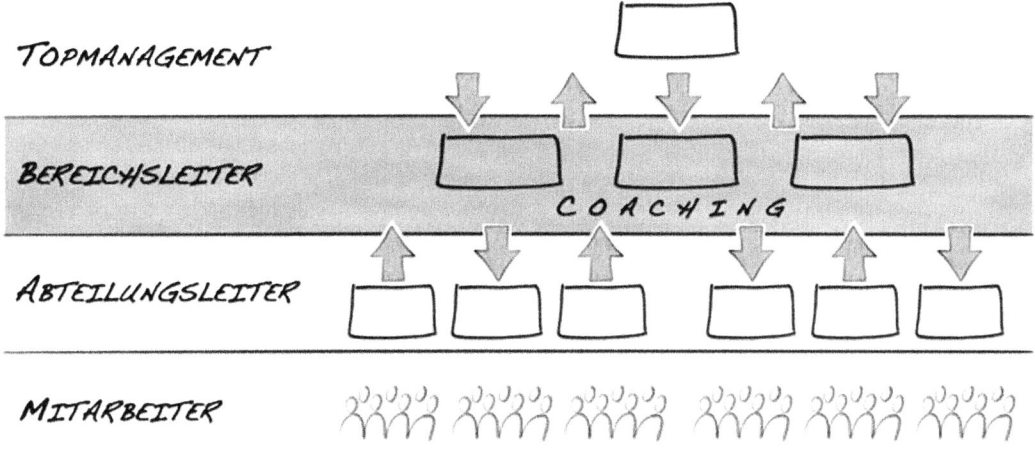

◘ **Abb. 15.1** Coaching fördert die Durchlässigkeit der Lehmschicht auf Bereichsleiterebene. (Mit freundlicher Genehmigung von © Britt A. Wrede, Karin Wiesenthal 2018. Alle Rechte vorbehalten)

Antworten als Fragen. Coaching in Anspruch zu nehmen ist auf dieser Ebene immer noch ein Eingeständnis von Schwäche und das möchte man möglichst nicht mit der eigenen Person assoziiert sehen.

Will man auf dieser Ebene eine Atmosphäre von Aufbruch und Innovation erzeugen, ist es hilfreich, wenn diese Atmosphäre aus der Vorstandsebene in die Ebene der Bereichsleitungen getragen wird. Ist sie dort nicht gegeben, sondern nur vereinzelt vertreten, dann kann es auch funktionieren, wenn die Bereichsleiter mit ausdrücklicher Empfehlung aus einer externen Quelle „betankt" werden. Eine solche Quelle kann Coaching sein (vgl. ◘ Abb. 15.1).

> Veränderungen brauchen eine Atmosphäre von Aufbruch und Innovation auf Bereichsleiterebene

15.2 Besonderheiten des Coachings auf Bereichsleiterebene

Die Einführung eines Coachingangebots für den Kreis der Bereichsleiter erfordert allerdings eine besondere Sensibilität. Insbesondere auch dann, wenn es bis dato im Unternehmen kein Coachingangebot gab oder keines, das von Personen aus diesem Kreis in Anspruch genommen wurde. Am besten führt man es ein, wenn das Unternehmen in eine neue Entwicklungsphase eintritt, die unmittelbar auf der Bereichsleiterebene neue Strukturen zur Folge hat.

Praxisbezug

Wie etwa in einem Unternehmen mit international verteilten Produktions- und Vertriebsstellen, in dem zukünftig einzelne Geschäftsfelder, die bis dato in den Ländern dezentral erarbeitet wurden, aus der Länderverantwortlichkeit in eine Zentralverantwortung übergehen. Wenn diese Zentralverantwortung dann noch nicht einmal in der Holding angesiedelt wird, sondern bei verschiedenen Tochterunternehmen in unterschiedlichen Ländern, stellt das eine besondere Herausforderung an die Persönlichkeit aller Beteiligten dar.

Eine solche Änderung kann auf dem Weg der Globalisierung und der Digitalisierung sinnvoll sein, erfordert aber von allen beteiligten Geschäftsstellenleitern, die durch die neue Struktur eher zu Bereichsleitern „degradiert" werden, die Bereitschaft, dem jeweiligen Land die Zuständigkeit auch zu überlassen. Und es verlangt eine Bereitschaft, das eigene Geschäft als Teil eines großen Ganzen zu sehen, für das man nun gemeinschaftlich verantwortlich ist. Auch gilt es auszuhalten, dass die eigene Bonuszahlung nun maßgeblich von jemand anderem abhängt, der vielleicht ganz anders agiert, als man es selbst über viele Jahre mit gutem Erfolg getan hat. Und wenn man dann noch hinnehmen muss, dass im Sinne ökonomischer Vernunft der Markt und die Produktion unter dem Schirm der neuen Struktur neu aufgeteilt werden, dann rüttelt das alles zusammen schon sehr an der eigenen Persönlichkeit eines Bereichsleiters.

Coaching als Angebot, um sich schnell in neue Anforderungssituationen einzufinden

In so einer Phase ganz grundsätzlicher Entwicklung ließe sich Coaching besonders gut einführen. Und zwar mit der Ausrichtung, den Teamerfolg dadurch zu sichern, dass jeder für sich Coaching in Anspruch nehmen kann, um sich schnell in die neue Rolle und die geänderten Umstände einzufinden. Auf die Weise kann eine besondere Anforderungssituation dazu dienen, diese ambitionierten Kräfte mit Coaching vertraut zu machen und die Auseinandersetzung mit großen Veränderungen, die mit der gerade erlebten eingeleitet werden könnten, voranzutreiben.

In dem hier beschriebenen Fall kann das neue Team nur erfolgreich werden, wenn es gelingt, dass es sich regelmäßig einen Dialograum gönnt, in dem Zuhören und die Akzeptanz kultureller Unterschiede ganz oben auf der Tagesordnung stehen. Wenn der Deutsche seine Lieferanten an den Niederländer und der Engländer seine Kunden an den Franzosen weitergeben soll, dann bedarf es neben einer neuen Akzeptanz für Kulturunterschiede außerdem eines ungewohnten Vertrauens und einer ungewohnten Abstimmungsdichte im Dialog auf Augenhöhe mit anderen, von denen man bisher wusste, dass sie keine ernsthafte Konkurrenz für das eigene Werk darstellten.

Das Coachingangebot, das im Zusammenhang mit so einer Umstellung eingeführt werden kann, muss in der Intention so ausgerichtet sein, dass es nicht am Widerstand ansetzt, sondern an der Möglichkeit zu gewinnen. An der Perspektive, Teil eines Gewinnerteams zu sein, mittels dessen die Weichen für die Zukunft des Unternehmens gestellt werden. Um eine möglichst große Akzeptanz für das Coaching zu bekommen und es unmittelbar an die Fragen der Bereichsleiter anknüpfen zu können, sollte das Coachingangebot in Kooperation mit den Bereichsleitern und nicht am grünen Tisch in einem Raum der Personalentwicklung entworfen werden. Es darf nicht den Hauch eines Fürsorgeprogramms haben, sondern eher als eine Art Selbstermächtigungstool angesehen werden, das man selbst in einer Zeit komplett neuer Herausforderungen in Auftrag gegeben hat. Im Ideal wird ein externer Anbieter beauftragt, der in Fokusinterviews die Fragestellungen der Bereichsleiter identifiziert und die Erwartungen an einen möglichen Coach einerseits und an das Verfahren andererseits. Auf Grundlage dieser Informationen kann ein erfahrener externer Anbieter mit geringem Aufwand ein Coachingmodell für das Unternehmen als Ganzes und den anstehenden Coachingbedarf auf der Bereichsleiterebene im Speziellen entwerfen. So, wie der externe Anbieter auch ohne erheblichen Suchaufwand im Markt – auch international – die für dieses Unternehmen und diese Personengruppe passenden Coaches findet.

Wenn von der Empfehlung durch den Vorstand, über das Buchungsprozedere, bis hin zur anonymisierten Rechnungsstellung alles für diese „empfindliche" Gruppe passt, ist die Wahrscheinlichkeit sehr groß, dass die Mitglieder das Coachingangebot gern in Anspruch nehmen. Damit wäre die Hemmschwelle für ein zukünftiges Coaching genommen und man könnte beginnen, diese Ebene in den Perspektivfindungsprozess aktiv einzubinden. So eine Einbindung könnte am Anfang darin bestehen, im Unternehmen nach Innovationen und innovativen Fachkräften Ausschau zu halten, mit denen sich Zukunftsdialoge organisieren ließen, bis hin zur Moderation solcher Zukunftsdialoge und Beauftragung entsprechender Projektarbeiten.

Die Auswirkung, die eine Mobilisierung der Veränderungsbereitschaft auf der Bereichsleiterebene auf die Entwicklungsdynamik eines Unternehmens hat, lässt sich schnell ermessen, wenn man sich vorstellt, wie es wäre, wenn diese Ebene geschont bliebe. Was sich dann entwickelt, wird in vielen Unternehmen als Lehmschicht empfunden und bezeichnet, an der sich entweder engagierte Abteilungsleiter und Mitarbeiter abarbeiten oder innovative Vorstände oder gar beide Seiten. Meist mit großem Kraftaufwand und erheblichen Reibungsverlusten.

Einzelcoaching oder in der Gruppe Angesichts der Tatsache, dass die Coachings auch auf eine Strahlwirkung ins Unternehmen abzielen, könnte man leicht auf die Idee verfallen, dass es den Prozess beschleunigen könnte, das Coaching von Anfang an im Gruppenverband durchzuführen. Ähnlich einem moderierten Dialog. Im Hinblick auf die besonderen Empfindlichkeiten dieser Kräfte aber ist sehr genau zu prüfen, ob dieser Ansatz in Bezug auf die angestrebte Wirkung die beste Variante ist. Hinzu kommt, dass in den ersten Coachingdialogen vielleicht viel Unmut über die neue Situation verarbeitet werden muss, der in einer neuen Gruppe, in der jeder seinen Platz erst noch finden muss, sicher nicht deutlich offenbart wird und somit nur sehr mühsam neutralisiert werden kann.

> In der Regel ist Einzelcoaching das Einstiegsformat für diese Ebene

Ein weiteres Argument, das gegen ein Coaching im Gruppenverband spricht, könnte sein, dass die Gruppe international besetzt ist. Ein Coaching – insbesondere eine erste Coachingerfahrung – sollte aber in der eigenen Muttersprache erlebt werden. Im Verlauf, wenn die Gruppe sich gefunden und erste Erfolge miteinander erzielt hat, kann es angezeigt sein, dass sich die Bereichsleiter zusammen mit dem

Vorstand hin und wieder zu einem „Offsite" zurückziehen, um gemeinsam in den Prozess der Zukunftsbildentdeckung einzutauchen. Das wäre dann ein guter Anlass, um eine erste Erfahrung in einem Coachingdialog zu sammeln, an dem eine ganze Gruppe beteiligt ist und in dem es darum geht, Innovationen aufzuspüren und das Entstehen transformatorischer Prozesse zu forcieren.

Größtmögliche Autonomie sicherstellen

Die drei Gebote – Exklusivität, Vertraulichkeit und Wahlfreiheit Wie schon an anderer Stelle dargelegt, gelten auf der Ebene der Bereichsleiter ganz ähnliche Anforderungen als auf der Ebene des Topmanagements. Das Gebot der Exklusivität besagt, dass jeder Bereichsleiter einen eigenen Coach hat, von dem er sicher weiß, dass dieser nicht auch noch für andere Führungskräfte im Unternehmen tätig ist. Eine Ausnahme von diesem Regelgebot stellt die Durchführung von Coachingprogrammen dar. Bei Coachingprogrammen, die im Unternehmen flächendeckend auf Abteilungsleiterebene durchgeführt werden, um dem Unternehmen als Ganzes einen breiter angelegten Entwicklungsschub zukommen zu lassen, ist es angezeigt, dass die Bereichsleiter aus der gleichen Quelle Zugang zu dem Input erhalten, wie ihre Abteilungsleiter. Dafür kann es schon sein, dass die Bereichsleiter es billigend in Kauf nehmen, dass vom Gebot der Exklusivität Abstand genommen wird. Insbesondere, wenn das Coachingprogramm von einem Anbieter durchgeführt wird, der für seine Verschwiegenheit in alle Richtungen bekannt ist. Für den Fall jedoch, dass Coaching im Unternehmen noch unbekannt ist oder von den Bereichsleitern bisher nicht genutzt wurde, ist das Gebot der Exklusivität sehr eng auszulegen.

Das Gebot der Vertraulichkeit besagt zunächst, dass keinerlei Inhalte aus dem Coaching in das Unternehmen zurückgespiegelt werden. In manchen Unternehmen geht dies sogar soweit, dass dem Unternehmen nicht einmal der Name des Nutzers und ein Coachinganlass genannt werden müssen, um einen Rechnungslauf zu veranlassen. Ein Aspekt, der sich für eine erste Coachingerfahrung auf dieser Ebene bewährt hat, weil sie dem Coachingnutzer die Möglichkeit gibt, die Erfahrung im Verborgenen zu machen und selbst die Kontrolle darüber zu haben, wer, wann etwas davon erfährt.

Bei dem Gebot der Wahlfreiheit sind insbesondere zwei Aspekte zu bedenken. Es geht um das OB und das WEN. Zum einen muss das Coachingmodell so ausfallen, dass der Bereichsleiter ganz frei von Konsequenzen selbst wählen kann, ob er das Angebot für sich nutzen möchte. Frei nach dem Grundsatz, ein Kunde kann ein Produkt nur wählen, wenn er es auch ablehnen kann. In dieser Frage reagieren Bereichsleiter weitaus empfindlicher als Abteilungsleiter, die es gewohnt sind, von ihren Vorgesetzten und vom Unternehmen Entwicklungsziele in die Zielvereinbarung geschrieben zu bekommen, für die es unablässig ist, dass sie sich einer Weiterbildungsmaßnahme bedienen, um diese Ziele erreichen zu können. Auf der Bereichsleiterebene wird so eine Entwicklungserwartung leicht als manipulativer Eingriff oder Hinweis auf die Sichtbarkeit vermeintlicher persönlicher Schwächen interpretiert. Beides wäre kontraproduktiv für die im Coaching angelegte Option einer Bewusstseinserweiterung im Sinne der Öffnung für den Veränderungsprozess des Unternehmens.

Wenn ein Bereichsleiter dem Coaching gegenüber offen eingestellt ist, dann sollte ihm im Sinne der Wahlfreiheit auch freigestellt sein, welchen Coach er beauftragen möchte. Auch in der Frage, ob er einen Coach aus dem unternehmensinternen Coachpool nutzt, sollte ihm freie Hand gegeben sein. Für den Fall, dass ein Bereichsleiter lieber einen Coach nutzt, der im Unternehmen fremd ist, wird es im Coachingkonzept eine Passage geben, die regelt, welches Prozedere dann zur Anwendung kommt.

Angesichts der besonderen Empfindlichkeit und angesichts der Bedeutung, die Bereichsleiter für die Unternehmensentwicklung haben, ist es ratsam, die hier beschriebenen Aspekte mit großer Sorgfalt im Blick zu halten, wenn ein Coaching im Unternehmen auf der Bereichsleiterebene eingeführt werden soll.

Ein passendes Buchungsprozedere Die Erfahrung zeigt, dass ein Buchungsprozedere, welches eine vollkommene Anonymität sichert, auf der Bereichsleiterebene das bevorzugte Prozedere darstellt. So ist die Bereitstellung eines Pools ausgewählter und auf Qualität geprüfter Coaches auf einer Internetplattform, die nur dieser Gruppe zugänglichen ist, eine von dieser Gruppe bevorzugte Variation für ein Anbahnungsverfahren. Eine Plattform, auf der man mit einem Klick zu einem Coach Kontakt aufnehmen kann, der bereits mit dem Coachingmodell des Unternehmens vertraut ist. Der Bereichsleiter kann mit verschiedenen Anbietern unverbindlich Kontakt aufnehmen und sich dann für einen Coach entscheiden. Hat er sich entschieden, gilt der Coach seiner Wahl als gebucht und kann von den Kolleginnen und Kollegen nicht mehr abgerufen werden. Denkbar ist, dass auch die Abrechnung über diese digitale Plattform organisiert wird.

Das Auffinden hochwertiger Coaches im Markt, die dieser Gruppe von Nutzern gerecht werden kann, stellt eine große Herausforderung dar, die nur von sehr erfahrenen Kräften der Personalentwicklung geleistet werden kann. Insbesondere, wenn Coaching neu im Unternehmen eingeführt werden soll, empfiehlt es sich, mit der Zusammenstellung des Coachpools einen externen Anbieter zu beauftragen – einen erfahrenen Anbieter, der mit den Besonderheiten dieser Nutzergruppe und der besonderen Unternehmensherausforderung vertraut ist und der außerdem auf ein großes Netzwerk in den Ländern zugreifen kann, in dem der Auftraggeber Coachings abrufen möchte. Er muss darüber hinaus in der Lage sein, die Qualität von Coaches, die er nicht aus seinem Netzwerk rekrutiert, schnell und sicher einzuschätzen. Ist dieser Anbieter auch mit der Durchführung der Interviews beauftragt gewesen, dann hat er bereits konkrete Ideen, welche Coaches aus seinem Gesichtsfeld für welche Bereichsleiter passen könnten. Um eine zügige Abwicklung zu garantieren, hat er diese parallel zu den durchgeführten Interviews bereits in einen Stand-by-Modus gebracht.

Anonymität wahrende Verfahren werden bevorzugt

In dem hier beschriebenen Verfahren für Coaching auf der Bereichsleiterebene, an dem die Bereichsleiter von Anbeginn an aktiv mitwirken, wird auf diese Weise eine Ermächtigungskultur praktisch gelebt, die den gesamten Veränderungsprozess einer Organisation positiv beeinflussen kann.

Typische Themen im Coaching auf der Ebene der Bereichsleitung Wenn man nur auf die Mobilisierung der Innovations- und Transformationsdynamik abstellt, dann sind folgende Themenstellungen für Coachingdialoge auf der Bereichsleiterebene als typisch auszumachen:

- Orientierungsgeber für eine offene Dialogkultur in einem volatilen Umfeld sein können,
- Dialog auf Augenhöhe mit den Abteilungsleitern und den Mitarbeitern bei gleichzeitiger Aufrechthaltung einer die Stabilität erhaltenden systemischen Ordnung,
- Moderator für Zukunftsdialoge sein können,
- Verantwortungsübernahme und Selbstermächtigung im Hinblick auf die Zukunftstauglichkeit der Gesamtorganisation,
- Dialog auf Augenhöhe mit dem Vorstand bei Anerkennung der Entscheidungshoheit des Vorstands,
- kollegialer Dialog mit „Bewahrern" innerhalb der eigenen Peergroup.

Fazit

Werden diese Themen im Sinne einer Mobilisierung der aktiven Teilnahme am Zukunftsentwicklungsprozess im Coaching aufgegriffen, ist es leicht vorstellbar, dass Coaching auf dieser Ebene dem Veränderungsprozess eines Unternehmens zuträglich ist, wenn nicht sogar erfolgsentscheidend. Immer vorausgesetzt, es wird auf der Vorstandsebene so gesehen und von dieser Ebene auch in diesem Sinne protegiert.

Problematisch wird es dagegen, wenn die Nutzung des Coachingangebots als Diktat verstanden wird, dem die Bereichsleiter sich nicht entziehen können. Damit wäre das Instrument vermutlich für lange Zeit auf dieser Ebene verbrannt.

15.3   Fragen aus der Praxis

Wenn es so eingerichtet ist, wie hier beschrieben, laufen wir dann nicht auch Gefahr, dass die Erwartungen der Bereichsleiter in Richtung Vorstand sich verändern, ohne dass sich auf der Vorstandsebene eine gewisse Offenheit dafür entwickelt hat?

Hier sei grundsätzlich noch einmal daran erinnert, dass die Einführung von Coaching Vorstandssache ist. Das bedeutet, dass allen Vorstandsmitgliedern im Vorfeld diese Gefahr transparent gemacht wurde und dass alle zugestimmt haben, es zu wagen. Ja, Bereichsleiter, die sich in der Zuständigkeit für das Gelingen des Gesamtunternehmens verstehen, formulieren veränderte Erwartungen an die Entscheidungsdynamik im Vorstand. Sie suchen den Dialog auf Augenhöhe mit dem Vorstand und sie wollen die Unternehmensperspektive und die Gangart der anderen Geschäftsbereiche mitentscheiden können. Sukzessive erhalten sie über die Dialogverdichtung mehr Einblick in die Arbeitsweise des Vorstandes und haben vielleicht auch dazu kritische Anmerkungen und vieles mehr. Vielleicht ist das zunächst ungewohnt, aber letztlich werden über diesen Weg die Menschen im Unternehmen mit der stärksten Beharrungskraft flexibilisiert, was den anstehenden Veränderungen des Unternehmens zuträglich sein wird.

Wenn ein externer Anbieter mit der Entwicklung eines Coachingmodells beauftragt wird, das vor allem auf die Bereichsleiterebene zugeschnitten wird, muss man es später wieder in die Hand nehmen, wenn das Coaching sich bewährt hat und man das Angebot auf das Gesamtunternehmen ausrollen will?
Es ist davon auszugehen, dass der Anbieter diese Option von Vornherein einplant und dementsprechend das Modell so konzipiert, dass die Coachingleitsätze und alle weiteren Themen des „Philosophischen Überbaus" so gefasst sind, dass sie sich in die gelebte und – soweit bekannt – in die angestrebte Unternehmenskultur gut einfügen. So eine Anforderung kann dem Anbieter auch in den Auftrag geschrieben werden. Das Buchungsprozedere und die Coaches für die jeweilige Nutzergruppe werden auf einer Unterseite des Portals geführt, die passwortgeschützt ist und nur der jeweils zugelassenen Nutzergruppe zugänglich, sodass der Großteil der Arbeit einfach übernommen werden kann und es gleichzeitig zu keinerlei Verwirrung angesichts möglicher Unterschiede bei den Rahmenbedingungen kommt.

Ich habe noch nie gehört, dass im Vorfeld einer anstehenden Veränderungswelle so großer Aufwand für eine Führungskräfteentwicklung betrieben wird. Ist das nicht ein bisschen übertrieben?
Das muss jedes Unternehmen für sich entscheiden. Hilfreich ist, den Veränderungsprozess so zu durchlaufen, dass die nachhaltige Teilhabe des Unternehmens am Markt gesichert werden kann oder dass das Unternehmen in einem anderen Unternehmen gut organisiert aufgehen kann.

Wenn man den Eindruck hat, dass das Unternehmen von der aktiven Mitwirkung der Führungskräfte abhängt und diese aber nicht gesichert ist, dann würde ich nicht von einer überflüssigen Zuwendung sprechen, sondern von einer notwendigen. Die vergleichenden Erfahrungen haben gezeigt, dass in einem gut organisierten Veränderungsprozess, in dem die Führungskräfte und die Mitarbeiter selbst einen Veränderungsprozess durchlaufen konnten, Krankenstand, Unfallrate, Fehlerrate und Fehlquote geringer ausfallen, als in Unternehmen, in denen in die Führungskräfte nur reaktiv investiert wird.

15.4 Checkliste Kap. 15: Coaching auf Bereichsleiterebene organisieren

Für die Einführung eines wirkungsvollen Coachingangebots für die Bereichsleiterebene empfiehlt es sich, der Sensibilität dieses Nutzerkreises aufrichtig Rechnung zu tragen und alles wegzulassen, was als ein „Diktat", dem man sich nicht entziehen kann, verstanden werden könnte. Schon der Einführungsprozess sollte so gestaltet sein, dass er die „Ermächtigungskultur" erlebbar macht, die durch das Coachingangebot angestrebt wird und die den gesamten Veränderungsprozess einer Organisation positiv beeinflusst.

Hierzu ist es ratsam, die nachfolgenden Aspekte mit hoher Achtsamkeit im Blick zu halten:

Aspekt	Empfehlung
Haltung gegenüber der Zielgruppe	Das Coachingangebot darf nicht den Hauch eines Fürsorgeprogramms oder einer Anmutung von Defizitbeseitigung haben, sondern sollte sich eher als eine Art selbst in Auftrag gegebenes Selbstermächtigungstool darstellen. Es sollte an der Perspektive, Teil eines Gewinnerteams zu sein, mittels dessen die Weichen für die Zukunft des Unternehmens gestellt werden, anknüpfen. Ein günstig gewählter Einführungszeitpunkt – z. B. wenn das Unternehmen in eine neue Entwicklungsphase eintritt, die unmittelbar auf der Bereichsleiterebene neue Strukturen zur Folge hat – kann dies unterstützen.
Einbindung	Das Coachingangebot sollte in Kooperation mit den Bereichsleitern und nicht am grünen Tisch in einem Raum der Personalentwicklung entworfen werden. Im Ideal wird ein externer Anbieter beauftragt, der in Fokusinterviews die Fragestellungen der Bereichsleiter identifiziert sowie die Erwartungen an einen möglichen Coach einerseits und an das Verfahren andererseits.
Einzel-/Gruppencoaching	Es ist sehr genau zu prüfen, ob die Rahmenbedingungen für ein wirkungsvolles Gruppencoaching (d. h. Teammitglieder sind bereits vertraut miteinander, haben ihren Platz in der Gruppe gefunden und schon erste gemeinsame Erfolge erzielt) bereits gegeben sind oder es Faktoren gibt, die zunächst Einzelcoaching als die bessere Variante erscheinen lassen (z. B. wenn eine erste Coachingerfahrung in der eigenen Muttersprache zu sammeln ist oder vielleicht viel Unmut über die neue Situation verarbeitet werden muss, was im Einzelcoaching müheloser neutralisiert werden kann).
Gebot der Exklusivität	Insbesondere in dem Fall, dass Coaching im Unternehmen neu ist und von den Bereichsleitern bisher nicht genutzt wurde, ist das Gebot der Exklusivität – das besagt, dass jeder Bereichsleiter einen eigenen Coach hat, von dem er sicher weiß, dass dieser nicht auch noch für andere Führungskräfte im Unternehmen tätig ist – sehr eng zu verstehen.
Gebot der Vertraulichkeit	Es ist sicherzustellen, dass keinerlei Inhalte aus dem Coaching in das Unternehmen zurückgespiegelt werden. In manchen Unternehmen geht das Gebot der Vertraulichkeit sogar so weit, dass dem Unternehmen nicht einmal der Name des Nutzers und ein Coachinganlass bekannt gegeben werden müssen, um einen Rechnungslauf zu veranlassen.
Gebot der Wahlfreiheit	Das Gebot der Wahlfreiheit bezieht sich insbesondere auf zwei Aspekte, das „Ob" und das „Wen". Zum einen muss das Coachingmodell so ausfallen, dass der Bereichsleiter ganz frei von Konsequenzen selbst wählen kann, ob er das Angebot für sich nutzen möchte. Ebenso sollte einem Bereichsleiter auch freigestellt sein, welchen Coach er beauftragen möchte. Für den Fall, dass ein Bereichsleiter lieber einen Coach nutzt, der nicht zum unternehmensinternen Coachpool gehört, sollte es im Coachingkonzept eine Passage geben, die regelt, welches Prozedere dann zur Anwendung kommt.

Aspekt	Empfehlung
Buchungs-prozedere	Die Erfahrung zeigt, dass ein Buchungsprozedere, welches eine vollkommene Anonymität sichert, auf der Bereichsleiterebene das bevorzugte Prozedere darstellt. Dies kann durch die Bereitstellung eines Pools ausgewählter und auf Qualität geprüfter Coaches auf einer Internetplattform, die nur dieser Gruppe zugänglichen ist, gewährleistet werden.

Coaching auf Abteilungsleiterebene

Britt A. Wrede, Karin Wiesenthal

16.1   Einzelcoaching auf Abteilungsleiterebene – 174

16.2   Coachingprogramme auf der Abteilungsleiterebene – 175

16.3   Fragen aus der Praxis – 177

16.4   Checkliste Kap. 16: Coaching auf Abteilungsleiterebene organisieren – 178

© Springer-Verlag GmbH Deutschland, ein Teil von Springer Nature 2018
B.A. Wrede, K. Wiesenthal, *Coaching für Industrie 4.0*, https://doi.org/10.1007/978-3-662-56394-6_16

Zusammenfassung

Abteilungsleiter stellen die größte Gruppe von Führungskräften im Unternehmen dar. Gleichzeitig sind sie die ausführende Kraft des Unternehmens. Hinsichtlich Veränderungsbereitschaft reicht das Spektrum auf dieser Ebene von langgedienten Kräften mit eher bewahrender Mentalität bis hin zu Neueinsteigern, die etwas im Sinne des Zeitgeistes bewegen wollen. Während auf den Ebenen darüber die „Richtlinien der Politik" entschieden und die Umsetzungskanäle freigeschaltet werden, sind es die Abteilungsleiter und die Mitarbeiter eines Unternehmens, die durch die Erledigung ihrer Arbeiten die Unternehmung am Laufen halten. Das auf dieser Ebene vorhandene Wissen, Können und Wollen auf die Veränderung eines Unternehmens auszurichten, ist die Kunst, die darüber entscheidet, wie, mit welcher Dynamik und welcher Qualität ein Entwicklungs- oder Transformationsprozess für das Unternehmen verläuft. Weil Coaching darauf zielt, das im Dialog mobilisierte Wissen, Wollen und Können ganz unmittelbar in die praktische Arbeit einfließen zu lassen, ist es ein sehr hilfreiches Instrument, wenn es darum geht, auf der Abteilungsleiterebene und der Ebene der Mitarbeiter eine Veränderungs- und Zukunftsbereitschaft mobil werden zu lassen.

Die Quelle der Motivation kennen, um Wissen, Wollen und Können zu mobilisieren

Was brauchen Menschen, um Ihr Wissen, Wollen und Können für das Gelingen eines Unternehmens zu mobilisieren und einzusetzen? Sie brauchen das Erleben, dass es für sie persönlich einen Unterschied macht, und sie brauchen die Erfahrung, dass sie erfolgreich sein können. Nichts mobilisiert die Einsatzbereitschaft von Menschen so sehr, wie die Aussicht, mit dem eigenen Einsatz erfolgreich sein zu können. Und zwar erfolgreich im Sinne ihres intrinsischen Motivs, das sie unbewusst im Leben dazu bringt, sich immer wieder einzubringen und nach Möglichkeiten zu suchen, ihre Probleme zu lösen und anstehende Herausforderungen in den Griff zu bekommen. Hat ein Unternehmen lange Desinteresse daran signalisiert, aus welcher Quelle die Mitarbeiter ihre Motivation schöpfen, dann findet sich in der Belegschaft meist eine große Gruppe von Menschen, die um ihre Motivation nichts weiß. Menschen, die versuchen, irgendwie in ihrer Freizeit einen Ausgleich für den Lebensverzicht am Arbeitsplatz zu finden. Und wenn auch das nicht gelingt, wird zu Betäubungsmitteln gegriffen, die helfen sollen, die Sinnentleerung des eigenen Daseins zu kompensieren. Die Betäubungsmittel, die zum Einsatz kommen, sind landläufig bekannt. Aus Unternehmensperspektive ist zu bedenken, dass der Kater der Ernüchterung sich während der Arbeitszeit einstellt, was wiederum zu dem Irrtum anregt, es seien die Arbeit und das Unternehmen ursächlich für diesen Kreislauf.

Praxisbezug

Wie sich das im Unternehmen auswirkt, mag an diesem Beispiel deutlich werden, das sich ausgerechnet in einem Unternehmen zutrug, das für innovative Eventgestaltung steht. Events, die von Unternehmen genutzt werden, um anstehende Kultur- und Transformationsprozesse im Unternehmen besprechbar werden zu lassen.

Das Unternehmen selbst nutzte seine Kompetenz und führte ein Führungskräfteevent für die eigenen Führungskräfte durch, in dem u. a. alle eingeladen waren, ihr intrinsisches Motiv mit den anderen zu teilen. Eine Frage, die in den Raum gestellt wurde, um die Inspiration anzufeuern lautete: „What brings a smile to your face?". Was in den fast reflexartig hervorkommenden Antworten plötzlich sichtbar wurde, war, dass alle ein ganz besonderes häusliches Vergnügen hatten – vom Hund, der abends aus dem ‚dog garden' abgeholt würde, über das neue Baby, das gerade von der geliebten Frau zu Hause versorgt wird und den Oldtimer, mit dem es im Sommer immer wieder auf Landpartie gehe. Niemand der am Dialog teilnehmenden Führungskräfte sprach darüber, dass etwas an der Arbeit, die täglich zusammen geleistet wurde ein „smile to the face" brachte. Betrachtet man das, was mitgeteilt wurde unter dem Gesichtspunkt, dass das die Gruppe sein soll, von deren Einsatz der anstehende Veränderungs- und Innovationsprozess der Unternehmenskunden abhängt, macht uns der Einblick in die Motivlage der Führungskräfte zunächst etwas sprachlos. War es die falsche Frage oder war es ein Trägheitsmoment, der alle Antworten in die gleiche Richtung ausfallen ließ? Oder gar die Realität, die sich hier zeigte. Eine Realität, die wenig Hinweis auf eine Verbindung zwischen den Menschen, dafür aber viel Abgrenzungsverhalten zeigte?

In dieser oder ähnlicher Qualität fiel es auch auf, als man in einer Bank, in der gerade die erste Welle von Personalab- und Stellenumbau durchgeführt wurde, versuchte, die zukünftigen Stakeholder für einen anstehenden Veränderungsprozess zu identifizieren. Viele Menschen bangten darum, in Zukunft nicht mehr dabei zu sein, stellten sich selbst aber nicht die Frage, ob es für den eigenen Lebens- und Entwicklungsweg sinnvoll sei, im Unternehmen zu bleiben. Lieber versank man in der kollektiven Klage über die Auflösung des psychologischen Vertrags, der doch eine große Arbeitsplatzsicherheit prognostiziert hatte. Ein nachvollziehbarer Ausdruck von Störempfindungen, die mit Angst einherkommen, wenn man sich als Opfer der Umstände versteht. Wenn ein betäubter Eros jegliche Lust an Leistung und Erfolg hat einschlafen lassen oder die Angst vor Verlust zur Angst vor Veränderung wird, wie soll dann ein Klima von Veränderungsbereitschaft und Innovation erzeugt werden?

In beiden Unternehmen gab es auf der Abteilungsleiterebene wenig Bewusstsein bezüglich der eigenen Motivation für die tägliche Arbeit. Und die Unternehmen hatten bis dato wenig dafür getan, ein entsprechendes Bewusstsein zu schulen, geschweige denn die Leistungen entsprechend der Motivation abzurufen.

Und was kann Coaching im Hinblick auf Erweckung und Ermächtigung leisten?

16.1   Einzelcoaching auf Abteilungsleiterebene

Mit Einzelcoaching Hemmnisse in der Veränderungsbereitschaft auflösen

Das immer noch bekannteste Format ist das Einzelcoaching. Will man über ein Angebot von Einzelcoachings Einfluss auf die Dynamisierung einer Veränderung nehmen, muss das Coachingangebot explizit mit diesem Fokus ausgeschrieben sein. Und es müssen Coaches an Bord sein, die darum wissen, dass es ihre Aufgabe ist, den Dialog so zu führen, dass das, was der Veränderungsbereitschaft des Coachingnutzers im Weg steht, aufzulösen ist, zugunsten einer Mobilisierung seiner Bereitschaft zur aktiven Mitwirkung im Veränderungsprozess. Und dass nicht etwas im Sinne einer Manipulation á la „Tschakka, Du schaffst das", sondern im Sinne einer liebevollen Hinwendung zu dem, was hinter der Angst vor Veränderung immer auch noch ruht – nämlich der Wunsch, den Mut und die Kraft zu haben, in einem sich ändernden Umfeld erfolgreich sein zu können.

Um ein Coachingangebot im Unternehmen organisieren zu können, das diesen Fokus konsequent hält, bedarf es eines Organisators, der das verstanden hat und umsetzen kann. Also eine Personalentwicklung, in der Veränderung begrüßt wird und die ihre Aufgabe nicht an der Seite der Interessenvertretung, sondern als Mittler zwischen den beiden Interessenkontrahenten – Unternehmensleitung und Personalvertretung – verortet. Eine Personalentwicklung, die den Schwerpunkt ihrer Aufgabe darin sieht, ins Unternehmen hinein Produkte zu bieten, die den Bedarfen nach Ermächtigung und Teilhabe aufseiten ihrer internen Kundschaft gerecht wird.

Ist das interne Coachingangebot in der hier beschriebenen Weise deklariert und ausgestattet, dann ist jeder Coachingprozess, der im Einzeldialog geführt wird, eine Unterstützung für den Veränderungsprozess des Unternehmens. Die kollektiven Beschwerden, die Kultur des passiven Widerstands oder auch das Anspruchsdenken und die Propaganda für diese destruktiven Gewohnheiten haben durch das Coaching einen Vertreter verloren, der Verantwortung für seine zukünftige Erfahrung von Arbeit übernehmen wird. Entweder im oder auch außerhalb des Unternehmens.

10 % als Kritische Masse für einen Paradigmenwechsel

Als Begleitinstrument ist Einzelcoaching sicher unterstützend für den Gesamtprozess, aber nicht sehr effektiv, wenn der ganze Prozess der nötigen Bewusstseins- und Haltungsänderung nur darauf abstellte. Allein schon, wenn man das Gesetz der Kritischen Masse berücksichtigt, wonach für einen Paradigmenwechsel eine Gruppe von 10 % benötigt wird, um ein Umdenken der ganzen Gruppe zu erreichen. Demnach müssten über das Coachingangebot 10 % der sich zurückhaltenden Meinungsführer in eine Haltungsänderung finden, um dann in ihrem Umfeld entsprechende Strahlwirkung zu entfalten. Nicht unmöglich, aber mühsam, zeit- und kostenaufwendig vor allem auch, wenn man bedenkt, wie groß der Aufwand sein mag, bis diese Personengruppe für sich ein Coaching in Anspruch nimmt.

16.2 Coachingprogramme auf der Abteilungsleiterebene

Coachingprogramme (vgl. ◘ Abb. 16.1) sind das Instrument der ersten Wahl, wenn es darum geht, großflächig im Unternehmen, auf der Abteilungsleiterebene einen „Erweckungsprozess" und eine Haltungsänderung zu erwirken. Ein Effekt, der mit minimalem Zusatzaufwand förderlich auf die Mitarbeiterebene und die Bereichsleiterebene ausstrahlt.

Praxisbezug

Wie in einem Unternehmen beispielhaft zu beobachten war, in dem ein vorausschauender Vorstand erkannt hatte, dass vor der ersten großen Veränderungswelle eine Ermächtigungswelle auf der Abteilungsleiterebene zu erfolgen hat. Das durchgeführte Coachingprogramm hatte nichts mit den sich auf absehbare Zeit ändernden Umständen zu tun, sondern bezog sich allein darauf, dass alle Interessentinnen und Interessenten, die an diesem Programm teilnehmen wollten, mit ihrem jeweiligen Bereichsleiter ein Projekt inklusive messbarem Projektziel vereinbaren mussten. Ein messbares Ergebnis, das zum Zeitpunkt ihrer Einbuchung in das Programm noch außerhalb ihrer Reichweite zu liegen schien. Die einzige Anforderung, die das Projekt daneben noch erfüllen musste, war, dass es bei Realisierung dem Unternehmenserfolg zuträglich sei, und zwar in der Weise, dass der Nutzen für das Unternehmen größer war als die Kosten der Teilnahme.

In einer Großveranstaltung im Vorfeld der Einführung des Coachingprogramms wurde allen Führungskräften das Format nahegebracht. Der Vorstand erklärte sich über den Sinn dieser Investition, nämlich eine neue Ermächtigungskultur befördern zu wollen, die das Unternehmen stark für zukünftige Anforderungen machen solle. In dieser Veranstaltung konnten

◘ **Abb. 16.1** Coachingprogramm: Individuelle Projektarbeit im Gruppenverband. (Mit freundlicher Genehmigung von © Britt A. Wrede, Karin Wiesenthal 2018. Alle Rechte vorbehalten)

sich alle mit dem Anbieter vertraut machen und ihre Fragen, Bedenken und Wünsche zu diesem für alle neuen Coachingprodukt anbringen. Die Bedenken der Personalentwicklung und der Mitarbeitervertretung waren im Vorfeld der Veranstaltung über verschiedene Kommunikationswege beruhigt worden, sodass unmittelbar im Anschluss an die Großveranstaltung erste Einbuchungen erfolgen konnten.

Insgesamt haben an diesem Coachingprogramm 30 % aller Abteilungsleiter im Unternehmen teilgenommen. Dafür wurden insgesamt drei Programme mit jeweils 25 Teilnehmern durchgeführt. Tatsächlich wurden in jedem Programm weitaus mehr als 25 Projekte realisiert und je Programm überschritt der Nutzen die Kosten um ein Vielfaches. Aber viel bedeutsamer war die Strahlwirkung, die dieser Ermächtigungsschub im Unternehmen hatte. Es war zu beobachten, dass unter den Teilnehmenden die Unfall- und Krankheitsrate sofort signifikant sank und die Überstunden im Zuständigkeitsbereich der Teilnehmenden ebenfalls weit unter den bis dato üblichen Stand absank.

Auch wurden von den Teilnehmenden die Zielvereinbarungen von da ab stets voll erfüllt und manche übernahmen bei der späteren Umstrukturierungswelle mehr Verantwortung in Form einer neuen Führungsaufgabe oder auch in Form eines Mentorings für junge Talente im Unternehmen. Und weil das Erleben von Ermächtigung so belebend und gleichzeitig befriedigend ist, hat sich aus dem Wunsch heraus, dass die gemachte Erfahrung zur Kultur im Unternehmen würde, ein Arbeitskreis gebildet, der für das Unternehmen neue Führungsleitlinien entwickelte. Der wohl wichtigste Punkt bei der Überarbeitung der bisherigen Führungsleitlinien war, dass sie zu einer Richtschnur für eine Art Verbindlichkeit und Verlässlichkeit im Hinblick darauf wurden, „wie wir geführt werden". Letztlich wurden diese neuen Führungsleitlinien von allen Führungskräften und vom Vorstand unterschrieben – ein sich selbst einstellender Nebeneffekt des Coachingprogramms, der sonst nur mit aufwendigen Mitteln zu organisieren ist.

Als dann zwei Jahre später die erste große Veränderungswelle im Unternehmen einsetzte, waren es die am Coachingprogramm beteiligten Menschen, die den Veränderungen mit großer Offenheit und aktivem Gestaltungswillen begegneten.

In einem anderen Unternehmen, das sich ebenfalls für die Durchführung eines Coachingprogramms entschieden hatte, um die Innovationsbereitschaft bei Ingenieuren zu fördern, wurden im Rahmen des Coachingprogramms innovative Projektideen realisiert, wofür das Unternehmen 10 % der Regelarbeitszeit bereitstellte, wenn der mögliche Erfolg des Projekts dies rechtfertigte. Auch in diesem Unternehmen war ein unmittelbarer Rückgang der Unfall- und der Krankenquote zu vermerken sowie eine große Mitwirkungsbereitschaft, als die ersten großen, zum Teil auch disruptiven Neuerungen Einzug hielten. Eine Gruppe von Teilnehmern entwickelte während der Programmlaufzeit für die Produktion vollkommen neue Arbeitsabläufe, die später als Prototypen für die Produktionsumstellung in den ausländischen Werken dienten. Letztlich entwickelte sich der deutsche Standort des Unternehmens zum Forschungs- und Entwicklungsstandort, der für den europäischen Markt vordachte.

Damit ein Coachingprogramm derart zuträglich bei der Veränderung von Unternehmen und deren Umfeld wirkt, bedarf es einiger Faktoren, die mit Bedacht gesetzt werden müssen. Insbesondere sind da zu nennen:

- Die Schirmherrschaft durch den Vorstand (dranbleiben, bis der gesamte Nutzen geschöpft ist).
- Das Themenfeld, für welches das Programm aufgerufen wird, muss mit dem Anbieter gut abgestimmt sein.
- Das interne Marketing für so ein Programm muss auf Ermächtigung ausgerichtet sein (statt auf Hilfestellung).
- Es bedarf eines wertigen Bewerbungsverfahrens, über das die Teilnehmenden sich einbuchen können.
- Es muss eine Strategie geben, die sichert, dass das Unternehmen die gesteigerte Selbstwirksamkeit der Teilnehmenden zukünftig abrufen wird.

Sinnvolle Themen, die in einem Coachingprogramm reflektiert werden könnten, welches zur Ermächtigung auf der Abteilungsleiterebene im Vorfeld einer Veränderungswelle genutzt werden soll, sind:

- Zielklarheit und vorausschauender Umgang mit der Initiierung und Steuerung zielführender Kausalverläufe,
- Erfolgsgewissheit als Haltung,
- die eigene, unbewusst wirkende Erfolgsstrategie,
- kraftvoller Umgang mit Fehlentwicklungen und Ergebnisabweichungen,
- Praxis zur Sicherstellung von termingerechten Teilergebnissen,
- Ausstieg aus dem kollektiven Jammern und aus der kollektiven Gerüchteküche,
- als Führungskraft der Ermächtigung der Mitarbeiter beitragen können,
- als Abteilungsleiter im Spannungsfeld der unterschiedlichen Erwartungen von Bereichsleitern und Mitarbeitern ein Standing halten zu können, das den eigenen Werten und Standards gerecht wird.

> Coachingprogramme brauchen spezielle Rahmenbedingungen

16.3 Fragen aus der Praxis

Ist das, was hier als Ermächtigung beschrieben wird, nicht eine sehr anspruchsvolle Kraft, die sich auch ganz leicht gegen die Unternehmensleitung wenden kann, wenn die Erwartungen nicht erfüllt werden?

Im Einzelfall sicher, als Bewegung ganz sicher nicht. Ermächtigung bedeutet immer auch, Verantwortung für die eigene Sichtweise auf die Umgebung und den eigenen Stand darin zu übernehmen. Wie auch für die Umgebung, in die man sich in ermächtigter Weise verantwortlich einfügen möchte. Auch wenn die Auseinandersetzung mit den eigenen Möglichkeiten im Unternehmen die Grenzen deutlich werden lässt, so lässt sie auch eine Reihe neuer Möglichkeiten sichtbar werden. Und wenn es dem Unternehmen gelingt, das freigesetzte Wissen, Wollen und Können sinnstiftend abzurufen, dann ergibt sich eher eine Haltung dankbarer Teilnahme an der Unternehmensgestaltung, als eine kritische Außenvorhaltung. Immer vorausgesetzt, die Programmleitung hat ihre Arbeit im Sinne der Ermächtigung gut gemacht.

Was passiert aber, wenn die Bereichsleiter über den Abteilungsleitern nicht so wohlwollend reagieren, wie in dem hier beschriebenen Beispiel?
Wenn auf der Bereichsleiterebene gemauert wird, ist das natürlich tragisch. Tragisch für die Abteilungsleiter, die in ihrem Engagement gebremst werden, aber auch für die Unternehmensentwicklung, die dann unter erheblichen Reibungsverlusten zwischen den beiden Ebenen stattfinden muss. Deswegen muss man im Vorfeld genau untersuchen, was es braucht, damit das möglichst nicht passiert. So hat z. B. ein Unternehmen sich entschlossen, parallel zum Coachingprogramm auf der Abteilungsleiterebene für die Bereichsleiterebene Kamingespräche eingeführt, bei denen die im Programm reflektierten Themen ebenfalls, aber in einem weniger fordernden Rahmen reflektiert wurden. Es findet sich ein Weg. Die Abteilungsleiter selbst sind im Umgang mit Ihrem Bereichsleiter in der Regel auch sehr kreativ, wenn es darum geht, das Neue nutzen zu können, ohne den Bereichsleiter abzuhängen oder dessen Widerstand zu groß werden zu lassen.

Ist es nicht viel sinnvoller, das Coachingprogramm gleich auf der Bereichsleiterebene anzusetzen?
Leider nein. Auf dieser Ebene ein Coachingprogramm anzubieten hat bei Weitem nicht diese positive Konsequenz. Die Mentalität der Bereichsleiter lässt es in der Regel nicht zu, dass diese sich im Gruppenverband, aufrichtig ihren leistungs- und perfomanceschwächenden Themen zuwenden.

16.4   Checkliste Kap. 16: Coaching auf Abteilungsleiterebene organisieren

Die Mobilisierung der Veränderungs- und Zukunftsbereitschaft auf Abteilungsleiterebene kann durch ein Angebot von Einzelcoachings oder mittels eines Coachingprogramms im Gruppenverband erfolgen. Relevante Faktoren sind insbesondere:

Bei Einzelcoaching:
- Explizite Ausschreibung des Coachingangebots mit Fokus auf die Dynamisierung einer Veränderung.
- Auswahl von Coaches, die darum wissen, dass es ihre Aufgabe ist, den Dialog so zu führen, dass das, was der Veränderungsbereitschaft des Coachingnutzers im Weg steht, aufzulösen ist zugunsten einer Mobilisierung seiner Bereitschaft zur aktiven Mitwirkung im Veränderungsprozess.

▬ Eine Personalentwicklung als Organisator, die zum einen den Schwerpunkt ihrer Aufgabe darin sieht, ins Unternehmen hinein Produkte zu bieten, die den Bedarfen nach Ermächtigung und Teilhabe aufseiten ihrer Kundschaft gerecht wird und sich zum anderen als Mittler zwischen den Interessenkontrahenten – Unternehmensleitung und Personalvertretung – verortet.

Bei Coachingprogrammen:
▬ Schirmherrschaft durch den Vorstand (dranbleiben, bis der gesamte Nutzen geschöpft ist).
▬ Das Themenfeld, für welches das Programm aufgerufen wird, muss mit dem Anbieter gut abgestimmt sein.
▬ Internes Marketing muss auf Ermächtigung ausgerichtet sein (statt auf Hilfestellung).
▬ Es bedarf eines wertigen Bewerbungsverfahrens, über das die Teilnehmenden sich einbuchen können.
▬ Es muss eine Strategie geben, die sichert, dass das Unternehmen die gesteigerte Selbstwirksamkeit der Teilnehmenden zukünftig abrufen wird.

Finden diese Faktoren eine gute Besetzung, so wird auch diese Führungsebene einen Ermächtigungsschub erleben, der eine bedeutsame Strahlwirkung in das Unternehmen hat.

Es ist noch wichtig zu wissen, dass Coachingprogramme das Instrument der ersten Wahl sind, wenn es darum geht, großflächig im Unternehmen, auf der Abteilungsleiterebene eine Bewusstseins- und Haltungsänderung zu erwirken, da sie effektiver und in der Regel weniger zeit- und kostenaufwendig sind als eine entsprechende Anzahl an Einzelcoachings.

Blitzlicht-Coaching und Hot Calls auf Mitarbeiterebene

Britt A. Wrede, Karin Wiesenthal

17.1   Blitzlicht-Coaching – 183

17.2   Hot Calls für Coachingdialoge
auf der Mitarbeiterebene – 184

17.3   Fragen aus der Praxis – 186

17.4   Checkliste Kap. 17: Coaching auf
Mitarbeiterebene organisieren – 187

© Springer-Verlag GmbH Deutschland, ein Teil von Springer Nature 2018
B.A. Wrede, K. Wiesenthal, *Coaching für Industrie 4.0*, https://doi.org/10.1007/978-3-662-56394-6_17

Zusammenfassung

Auf der Mitarbeiterebene, insbesondere unter den Facharbeiterinnen und Facharbeitern, finden sich in vielen Unternehmen Kräfte, die dem Unternehmen in aufrichtiger Identifikation sehr verbunden sind. Sie sind bereit und in der Lage, sich unterstützend in einen Veränderungsprozess einzubringen, andere aus der Belegschaft mitzunehmen und den Dialog mit ihrer Interessenvertretung auf Augenhöhe zu führen. Es ist deswegen durchaus lohnenswert, auch hier zur Unterstützung eines Veränderungsprozesses ein Coachingangebot zur Bewusstseinsentwicklung zur Verfügung zu stellen. Nicht so engmaschig, wie auf den anderen Ebenen, aber doch verbindlich und ernsthaft. Ein Coachingangebot, das auf dieser Ebene greift, unterscheidet sich im Format evident von den Formaten, wie sie auf den anderen Ebenen als üblich angenommen werden. Bewährte Formate sind solche, die hilfreiche Kurzimpulse geben, mit Nachwirkung auch ohne vertiefenden Dialog. Ebenso wie spontan abrufbare Einzelgespräche mit einem professionellen Coach, die zur Entlastung und zur Orientierung in Veränderungssituationen angeboten werden.

Mit einem Coachingangebot auf Mitarbeiterebene signalisiert ein Unternehmen, verstanden zu haben, dass die auf den einzelnen zukommenden Belastungen das gewohnte Maß überschreiten und man signalisiert darüber hinaus, dass man bereit ist, den psychologischen Vertrag der konkludent zwischen Unternehmen und Mitarbeiter geschlossen ist, dem Zeitgeist anzupassen. An die Stelle der stillschweigend vereinbarten Arbeitsplatzsicherheit, die im Gegenzug zu regelmäßig erbrachter Arbeitsleistung bisher angeboten wurde, tritt eine Unterstützungsleistung, die zeitnah zum Engagement der Mitarbeiter eingelöst wird.

Kurzcoachings als geeignete Formate auf Mitarbeiterebene

Der wohl wichtigste Unterschied ist, dass das Coachingangebot nicht so sprachlastig sein darf wie auf anderen Ebenen. Nicht etwa, weil der Dialog intellektuell nicht nachvollzogen würde, sondern eher, weil dieser Personenkreis nicht gewohnt ist, sich Themen in andauernden, komplexen lernenden Dialogen zu erarbeiten. Der Denk- und Handlungsraum dieser Personengruppe ist im Vergleich zu anderen Gruppen im Unternehmen eher als reduziert anzusehen. Die besonderen Fähigkeiten, ob in der Produktion oder im Büro, sind eher durch Können als durch Wissen gekennzeichnet. Auch mobilisiert jedes Setting, das annähernd an Schule und an Dialoge im Über- und Unterordnungsformat erinnert, Widerstand und ist schon allein deswegen zu vermeiden. Ein weiterer Unterschied, der zu bedenken ist, ist, dass das Coaching nicht 60 min während der Arbeitszeit stattfinden kann. Es könnte der Eindruck entstehen, die Firmenleitung gehe davon aus, die Kraft sei an ihrem Platz überflüssig, was sie natürlich nicht ist, auch wenn die Abwesenheitslücke kurzfristig von den Kolleginnen und Kollegen geschlossen werden könnte. Und als weiteres Merkmal gilt noch zu bedenken, dass jeder Input einen unmittelbar herzustellenden Praxisbezug haben muss. Das bedeutet, dass der Anbieter mit dem Arbeitsumfeld der Teilnehmenden vertraut sein muss. Geeignete Formate sind dementsprechend Kurzcoachingformate wie das Blitzlicht-Coaching und die Hot Calls.

17.1 Blitzlicht-Coaching

Als Blitzlicht-Coaching oder besser noch Coaching-Blitzlicht wird jeder Gruppendialog mit Coachinginterventionen verstanden, an dem man spontan partizipieren kann, ohne einen längeren Coachingprozess in Anspruch zu nehmen.

Praxisbezug

So wurde es beispielsweise in einem Produktionsunternehmen für die Mitarbeiter der Produktion und der Verwaltung an einem bestimmten Wochentag in einem der Aufenthaltsräume angeboten. Das Coachingthema des jeweiligen Tages und das mit dem Coaching angestrebte Ziel wurden von Mal zu Mal in Abstimmung mit den Betroffenen entschieden. Ein Coach, der an dem Tag vor Ort war, bot – ähnlich wie beim Format des World Cafés – einen Gesprächstisch an, an dem das Thema mit einer immer wechselnden Besetzung diskutiert werden konnte. Die Teilnehmenden durften maximal 10 min am Stück, dafür aber mehrmals am Tag an dem Dialog teilnehmen. Einzige Bedingung: Sie mussten sich aktiv darum bemühen, den anderen zuzuhören und selbst etwas mitzuteilen, was für die anderen nützlich sein könnte und dabei die angebotenen kreativen Mittel wie Malen, Basteln, Fotografie, Körpereinsatz etc. nutzen. In der Mittagspause wurden der Gesprächsverlauf und der aktuelle Gesprächsstand auf einer Pinwand ausgestellt, sodass in der zweiten Tageshälfte wieder daran angeknüpft werden konnte. Die echten Coachingimpulse wurden immer dann vom Coach eingebracht, wenn der Dialog drohte, in unproduktive Denk- und Kommunikationswege abzugleiten.
Das Blitzlicht-Coaching wurde in monatlichem Rhythmus angeboten und nachdem die ersten Runden vor allem dafür genutzt wurden, sich Gehör für die eigenen Bedenken und Beschwerden zu verschaffen, wurden die Dialoge im Verlauf immer häufiger zur Klärung der eigenen Sicht auf die anstehenden und bereits greifenden Veränderungen genutzt. Es kamen in diesen Runden nicht selten Mitarbeitende zu Wort, die sich ansonsten in Gesprächen unter Kolleginnen und Kollegen eher zurückhielten, in diesen Runden aber eine Möglichkeit erkannten, ihre eigene Sichtbarkeit im Unternehmen zu verbessern. Und es entstand eine konstruktive Kraft, die eine gewisse Gegenkraft zum taktischen Widerstand der eigenen Interessenvertretung bot.

Die Praxis hat gezeigt, dass es in Unternehmen großes Interesse an diesen Dialogen gibt, weil sie Raum geben, den eigenen Standpunkt ins Unternehmen zu kommunizieren, ohne dafür „haftbar" gemacht zu werden, dass es als entlastend empfunden wird, sich im Gespräch mit anderen und auch mit einem Proficoach eine andere als die vielleicht sehr belastende Sicht auf die Umstände zu erobern. In solchen Dialogen ist viel Raum für eine Reflexion zu Fragen, über die man sich sonst nur in Form von Statements und Beschwerden mitteilt, was aber selten eine neue, entlastende Sicht auf die Dinge schafft.

Damit die Blitzlicht-Coachings wie hier beschrieben stattfinden können, bedarf es aber einer Belegschaftsgröße, bei der immer mindestens drei Mitarbeitende in die Pause gehen können. In Unternehmen, in denen nicht mindestens drei Personen gleichzeitig in die Pause gehen, kann so ein Blitzlicht-Coaching auch als Gruppenveranstaltung in den Randzeiten oder als Lunch Talk angeboten werden.

Typische Themen für ein Blitzlicht-Coaching auf Mitarbeiterebene sind:

- kraftvoll mit den eigenen Sorgen und Beschwerden umgehen können,
- das Flurgespräch neu erfinden,
- vom Hoffen zum Gestalten finden,
- vom Betroffenen zum Beteiligten werden,
- Verbesserungsvorschläge konsequent zu Ende denken und qualifiziert vortragen,
- Stress und Druck selbstständig auflösen können,
- die Interessenvertretung in ihrer Aufgabe nutzen und fordern.

Im Blitzlicht-Coaching üben sich alle im konstruktiven Dialog

Der wohl größte Nutzen dieses Coachingangebots ergibt sich für das Unternehmen aus den regelmäßigen konstruktiven Dialogen auf der Mitarbeiterebene. Die Beschwerdekultur tritt nach und nach in den Hintergrund. Darüber hinaus beginnt ein Nachdenkprozess über einen anstehenden Richtungswechsel, bevor die durchzuführenden Veränderungen auf dieser Ebene greifen und umgesetzt werden müssen.

Voraussetzung für den Erfolg eines Blitzlicht-Coaching ist, dass es von der Unternehmensleitung als ein aufrichtiges Entwicklungsangebot verstanden wird, an das nicht die Erwartung einer schnellen Haltungs- und Verhaltensänderung geknüpft ist. Und hilfreich ist es, wenn das Angebot im Vorfeld mit der Interessenvertretung abgestimmt wurde.

17.2 Hot Calls für Coachingdialoge auf der Mitarbeiterebene

Dieses Angebot könnte für einen Veränderungsprozess hilfreich sein, wenn davon auszugehen ist, dass durch die anstehenden Veränderungen über einen nicht absehbaren Zeitraum erhebliche Mehrbelastungen auf einzelne Mitarbeitende zukommen. Nicht selten wird dann von den Betroffenen der ganze Veränderungsprozess kritisch in Frage gestellt, was zu nicht unerheblichen Erschwernissen führen

▣ Abb. 17.1 Hot Calls zur Stärkung der Mitarbeiter in Veränderungsprozessen. (Mit freundlicher Genehmigung von © Britt A. Wrede, Karin Wiesenthal 2018. Alle Rechte vorbehalten)

kann, wenn diese Kräfte sich mit einer widerständischen Interessenvertretung verbünden.

Die Coachingdialoge könnten als Entlastungsgespräche geführt werden, in denen der Coachingnutzer sich eine Strategie dafür erarbeitet, wie er weitere Ressourcen aufbauen kann, um den Belastungen Stand halten zu können. Sodass er als Verantwortlicher allzeit für eine ausgewogene Energiebilanz sorgen kann (vgl. ▣ Abb. 17.1).

Entlastungsgespräche für eine ausgewogene Energiebilanz

Aber auch die Gruppe von Mitarbeitenden, die in einem Zukunftslabor mit zukunftsorientierten Projektarbeiten betraut ist, könnte von einer Coachinghotline profitieren und damit der Veränderungsprozess als Ganzes.

Die Projektverantwortlichen in den Zukunftslabors, die damit betraut sind, zukunftstaugliche Innovationen auszubrüten, Ausschau nach weiteren Digitalisierungsfeldern zu halten und diese für das Unternehmen entscheidungsreif aufzubereiten, sind oft Kräfte, die speziell für diese Aufgabe in das Unternehmen geholt wurden und meist noch vergleichsweise jung sind und über wenig Erfahrung im Umgang mit einem Unternehmensalltag verfügen. Für diese Kräfte kann es unterstützend sein, gelegentlich die Möglichkeit zu haben, mit einem Coach zu reflektieren.

Die Anschlussfähigkeit der Projektverantwortlichen in Zukunftslabors sichern

Themen könnten sein, wie sie sich die für ihr Projekt nötigen Ressourcen im Unternehmen organisieren, wie sie Entscheidungsgrundlagen vorbereiten und auch, wie sie sich als ernstzunehmende Autoritäten im Unternehmen Gehör verschaffen. Es lohnt meist nicht, für solche Einzelthemen einen Coachingprozess aufzusetzen, denn diese Kräfte sind in der Regel gewohnt, auf sich gestellt zu sein und sie sind sehr agil und gewandt im Umgang mit Lernimpulsen. So reicht meist schon ein einziger Coachingdialog, um für eines der hier genannten Themenfelder eine nützliche Lösung zu erarbeiten. Auch haben diese Kräfte nicht die Erschwernis, dass sie sich an das Unternehmen gebunden sehen, sodass sie den Aufwand eines auf länger angelegten Coachingprozesses nicht auf sich nehmen würden. Vielmehr gehen sie davon aus, dass sie solange mitwirken, bis sie an ihre Grenzen stoßen und dass dann ein anderer Entwickler übernimmt. Frei nach dem modernen Motto: „Wenn Du ein Problem hast, dass Du selbst nicht lösen kannst, dann teile es mit anderen. Und wenn sich dann jemand zeigt, der es besser kann als Du, dann übergib das Problem an ihn."

Die Unternehmensleitung, bei der diese Zukunftslabors meist angesiedelt sind, ist es nicht gewohnt, mit jungen, eher unabhängigen Menschen zu kommunizieren und so kommt es nicht selten zu Missverständnissen und Konflikten zwischen diesen beiden Mentalitäten. Missverständnisse durch die unterschiedliche Kommunikationskultur und Konflikte, die sich aus dem unterschiedlichen Freiheitsgrad ergeben. Beides wirkt sich belastend auf die Motivation der jungen Kräfte und damit auf den Innovationsgehalt der von ihnen geleisteten Arbeit aus und kann zu zeitlichen Verzögerungen oder auch zur vollständigen Blockierung führen, was angesichts der Schnelllebigkeit des Marktes nicht akzeptabel ist.

Denkbar ist eine speziell für das Unternehmen freigeschaltete Telefonhotline, über die täglich zu bestimmten Zeiten Gespräche mit einem Coach möglich sind. Alle Mitarbeitenden können über ein freigeschaltetes Kontingent an Coachingdialogen verfügen und abgerechnet wird über eine digitale Plattform, die vom Anbieter betrieben und gesichert wird.

Speziell für die jungen Mitarbeitenden bietet man auf diesem Weg ein zeitgemäßes Mittel, mit einer externen Fachkraft zu reflektieren, bevor es zu unüberbrückbaren Konflikten zwischen ihnen und der Unternehmensleitung kommt.

17.3   Fragen aus der Praxis

Wie kann denn sichergestellt werden, dass keine falschen Erwartungen an das Angebot der Blitzlicht-Coachings geknüpft werden und der Coach sich nicht für die Kommunikation dieser Erwartungen instrumentalisieren lässt?

Das an das Angebot die Erwartung geknüpft wird, der Coach setze sich bei der beauftragenden Unternehmensleitung für die Belange der Belegschaft ein, ist nicht auszuschließen. Hier helfen Redundanz, Redundanz, Redundanz und gelebte Praxis. Eine andere Erwartung, die sicher ebenfalls nicht erfüllt wird, ist die, dass die Unternehmensleitung die vielen Überlegungen, die in diesen Runden angestellt werden, als Arbeitsaufträge annimmt. Und auch im Hinblick auf diese Fehlvorstellung hilft Redundanz und gelebte Praxis.

Das klingt bei den Hot Calls ein bisschen nach dem Coach als Seelsorger?
Ja, nur dass der Coach nicht die Seele des Coachingnutzers umsorgt, sondern seine Haltung zum Veränderungsprozess und zu seinen persönlichen Möglichkeiten, sich in den sich ändernden Umständen gut selbst zu organisieren.

Wir haben bei uns in der Personalentwicklung einige Kräfte, die selbst eine Coachausbildung absolviert haben. Wäre es da nicht einfacher und kostengünstiger, die Coachinghotline über den internen Personalbereich zu organisieren?
Kostengünstiger wäre es sicher nicht, denn die Hotline rechnet nach Minutenintervallen ab, während die internen Kräfte als Angestellte weitaus mehr kosten, neben der Hotline aber nicht mit qualifizierten anderen Arbeiten betraut werden können. Und einfacher ist es auch nicht, wenn man bedenkt, welche Fallstricke sich gleichzeitig auslegen, wenn ein zum System Gehörender und damit selbst Betroffener das Coaching für andere Betroffene übernimmt.

Wenn nun die Interessenvertretung dem Coachingangebot aus Gründen der Machtdemonstration nicht zustimmt, ist es ratsam, an diesem Punkt zu eskalieren?
Nein, das ganz sicher nicht. Dafür ist dieser Punkt mit Blick auf all das, was zukünftig noch zu verhandeln sein wird, nicht wichtig genug. Außerdem kann die nicht erteilte Zustimmung später in einer Argumentation noch verwendet werden, wenn unter Berufung auf die Verletzung des Gleichheitsgrundsatzes anderen unterstützenden Maßnahmen die Zustimmung verweigert wird, wo lediglich Mitwirkung erforderlich ist.

17.4 Checkliste Kap. 17: Coaching auf Mitarbeiterebene organisieren

Es ist lohnenswert, auch auf Mitarbeiterebene ein verbindliches und ernsthaftes Coachingangebot zur Verfügung zu stellen, um die Bewusstseinsentwicklung dieser Personengruppe im Sinne des Veränderungsprozesses zu unterstützen. Blitzlicht-Coaching fördert den konstruktiven Gruppendialog während Hot Calls die Individualentwicklung fördert.

	Blitzlicht-Coaching	**Hot Calls**
Voraus-setzung	Die Unternehmensleitung versteht das Blitzlicht-Coaching als ein aufrichtiges Entwicklungsangebot, an das nicht die Erwartung einer schnellen Haltungs- und Verhaltensänderung geknüpft ist.	Das Unternehmen verbindet mit einem solchen Coachingangebot das Signal, dass es verstanden hat, dass die auf den einzelnen zukommenden Belastungen das gewohnte Maß überschreiten.
Kurzbe-schreibung	Gruppendialog mit Coachinginterventionen, an dem man spontan partizipieren kann, bei dem beispielsweise ein Coach, ähnlich wie beim Format des World Cafés einen Gesprächstisch anbietet, an dem ein mit den Betroffenen abgestimmtes Thema mit einer immer wechselnden Besetzung diskutiert werden kann.	Als Entlastungsgespräche geführte Coachingdialoge, die z.B. mittels einer speziell für das Unternehmen freigeschalteten Telefonhotline, über die täglich zu bestimmten Zeiten Gespräche mit einem Coach möglich sind.
Nutzen	• Ein konstruktiver Dialog wird regelmäßig geübt und die Beschwerdekultur tritt nach und nach in den Hintergrund. • Man kommt über anstehende Veränderungen in die Reflexion, bevor diese auf der Ebene greifen und umgesetzt werden müssen. • Die Mitarbeiterinnen und Mitarbeiter werden über einen längeren Zeitraum mit dem anstehenden Richtungswechsel des Unternehmens vertraut.	• In Zeiten erheblicher Mehrbelastungen durch die anstehenden Veränderungen, erarbeitet sich der Coachingnutzer eine Strategie dafür, seine Energiebilanz selbst zu steuern. • Projektverantwortliche steigern ihre Anschlussfähigkeit an das Unternehmen.
Typische Themen	• Kraftvoll mit den eigenen Sorgen und Beschwerden umgehen können • Das Flurgespräch neu erfinden • Vom Hoffen zum Gestalten finden • Vom Betroffenen zum Beteiligten werden • Verbesserungsvorschläge konsequent zu Ende denken und qualifiziert vortragen • Stress und Druck selbstständig auflösen können • Die Interessenvertretung in ihrer Aufgabe nutzen und fordern	• Wie lassen sich die für das eigene Projekt nötigen Ressourcen im Unternehmen organisieren? • Wie sind Entscheidungsgrundlagen vorzubereiten? • Wie verschaffe ich mir als ernstzunehmende Autorität im Unternehmen Gehör?

Coaching im Personalbereich

Britt A. Wrede, Karin Wiesenthal

18.1   Spezielle Anforderungen an die Personalentwicklung
in Veränderungsprozessen – 190

18.2   Coachingprogramm als Transformationshilfe
für das Rollenverständnis der Personalentwicklung – 194

18.3   Fragen aus der Praxis – 196

18.4   Checkliste Kap. 18: Selbstcheck zukunftsorientierte
Personalentwicklung – 198

© Springer-Verlag GmbH Deutschland, ein Teil von Springer Nature 2018
B.A. Wrede, K. Wiesenthal, *Coaching für Industrie 4.0*, https://doi.org/10.1007/978-3-662-56394-6_18

Zusammenfassung

Damit der Personalbereich in Veränderungsprozessen als kompetenter Partner der Unternehmensleitung einerseits und der internen Kundinnen und Kunden andererseits agieren kann, bedarf es eines entsprechenden Selbstverständnisses und einer auf zukünftige Herausforderungen ausgerichteten Kompetenz und Inanspruchnahme. Das dafür erforderliche Selbstverständnis weicht sehr grundsätzlich von dem ab, wie es in vielen Bereichen der Personalentwicklung in Unternehmen heute gelebt wird. Die Personalentwicklung muss, um in Zukunft als hilfreicher und kompetenter Partner bei der Entwicklung des Humankapitals zum Nutzen weitreichender Unternehmensveränderungen wirksam werden zu können, zum einen herauswachsen aus der Rolle des Fürsorgegebers für die Anliegen der Mitarbeitenden hin zu einem Partner auf Augenhöhe sowohl für die Unternehmensleitung, als auch für die Führungskräfte im Unternehmen. Außerdem muss sie sich aus der Rolle des gutmeinenden Konzeptentwicklers lösen und hineinfinden in die Rolle des Maklers, der Bedarfe vorausschauend erkennt und die nötigen Dienstleistungsanbieter in den Kontakt zum Unternehmen bringt und sie in Bereitschaft hält. Im Zusammenhang mit dieser Rollenänderung kann Coaching einen sehr nützlichen Beitrag leisten.

Der Gruppe der Personalentwickler wird hier aus zwei Gründen ein eigenes Kapitel gewidmet. Zum einen, weil diese Gruppe in Unternehmen aktuell vor besonderen Herausforderungen steht, was den eigenen Entwicklungsprozess betrifft, der parallel zur Entwicklung vollkommen neuer Prozesse und Produkte verläuft. Während sie gleichzeitig durch die Art und Weise, wie sie von der Unternehmensleitung angesehen und vom Personal immer wieder in Anspruch genommen wird in der alten – wie es scheint überholten – Rolle gehalten bleibt. Die Unternehmensleitung, die kritisch wie auf ein ungeliebtes Kind, blickt und mit eher undeutlichen Erwartungen auf den Bereich zukommt und die Mitarbeitenden, die eher problem- als zukunftsorientierte Hilfe abrufen. Dabei muss die Personalentwicklung in eine neue Rolle finden, die sich in Haltung und Verhalten evident von der bisher eingenommenen unterscheidet.

18.1 Spezielle Anforderungen an die Personalentwicklung in Veränderungsprozessen

Entwicklungsformate bereitstellen, die Innovations- und Resilienzfähigkeit steigern

Während die Personalentwicklung bisher Abläufe und Produkte für eine bekannte Gegenwart zu entwickeln und Prozesse zu betreuen hatte, die dieser Gegenwart zuträglich waren, geht es heute darum, Abläufe und Produkte zu entwickeln, die einer zu erwartenden Zukunft zuträglich sind, von der man nicht sicher sagen kann, wie sie aussehen wird. Und während dieser Bereich sich traditionell eher an die Seite der Mitarbeitenden positionierte, ist ihr Platz heute eher in der Mitte des Interessenkonglomerats, das sich aus den Zukunftserwartungen der Un-

◘ Abb. 18.1 Personalentwicklung als Mittler zwischen Unternehmensleitung und Belegschaft. (Mit freundlicher Genehmigung von © Britt A. Wrede, Karin Wiesenthal 2018. Alle Rechte vorbehalten)

ternehmensleitung auf der einen Seite und dem Anliegen nach psychologischer Sicherheit aufseiten der Belegschaft ergibt (vgl. ◘ Abb. 18.1). Sie muss in ihrem neuen Rollenverständnis in eine Haltung von Partner auf Augenhöhe für beide Seiten finden und sich darauf ausrichten, Angebote und Prozesse bereitzustellen, die Potenziale in den Mitarbeitenden zu mobilisieren, die geeignet sind, die Innovationsfähigkeit des Unternehmens sowie die Resilienzfähigkeit der Mitarbeitenden zu steigern. Und darüber hinaus auch die Resilienzfähigkeit der Organisation selbst zu gewährleisten, damit sie sich schnell von Sackgassenstrategien erholen kann und eine nötig gewordene Kurskorrektur in akzeptabler Zeit vornehmen kann. Sie müssen während laufender Veränderungsprozesse im Unternehmen Programme organisieren, die unmittelbar und zielsicher darauf einzahlen, dass das vorhandene Potenzial für den jeweiligen Prozess möglichst weitreichend zum Einsatz gebracht werden kann.

Das kann aber nur gelingen, wenn die Unternehmensleitung diese Entwicklungsverantwortung auch konsequent der Personalentwicklung überlässt. Adäquat wäre, sich miteinander in einem andauernden, fordernden Dialog auf Augenhöhe zu halten und dem Bereich zuzugestehen, dass er sich seiner Transformation hingeben muss, damit mit einem veränderten Bewusstsein für die Rolle im Unternehmen und einer entsprechenden Haltung Innovation möglich wird. Die Unternehmensleitung müsste bereit sein, Partner in dem Personalentwicklungs- und Erneuerungsprozess zu sein, statt selbst nach passenden Maßnahmen für die Führungskräfte- und Organisationsentwicklung am Markt zu suchen und die Personalentwicklung zu Assistenten externer Anbieterinnen und Anbieter zu degradieren, ohne dass die Leistung und der Nutzen für den Unternehmensveränderungsprozess der Personalentwicklung überhaupt nachvollziehbar dargelegt wurden. Was auf diese Weise entsteht, ist ein latentes Erleben von Bedrohtsein und Selbstabwertung. Und das kann zu einer Verstärkung der Koalition mit den Kräften im Unternehmen führen, die sich ebenfalls als Opfer der Veränderungen erleben.

Praxisbezug

Wie in einem Fall, als innerhalb eines Konzerns zwei Unternehmensbereiche zusammengeschlossen werden sollten und die involvierte Personalabteilung sich mehr als Betreuer der Verlustängste der Betroffenen verstand, denn als hilfreicher Partner hinsichtlich Resilienz- und Selbststeuerungskompetenz aufseiten des Personals und kompetenter Rechtsberatung aufseiten des Vorstands. Der zuständige Vorstand, dem die nötige Gelassenheit für eine ruhige Auflösung dieser Problematik fehlte, konnte das letztlich nur zur Kenntnis nehmen und zur Einstellungsänderung auffordern. Aber angesichts des tradierten Rollenverständnisses sah er letztlich seine Erwartung bestätigt und konnte in dem Gespräch keine Haltungsänderung erwirken. Im Ergebnis musste er sich – sich seiner Hilflosigkeit im Umgang mit dem Personalbereich nicht bewusst – die nötige juristische Beratung an anderer Stelle organisieren.

Zum Vorreiter der Unternehmensentwicklung werden

Vielerorts fehlt es in Unternehmen aber auch aufseiten der Personalentwicklung an einem Bewusstsein darüber, dass letztlich nur ein selbsttransformierender Prozess dieses Bereiches die nötige Veränderung hervorbringen wird und sie zukünftig zum Vorreiter der Unternehmensentwicklung werden lässt. Die Rolle, die sie in Zukunft einnehmen müsste. Aufseiten vieler Unternehmensleitungen fehlt es an der nötigen Vorstellung, dass die Personalentwicklung langfristig eine wirklich bedeutsame Rolle in der vorausschauenden Unternehmensentwicklung einnehmen könnte und dementsprechend fehlt es an der Bereitschaft, die für den Entwicklungsprozess nötigen finanziellen Mittel bereitzustellen. Und so werden von der Personalentwicklung in aller Redlichkeit immer noch Produkte und Abläufe genutzt, die für gegenwärtige Leistung- und Performanceengpässe hilfreich sein sollen statt für zukünftige Bedarfe.

Es werden beispielsweise interne Assessment Center durchgeführt, um den Führungsnachwuchs aufzuspüren, statt zukunftsorientierter Development Center. Und vielerorts werden in den tradierten Assessment-Verfahren noch Verhaltensweisen abgefragt, die man, nachdem man sie mal als nützlich und wertvoll identifiziert hat, nie wieder aufgenommen und bezüglich ihrer Zukunftstauglichkeit hinterfragt hat. Während gleichzeitig zeitgemäße Verhaltensweisen nicht entdeckt werden und wirkliche Talente nicht erkannt werden, weil man nicht weiß, dass das, was da von den Probandinnen und Probanden gezeigt wird, eine zeitgemäße Weiterentwicklung von Fertigkeiten und Eigenschaften ist, die es zum Zeitpunkt der Entwicklung des internen Talent-Management-Programms noch nicht in die Hitliste geschafft haben, in Zukunft aber unbedingt notwendig sind.

Praxisbezug

So kam eine junge Führungskraft aus der Marketingabteilung einer Produktmarke in einem großen Konzern, die ein paar ganz typische Merkmale ausgeprägter Managementaffinität zeigte, nach einem schlechten Assessment-Center-Ergebnis ins Coaching. Sie wollte lernen, sich eines komplexen Themas systematisch anzunehmen, statt sich wie bisher durch Experimente und deren Auswertung an die jeweilige Lösung heranzutasten. Die Führungskraft war im Unternehmen bekannt für ihre junge, lebendige Art und für die herausragenden Lösungen, die sie und ihr Team allzeit präsentierten. Und sie selbst war von einer fundamentalen Erfolgsgewissheit geprägt, wie man es sonst nur bei gereiften Managementpersönlichkeiten antrifft. Im Assessment Center, das aufseiten der Prüfer rein männlich besetzt war, zeigte sie in der Einzelarbeit aber nur wenig Kompetenz bezüglich systematischer Lösungserarbeitung innerhalb der verfügbaren Zeit.

All das spielte sich nicht etwa vor 10 Jahren ab, als noch wenig Augenmerk auf die Erkenntnisse aus der Hirnforschung gelegt wurde, sondern in jüngster Vergangenheit. Mittlerweile weiß man um die unterschiedlichen Herangehensweisen von Gehirnen an komplexe Fragestellungen, man weiß, dass Teamleistung bei der Problembewältigung – modern gesprochen: das Teilen eines Problems – weitaus fundiertere Resultate hervorbringt, als es eine Einzelleistung hervorzubringen vermag und man weiß, dass es einen Unterschied zwischen der Problembewältigungsstrategie von Männern und Frauen gibt, weswegen es absolut notwendig ist, Assessment-Center-Prüfungsgruppen immer heterogen zu besetzen, wenn man sicher gehen will, alle Kompetenzen wirklich wahrnehmen zu können.

Aber nicht nur die Assessment-Center-Konzepte sind in vielen Unternehmen veraltet, in denen der Personalentwicklung keine Gelegenheit gegeben wird, ihre Innovations-, Resilienz- und Selbststeuerungskompetenz zu entwickeln. Auch viele Cochingmodelle und Talent-Management-Programme werden entgegen neuester Erkenntnisse über den Nutzen co-kreativer Prozesse noch am grünen Tisch ohne jede Beteiligung der Auftraggeber und zukünftigen Kunden entwickelt.

Wie sollte es da anders sein, wenn einem kaum Gelegenheit gegeben ist, den aktuellen Zeitgeist wahrzunehmen und Innovationen der Zukunft daraus zu filtern, als dass bei der Entwicklung von Prozessen und Produkten nicht auf das abgestellt wird, was in der Zukunft gebraucht wird, sondern auf das, was in der Gegenwart gut und hilfreich erscheint. Meist wird dies aus dem, was man in anderen Unternehmen sieht, in der gängigen Literatur gefunden hat, der letzten eigenen Fortbildung mitgenommen hat oder was einfach dem eigenen Weltbild entspricht, aber nicht unter Anwendung zukunftsorientierter Aufbereitungsmethoden. Ohne jemals in der Frage määndert zu sein, für welche Zukunft und welche in der Zukunft notwendigen Kompetenzen das, was entwickelt und umgesetzt wird, zuträglich sein soll.

Noch immer findet man nur in wenigen Unternehmen eine Unternehmensleitung, die sich im co-kreativen Dialog auf Augenhöhe mit der Personalentwicklung bewegt, in den auch die internen Kundinnen und Kunden einbezogen sind. Dabei wäre es eine hilfreiche und sehr kostengünstige Möglichkeit, sich aus den gegenseitigen Zukunftsbildern für die Bedarfsermittlung und mögliche Prozessanpassungen inspirieren zu lassen.

Die Personalentwicklung, mit wenig Bewusstsein für die eigene Gemengelage, versäumt es, solche Dialogprozesse einzufordern und zu organisieren. In den Ansätzen der Personalbereiche spiegelt sich vielmehr weit verbreitet eine Haltung und ein Selbstverständnis wider, hilfreich sein zu wollen, wie es der typischen Rollenzuschreibung dieses Bereiches entsprach und wie sie auch heute immer noch abgerufen wird.

Aufseiten der Vorstände wird zwar immer wieder bemängelt, dass die Leistung der Personalentwicklung als nicht hilfreich für anstehende Herausforderungen angesehen wird, aber es besteht große Hilflosigkeit in der Frage, wie man das ändern könnte.

Aber auch aufseiten der Belegschaft fehlt es an einem Bewusstsein dahingehend, dass der Personalbereich mehr sein könnte, als eine große Beschwerdeempfangsstelle oder der Organisator für eine interessante, unternehmensfinanzierte Fortbildung. So reorganisiert sich das überholte Rollenbild immer wieder aufs Neue und so ist ein Zitat eines reflektierenden Bereichsleiters einer Bank zu verstehen: „Wir machen immerzu Change, aber kaum einer weiß wohin und niemand weiß den Prozess als Ganzes zu steuern. Und so ist niemand wirklich motiviert, sich aktiv in den Werdeprozess der Bank einzubringen. Obwohl ich sicher bin, dass wir das Wissen, Können und Wollen in ausreichendem Maße an Bord haben.“

18.2 Coachingprogramm als Transformationshilfe für das Rollenverständnis der Personalentwicklung

Bezogen auf die Haltungsänderung und bezogen auf ein verändertes Selbstverständnis kann Coaching auch in diesem Themenfeld einiges für den Veränderungsprozess des Unternehmens und der Menschen im Unternehmen tun. Je nach Unternehmensgröße könnten in einem kleineren Unternehmen die Mitarbeitenden der Personalentwicklung an einem Coachingprogramm teilnehmen. Die Projekte, an denen während des Coachingprogramms gearbeitet würde, könnten sich auf Produktentwicklungen aus den Themenfeldern Leadership, Innovationskompetenz, Umsetzungskompetenz, Resilienz und Selbststeuerungskompetenz beziehen. Alles Themenfelder, die evident für Veränderungsprozesse von Unternehmen und für Innovationen sind und die in der Bearbeitung automatisch eine Haltungsänderung auslösen.

Im Rahmen eines solchen Coachingprogramms würden sich die Teilnehmenden mit zeitgemäßen Entwicklungsmethoden befassen und gleichzeitig automatisch mit den Kompetenzen, die im Veränderungsprozess des Unternehmens und für dessen nächster Zukunft nützlich sein werden.

Und weil diese Lernerfahrung in einem Coachingprogramm immer an Coachingdialoge geknüpft ist, die sich, wie es dem Coaching immanent ist, immer auf zukünftige Angelegenheiten beziehen, machten die Teilnehmenden parallel zur kognitiven Wissensbildung eine gefühlte Erfahrung in lösungsorientiertem Denken, Sprechen und Handeln. Eine Kompetenz, die sie in den Gesprächsanforderungen, die aus der Belegschaft und auch aus der Unternehmensleitung kommen, nützlich anwenden können. Die Personalentwicklung würde zu einem Knotenpunkt einer Kulturveränderung werden, allein weil sie trainiert wäre, statt der Frage, warum etwas nicht geht, die Frage aufzuwerfen, was geschehen müsste, damit es ginge.

Verfügt das Unternehmen über nur einen kleinen Personalbereich, lässt sich die Haltungsänderung auch darüber organisieren, dass die für Personalentwicklung zuständige Kraft vom Vorstand selbst stark gefordert wird, während sie zusätzlich einen Coach zur Seite bekommt, mit dem sie befähigende Dialoge führt, um den neuen Anforderungen gerecht werden zu können.

> Mit Coaching kognitive Wissensbildung und lösungsorientierte Kompetenz ausbauen

Praxisbezug

So gesehen in einem weltweit organisierten mittelständischen Unternehmen, in dem der Vorstandsvorsitzende sehr früh die in den Megatrends, Globalisierung und Digitalisierung angelegten Veränderungswellen erkannt hatte. Früh schon hatte er erkannt, dass einige Personalthemen zentralisiert werden müssten, wenn er eine Organisation schaffen wollte, die nicht mehr in Länderunternehmen unterteilt ist, sondern innerhalb Europas wie eine Organisation agieren will. So holte er sich eine junge, konzernerfahrene und Karriere ambitionierte Personalentwicklerin in die Holding, die er in fast mentorartiger Manier immer wieder in seine Überlegungen einbezog und aufforderte, Konzepte zu entwickeln, die sich auf zukunftsrelevante Fragen bezogen.

Und weil ihm bewusst war, dass er von ihr eine Haltung abforderte, die sich ganz grundsätzlich von der unterschied, die sie bis dato erfolgreich gemacht hatte, bewilligte er ihr ein Coachingkontingent, sodass sie die Möglichkeit für Entlastungsgespräche und befähigende Dialoge mit einer kompetenten externen Fachkraft haben konnte. Später finanzierte er ihr noch eine Coachausbildung, sodass sie gut in lösungsorientiertem Denken, Sprechen und Handeln trainiert war und ausreichend kompetent, diese Disziplin an ihr Umfeld weiterzugeben.

Ob in einem großen oder einem kleineren Unternehmen, der Personalbereich hat die Aufgabe, die Ressource „human capital" so zu entwickeln, dass sie für aktuelle und zukünftige Unternehmensanforderungen gut nutzbar ist. Ein Unternehmen, in dem raumgreifende

Veränderungsprozesse stattfinden, braucht einen vorrausschauend organisierten Transformationsprozess bezüglich Rolle, Haltung und Verhalten der Personalentwicklung, um dem Unternehmen und den Menschen im Unternehmen in angemessener Weise beitragen zu können.

Es ist zu erwarten, dass die Megatrends Digitalisierung und Globalisierung zukünftig viele der im Personalbereich organisierten Themenfelder an externe Anbieter auslagert oder durch rein digitalisierte Abläufe ersetzt. So ist es schon heute möglich, alles, was mit Coaching zu tun hat – von der Entwicklung eines Coachingmodells über die Rekrutierung und Verwaltung eines dazu passenden Coachpools, die Buchungen einzelner Sitzungen, bis hin zum Abrechnungsverfahren – über entsprechende Internetplattformen zu organisieren, die im Hinblick auf Datenschutz, Prozess- und Coachingqualität mindestens so seriös arbeiten können, wie die derzeit handelnden Personen der Personalentwicklung.

Fazit

Mit Blick auf diesen Trend ist es ratsam, dass im Personalbereich über eine Neupositionierung im Unternehmen nachgedacht und ein gegebenenfalls neues Aufgabenfeld aufgerufen wird, das als interner Wertbeitrag zum Unternehmensfortkommen nicht weggedacht werden kann.

18.3   Fragen aus der Praxis

Wenn Rollenzuschreibungen und Inanspruchnahmen in einer Weise etabliert sind, wie hier beschrieben, bedarf es dann nicht eher einer ganz anderen Herangehensweise mit einer kompletten Neubesetzung des Personalbereichs?

Diese Frage ist eine rein hypothetische, die ein bisschen von der Resignation anklingen lässt, die sich bei den Protagonisten eingeschlichen hat. Sie ist natürlich rein rechtlich nicht möglich. Außerdem wirft es kein gutes Licht in das Unternehmen, wenn in einer Zeit, in der viel Sorge im Unternehmen herrscht, der traditionell fürsorglich agierende Bereich zerstört wird. Aber richtig ist, dass es einen revolutionär anmutenden Paradigmenwechsel, bezogen auf alle im Personalbereich angesiedelten Aufgabenfelder, bedarf. Und weil der Fachbereich in der Regel direkt bei der Unternehmensleitung aufgehängt ist, kann hier der Hebel auch am wirksamsten umgelegt werden. Ein aufrecht gehaltener Dialog auf Augenhöhe mit ausreichend Respekt vor der Leistung, die dieser Bereich zu erbringen hat, um zukunftstauglich zu werden, würde helfen. Und weil das Gros der Kräfte im Personalbereich gern hilfreich für die Menschen und die Organisation sein will, besteht große Aussicht auf Erfolg, dass der Positionierungswechsel mehr in Richtung Unternehmensleitung schnell gelingen kann. Ebenso wie ein neues Rollenverständnis sich leicht hervorbringen lässt, wenn die neue Rollenanforderung sich weiterhin mit einem Fürsorgeanspruch verbinden ließe.

*Wenn ich an unser Unternehmen denke, dann ist es für mich nicht vorstell-
bar, dass angesichts der kaum zu bewältigenden Aufgaben auch noch ein
Innovationsklima entstehen soll. Basiert so etwas nicht immer auf Inspirationen, die man aus vollkommen anderen Zusammenhängen mitbringt?*
Ja, wir sind es wenig gewohnt, uns Unternehmen als Innovationslabors
vorzustellen. Aber, wenn man es genau betrachtet, so sind aus den
Inspirationen erst im Dialog mit Fachkräften Innovationen geworden.

Dass eine Ölmühle sich hin zu einem Logistikunternehmen für
Lebensmittelrohstofftransporte entwickelt und damit innerhalb eines Konzerns plötzlich eine vollkommen neue Aufgabe übernimmt,
basiert auf einer Inspiration in Verbindung mit vielen co-kreativen
Dialogen und einigen Experimenten.

Und wenn eine Personalentwicklung zur Vermittlungsagentur für
Coaching und Weiterbildung wird oder zum Gründer und Betreiber
einer auch für einen externen Markt interessanten Akademie, dann
basiert das ebenfalls auf einem Moment der Inspiration, der in Verbindung mit einem co-kreativen Dialog, der diese Inspiration aufgreift
und zu einer machbaren Idee formt.

Ein innovationförderndes Klima entwickelt sich oft ohne großes
Zutun, wenn man zulässt, dass Menschen laut nachdenken und man
einen Raum bietet, in dem das Nachdenken laut und in einer Gruppe
stattfinden kann. Wie in einem Unternehmen, in dem die Unternehmensleitung einmal im Quartal zum Kamin- beziehungsweise Grill-
abend einlädt mit der erklärten Absicht, sich gemeinsam Gedanken
um die Unternehmenszukunft zu machen. Wer die Chance hat, sich
selbst reden zu hören und von anderen gehört zu werden, ist zum
Nachdenken und Sprechen ermuntert. Mehr braucht es oft nicht, um
ein innovatives Klima zu erzeugen.

*Aber was, wenn der Personalbereich mit all seinen innovativen Produk-
ten, neue erdachten Abläufen und Prozessen, zu denen ein Vorstand
angeregt hatte, durch einen Vorstandswechsel vom neuen Vorstand
ausgebremst wird. Der Dialog auf Augenhöhe, den sich alle Beteiligten
mühsam erarbeitet haben vom neuen Vorsitzenden nicht aufgenommen
wird, sondern im Gegenteil ein Zurück in die Rolle des eher passiven
Erfüllungsgehilfen gefordert wird?*
Auch das gibt es natürlich. Und für die Betroffenen, die nun aufgefordert sind, ihre Projekte in die Schubladen zu legen, mit der Befürchtung, dass sie dort für die nächsten vier Jahre keine weitere Beachtung
finden sollen, sicher eine frustrierende Erfahrung.

So erlebt in einer Bank, in der der neue Vorstandsvorsitzende noch
der Illusion erlegen war, er könne einen volatilen Organisationsentwick-
lungsprozess durch Kontrolle steuern. In den vier Jahren seiner Amtszeit
zeigte sich dem Aufsichtsrat immer deutlicher, dass das sicher redliche
Bemühen des neuen Vorstandsvorsitzenden mehr Schaden als Nutzen
aufseiten der Belegschaft angerichtet hatte und er selbst keinerlei Bewusstsein darüber hatte, dass unter seinem Kontrollzwang eine derart
restriktive Risikokultur Einzug gehalten hatte, dass das Unternehmen in

Perspektive großen Schaden nehmen würde. Doch nach seiner vierjährigen Amtszeit zeigte sich, dass die vorherige Dynamik recht schnell wieder zu mobilisieren war, sodass das Unternehmen sich schnell wieder erholte.

Empfehlenswert ist es in einem solchen Fall, die gewonnenen Erkenntnisse nicht gänzlich wieder loszulassen, sondern an ihnen festzuhalten und immer wieder Ausschau zu halten, was davon umgesetzt werden kann und wie man mit den Betroffenen im Dialog bleibt, sodass bei Zeiten alles wiederbelebt werden kann.

18.4 Checkliste Kap. 18: Selbstcheck zukunftsorientierte Personalentwicklung

Als die Instanz im Unternehmen, die die Ressource „human capital" so zu entwickeln hat, dass sie für aktuelle und zukünftige Unternehmensanforderungen gut nutzbar ist, ist die Personalentwicklung in raumgreifenden Veränderungsprozessen in besonderer Weise gefordert.

Anhand der nachfolgenden Indikatoren lässt sich einschätzen, inwieweit in Ihrem Unternehmen ein förderlicher Rahmen gegeben ist, der die Personalentwicklung bestärkt, sich bezüglich Rolle, Haltung und Verhalten so aufzustellen, dass sie dem Unternehmen und den Menschen im Unternehmen in angemessener Weise im Veränderungsprozess zukunftsorientiert nützlich sein kann.

Überall dort, wo Merkmale nicht in angemessener Ausprägung vorzufinden sind, kann dem Personalbereich nur angeraten werden, entsprechende Dialogprozesse mit den Beteiligten einzufordern und zu organisieren und in diesem eigenen Themenfeld Coaching für sich in Anspruch zu nehmen.

Indikator	☺	☹
Die Personalentwicklung nimmt einen Platz in der Mitte des Interessenkonglomerats ein, das sich aus den Zukunftserwartungen der Unternehmensleitung auf der einen Seite und dem Anliegen nach psychologischer Sicherheit aufseiten der Belegschaft ergibt. In diesem Rollenverständnis ist sie Partner auf Augenhöhe für beide Seiten.	☐	☐
Die Personalentwicklung entwickelt Abläufe und Produkte, die einer zu erwartenden Zukunft zuträglich sind und bezieht die internen Kundinnen und Kunden im co-kreativen Dialog in diese Entwicklung ein.	☐	☐
Im Unternehmen und in der Personalentwicklung gibt es ein Bewusstsein darüber, dass letztlich nur ein selbsttransformierender Prozess des eigenen Bereiches die nötige Veränderung hervorbringen wird und sie zukünftig zum Vorreiter der Unternehmensentwicklung werden lässt.	☐	☐
Die Unternehmensleitung gesteht der Personalentwicklung zu, sich ihrer Selbsttransformation hinzugeben und ist bereit, Partner auf Augenhöhe in diesem Entwicklungs- und Erneuerungsprozess für die Personalentwicklung zu sein.	☐	☐
Aufseiten der Belegschaft werden Programme abgerufen, die unmittelbar und zielsicher darauf einzahlen, dass das vorhandene Potenzial für den jeweiligen Veränderungsprozess möglichst weitreichend zum Einsatz gebracht werden kann.	☐	☐

Serviceteil

Nachwort – 200

Weiterführende Literatur – 203

Nachwort

Nachdem wir nun versucht haben, einen Weg aufzuzeigen, wie ein Feld im Unternehmen vorbereitet werden kann, in dem Coaching das in ihm angelegte Potenzial zum Nutzen für den Einzelnen und zum Nutzen für den Veränderungsprozess von Unternehmen optimal entfaltet, möchten wir zum Abschluss noch das Augenmerk auf den hier oft erwähnten co-kreativen Dialograum richten.

Wir haben mit Bedacht immer wieder einen Hinweis auf den co-kreativen Dialograum einfließen lassen, weil wir diesem Ansatz eine große Bedeutung in den Veränderungsprozessen bezogen auf Industrie 4.0 zuschreiben.

In der Frage, welche Kompetenzen Führung in Zukunft braucht, haben wir 2014 eine Führungsstudie durchgeführt. Zeitgleich führten neben uns auch große namhafte Institute zu dieser Frage eine Studie durch. Und obwohl unser Ansatz ein rein phänomenologischer war, während die anderen Studien durchgehend statistikbasiert waren, kamen wir alle zu dem Ergebnis, dass es die dialogischen Fähigkeiten sind, die in Zukunft über den Erfolg einer Führungskraft entscheiden werden. Und die Resilienzfähigkeit über die Bestandskraft von Unternehmen. Statt der Fähigkeit zur Übersicht und Kontrolle bedarf es jetzt – mehr denn je – der Fähigkeit zur rezeptiven Wahrnehmung, zur Moderation von Dialogprozessen und zur Teilhabe an Prozessen mit nicht vorhersehbarem Ausgang. Nur über diese Fähigkeiten können Führungskräfte einen innovationsfördernden Raum in Unternehmen aufspannen, in dem das Wissen, Können und Wollen der Mitarbeitenden aufgenommen und für zukünftige Herausforderungen in der Gegenwart mobilisiert werden kann.

- **Zur Definition**

Wer den Begriff Dialog einmal reflektiert hat, weiß um die besondere Kraft, die er entfalten kann. Im Dialog durchläuft das Ich einen Prozess der Integration des Wirkungsprinzips, das allen natürlichen Dingen gemeinsam ist. Und damit eine Erweiterung seines bisherigen Ichs. Das heißt, wenn Dialog gelingt, dann haben alle Beteiligten einen Entwicklungsschritt durchlaufen, der sie ein bisschen vollständiger hat werden lassen. Überträgt man das nun in die Unternehmenswelt, dann hieße Dialograum schaffen, einen Prozess der Erweiterung des Einzelnen zu befördern.

Als co-kreativer Dialog wird es bezeichnet, wenn zwei oder mehr Personen ihre Fähigkeiten, Talente, Fachkenntnisse, Erfahrungen, Beziehungsnetze und alle anderen Ressourcen so in einen Dialog einbringen, dass bei allen Beteiligten über diese eingebrachten Ressourcen ein Erweiterungsprozess stimuliert wird, an dessen Ausgang Erkenntnisse passieren, die einer allein auf Grundlage seiner Ressourcen nicht hätte hervorbringen können.

Als co-kreativer Dialograum wird dementsprechend ein organisiertes Dialogformat verstanden, das einen Rahmen für co-kreative Kommunikation im Team bereithält. Damit ist immer ein zeitlicher und ein räumlicher Freiraum angesprochen.

- **Zum Nutzen**

Aus Unternehmenssicht sind diese Dialogprozesse immer dann sehr wichtig, wenn Fragen aufgebracht werden müssen, von denen man nicht einmal ahnt, dass sie helfen würden, könnte man sie aufbringen. Oder auch, wenn Fragen im Raum sind, deren Antworten einer allein nicht finden kann. Also immer dann, wenn der Komplexitätsgrad die Bewältigungsgrenze Einzelner übersteigt.

Führt man sich Gespräche ins Bewusstsein, wie sie typischerweise in Unternehmen geführt werden, um sich einer Fragestellung oder einer Problemlösung anzunähern, dann kann man leicht erkennen, dass diese Gespräche immer dann besonders ergiebig sind, wenn die Beteiligten ihre Ressourcen rückhaltlos miteinander geteilt haben. Weniger ergiebig sind dagegen die Teammeetings, in denen kein dialogisches Klima erzeugt werden konnte und alle sich nur noch darum bemühten, mit ihrem Beitrag wenigstens intelligent und an einer Lösung interessiert zu wirken.

- ## Ein co-kreatives Klima

Wie leicht auszumachen ist, erzeugen co-kreative Dialoge ein innovationsförderndes Klima. Allein, ein solches Klima entsteht nur selten von selbst und ganz besonders selten in einem Umfeld, das von Sorge, Konkurrenz, Zeitdruck und als fehlend empfundener Wertschätzung geprägt ist. Die wichtigen Parameter, die als Grundlage für ein co-kreatives Klima angesehen werden können, sind nämlich:

Empathie: Eine mitfühlende Grundhaltung dem anderen und seiner Andersartigkeit gegenüber. Durch das aufmerksame Sich-Einfühlen mit voller Präsenz und Neugier können Lösungshinweise wahrgenommen werden, die einem sonst entgehen würden. Hilfreich dafür ist die Bereitschaft, das gewohnheitsmäßige Denken loszulassen und zu erlauben, dass der andere mit seinem Beitrag einen Hinweis gibt, von dem man nicht einmal wusste, dass man nicht wusste, dass er wichtig sein könnte. Und ebenso hilfreich ist es, die eigenen Emotionen und die des anderen frei von Wertung wahrzunehmen und darüber zu erfahren, bei welchem Dialogbeitrag das Energieniveau ansteigt und bei welchem es wieder sinkt. Auch das ist ein hilfreicher Hinweis für einen möglichen Lösungsansatz.

Wertschätzung: Dem anderen gegenüber positiv eingestellt zu sein, schafft eine wohlwollende Atmosphäre, in der sich Kreativität entfalten kann. Diese Wertschätzung schließt den Dissens als Weg für neues Lernen ein und heißt, auch Unerwartetes und Unbekanntes als möglich willkommen.

Kongruenz: Ganz bei sich und gleichzeitig bei dem anderen sein zu können, erzeugt eine hohe Präsenz im Raum. Die Moderatoren – wenn sie denn hinzugezogen sind – zeichnen sich durch eine hohe Authentizität aus. Gezeigte Gefühle sind echte Gefühle. Das geht einher mit einem für alle spürbar hohen Energielevel.

Achtsamkeit: Aufmerksam wahrnehmen, was sich im Gespräch zeigt, nicht nur in Bezug auf das gesprochene Wort, sondern auch auf das, was sich zwischen den Zeilen offenbart – gleichzeitig neben dem Einzelnen immer das ganze System im Blick haltend.

Diese Aspekte prägen eine Dialogatmosphäre, in der gemeinsam gedacht, offen kommuniziert, Fragen geteilt und um Lösungen miteinander gerungen werden kann. Fehlen sie, dann fehlen sie nicht nur einfach, sondern es ist etwas anderes anstelle der Einzelaspekte und es ist leicht auszumachen, wie wenig einladend – für das Wagnis rückhaltloser Offenheit – das Dialogklima dann ist. Neben der klimatischen Bedingung ist es für den co-kreativen Dialog sehr förderlich, wenn die systemischen Grundprinzipien und die systemischen Grundannahmen beachtet werden, die dafür sorgen, Stabilität in ein Klima von Sicherheit für den Einzelnen zu bringen.

In Momenten, in denen co-kreative Dialoge sich von selbst ergeben, wird man bei einer Ex-post-Betrachtung immer feststellen, dass diese Faktoren gegeben waren und alle Beteiligten sich darauf verlassen konnten.

Will man im Unternehmen punktuell so ein Klima erzeugen, ist es zunächst hilfreich, sich externer, kompetenter Moderatoren zu bedienen und nach und nach interne Moderatoren dafür auszubilden. In manchen Unternehmen ist es heute schon üblich, dass dort auf Co-Kreativität spezialisierte Facilitatoren abrufbereit zur Verfügung stehen, damit jederzeit schnell und ohne externen Aufwand so ein Dialograum geschaffen werden kann. Und in anderen Unternehmen gehört es mittlerweile zur Grundausstattung einer Führungskraft, solche Dialogräume zu initiieren und lebendig halten zu können.

- **Coaching und Co-Kreativität**

Coaching und Co-Kreativität ist ein Paar, das sich sehr gut verträgt und ergänzt. Die geforderte Grundhaltung ist in vielen Aspekten gleich, während es in der Leistungsdarbietung gravierende Unterschiede gibt. Weiß man beide Konzepte professionell zu handhaben, können sie sich innerhalb eines Dialogs wunderbar ergänzen. Während der co-kreative Dialog alle Ressourcen für die Lösung einer Frage nutzbar macht, kann durch typische Coachingfragen die Suchbewegung immer wieder neu beflügelt werden, bin sich die wirklich optimale Lösung zeigt.

- **Entwicklung zum co-kreativen Team**

An anderer Stelle haben wir uns dazu positioniert, dass die Personalentwicklung sich in einen selbsttransformierenden Prozess hineinbegeben sollte und dass ein Coach dabei behilflich sein kann.

Denkbar ist auch, dass sich im Personalbereich zu den verschiedenen Aufgabenbereichen co-kreative Teams bilden, die sich jeweils zu ihrem Schwerpunktthema auf einen Lernweg zum Team 4.0 begeben. Eine Lernreise, bei der alle ihre Ressourcen für die Frage aufwenden, wie es in ihrem jeweiligen Zuständigkeitsbereich aussähe, wenn Arbeit 4.0 auch bei ihnen angekommen ist. Bei einer solchen Lernreise lernen die Fachkräfte der Personalentwicklung nicht nur, sich mit dem Thema Digitalisierung konsequent zu befassen, sondern sie erlernen gleichzeitig die Fähigkeiten anzuwenden, die im Unternehmen mobilisiert werden müssen. Der gemeinsame Lernweg hilft zu vermeiden, dass sich nicht einzelne Kräfte mit Entwicklungssinn als einsame Schreier in der Wüste erleben und ihnen neu erworbenes Wissen, Können und Wollen auf dem Weg in die gelebte Praxis wieder verloren geht.

Solche Teams ließen sich überall im Unternehmen bilden, in denen an komplexen Fragestellungen gebrütet wird und man nach innovativen Lösungen sucht.

Um dieses Themenfeld abzuschließen, das hier nur angerissen werden sollte, weil es aktuell das Beste ist, was wir neben Coaching zur Förderung der Zukunftstauglichkeit von Unternehmen zu empfehlen haben, übergeben wir Ihnen gern dieses Zitat:

» [Mancher war] schon mal Teil eines großartigen Teams, dessen Mitglieder fantastisch aufeinander eingespielt waren, die einander vertrauten, die sich in ihren Stärken ergänzten und in ihren Schwächen ausglichen, die große gemeinsame Ziele verfolgten und Außerordentliches leisteten (…) Viele [Menschen, die diese Form echter Teamarbeit erlebt haben,] sagen, dass sie immer wieder nach einer Möglichkeit gesucht haben, diese einzigartige Erfahrung zu wiederholen.
(Senge PM (1996) Die fünfte Disziplin. Klett Cotta, Stuttgart, S 12)

Weiterführende Literatur[1]

Briskin A, Erickson S, Ott J, Callanan T (2009) The power of collective wisdom. Berrett-Koehler Publishers, San Francisco

Covey S (1992) Sieben Wege zur Effektivität, 19. Aufl. Campus, Frankfurt/Main

Covey S (2014) Der Weg zum Wesentlichen, 7. Aufl. Campus, Frankfurt/Main

Dietz KM, Kracht T (2011) Dialogische Führung, 3. Aufl. Campus, Frankfurt/Main

Leader in Mind (2014) Führungsstudie – Führung von Innen. Leader in Mind, Düsseldorf (www.coachguide.de)

Purps-Pardigol S (2015) Führen mit Hirn. Campus, Frankfurt/Main

Rauen C (2005) Handbuch Coaching, 3. Aufl. Hogrefe, Göttingen

Rock D (2011) Brain at work. Campus, Frankfurt/Main

Scharmer CO (2009) Theory U. Berrett-Koehler Publishers, San Francisco

Scharmer CO, Käufer K (2013) Leading from the emerging future. Berrett-Koehler Publishers, San Francisco

Schein EH (2010) Prozessberatung für die Organisation der Zukunft, 3. Aufl. EHP-Verlag Andreas Kohlhase, Bergisch Gladbach

Schein EH (2016) Humble inquiry. EHP-Verlag Andreas Kohlhase, Bergisch Gladbach

Schein EH (2016) Humble Consulting – Die Kunst des vorurteilslosen Beratens. Carl-Auer, Heidelberg

Senge PM (1996) Die fünfte Disziplin. Klett-Cotta, Stuttgart

Sprenger R (2015) Das anständige Unternehmen, 2. Aufl. Deutsche Verlagsanstalt, München

Whitmore J (1994) Coaching für die Praxis, 3. Aufl. Heyne, München

Wrede BA (2000) So finden Sie den richtigen Coach. Campus, Frankfurt/Main

---

[1] Für Sie gelesen und als Empfehlung für vertiefende Erkenntnisse zu einigen der hier im Buch angesprochenen Themen.

Printed by Printforce, the Netherlands